Norman Lewis

Die Missionare

Über die Vernichtung anderer Kulturen.

Ein Augenzeugenbericht

W0272241

Klett-Cotta

Verlagsgemeinschaft Ernst Klett Verlag –
J. G. Cotta'sche Buchhandlung
Die Originalausgabe erschien unter dem Titel
»The Missionaries«
bei Martin Secker & Warburg Ltd., London
© Norman Lewis, 1988
Aus dem Englischen übersetzt von Malte Heim
© für die deutsche Ausgabe Ernst Klett Verlag
für Wissen und Bildung GmbH, Stuttgart 1991
Fotomechanische Wiedergabe nur mit Genehmigung
des Verlages
Printed in Germany
Schutzumschlag: Klett-Cotta-Design
Gesetzt aus der 10/12 Punkt Baskerville
von Alwin Maisch, Gerlingen
Gedruckt auf säurefreiem und holzfreiem
Werkdruckpapier von Verlagsdruck, Gerlingen
Gebunden von Lachenmaier, Reutlingen

Die Deutsche Bibliothek – CIP-Einheitsaufnahme
Lewis, Norman:
Die Missionare: über die Vernichtung anderer Kulturen;
ein Augenzeugenbericht / Norman Lewis.
[Aus dem Engl. übers. von Malte Heim]. –
Stuttgart: Klett-Cotta, 1991
Einheitssacht.: The missionaries ⟨dt.⟩
ISBN 3-608-95312-4

Dieses Buch DIE MISSIONARE ist Teil einer autobiographischen Trilogie. Wie schon der Titel vermuten läßt, bleibt es keine reine Autobiographie, sondern entwickelt sich zu einem Reisebericht, in dem meine Erfahrungen mit Missionaren und ihrer Arbeit eine zunehmend wichtige Rolle spielen. Anfangs habe ich Kontakte mit Missionaren auf meinen Reisen in Stammesgebiete als unumgänglich hingenommen. Später, als ich Zeuge so vieler Übergriffe geworden war und so viele Schäden gesehen hatte, die der menschlichen Umwelt unter einem pseudo-religiösen Deckmantel zugefügt wurden, fand ich es unmöglich, länger zu schweigen. So vieles wurde in nur 30 Jahren zerstört. Die große menschliche Tragödie der missionarischen Eroberung des Pazifiks wiederholt sich heute in allen „unberührten" Weltteilen. In weiteren 30 Jahren wird nirgendwo auf der Erde mehr eine Spur des Eingeborenenlebens zu finden sein.

*

Mein Dank gilt Luke Holland von Survival International, der mir beim Auffinden der meisten in diesem Buch verwendeten Zitate aus Berichten von Missionaren über ihre Tätigkeiten eine unschätzbare Hilfe war.

1

1767 entdeckte der englische Seefahrer Wallis Tahiti. Kurz darauf besuchten der französische Forschungsreisende de Bougainville und Captain James Cook die Insel. Diese Männer teilten den Pazifik unter sich auf. Alle drei Kapitäne waren von dem Empfang überwältigt, den ihnen die Einwohner Tahitis bereiteten, und von den Geschenken, mit denen sie überhäuft wurden. Bougainville taufte Otaheite – wie die Insel damals hieß – in Neu-Cythera um, nach der Insel in der griechischen Sage, wo Aphrodite dem Meer entstieg. Als Cook am Ende seines zweiten Besuchs die Insel verließ, schrieb er in sein Tagebuch: „Wir gingen auf Westkurs und nahmen ein letztes Mal Abschied von diesen glücklichen Inseln und ihren guten Bewohnern." Ein paar Jahre später sollte er schreiben: „Es wäre für diese armen Menschen weit beser gewesen, wenn sie uns nie kennengelernt hätten."

Captain Bligh von der *Bounty* – dieser gestrenge Richter über Menschen – war vielleicht noch stärker beeindruckt. In seiner Heimat war berichtet worden, daß die Tahitier den Europäern körperlich überlegen waren, und man vermutete, daß die Brotfrucht, die einen großen Anteil an ihrer Ernährung hatte, zu diesem Umstand beitrug. Fünf Monate lang sammelte Bligh auf Tahiti Brotbaumschößlinge, die nach Westindien verschifft werden sollten, weil man hoffte, die Leistungsfähigkeit der Negersklaven verbessern zu können. Auf Tahiti ist er eine Art Volksheld geworden, und die Legende sagte, daß er sich viel Zeit nahm, mit tahitischen Kindern zu spielen. Als er absegelte, schrieb er: „Ich verließ diese glücklichen Insulaner mit größtem Bedauern, denn sie haben uns während unseres Aufenthalts die höchste Zuneigung, Achtung und Kameradschaft entgegengebracht ... ihr rechtschaffener Sinn und ihre die liebenswerteste Veranlagung widerspiegelnden Bemerkungen über die Welt werden ihnen die Liebe all derer einbringen, die sich ihnen in Freundschaft nähern." Einige Tage später fand die berühmte Meuterei auf der *Bounty* statt, denn einige Mitglieder seiner Mannschaft waren entschlossen, nicht nach England zurückzukehren, sondern auf den Inseln zu bleiben, auf denen sie so viel Glück erlebt hatten, und sich dort niederzulassen.

Die Aufzeichnungen dieses großen Seefahrers sowie weniger unbedeutender Seeleute und Abenteurer, die ihm bei der Besiedlung der Südsee nachfolgten, hatten tiefgreifende und brisante Folgen für Europa. Gewisse Denker – vor allem Jean-Jaques Rousseau, der über den Edlen Wilden schrieb – schienen der Ansicht zuzuneigen, der Mensch sei nicht, wie gewöhnlich gepredigt und geglaubt wurde, „in Sünde geboren", sondern von Natur aus gut, und dieses eigentliche Gutsein sei infolge der Unterjochung durch gewissenlose Gesellschaften verschüttet worden.

Der Gegenangriff der damaligen religiösen Orthodoxie ließ nicht lange auf sich warten. 1795 wurde die London Missionary Society gegründet, die sich sofort auf den Pazifik konzentrierte; zwei Jahre später setzte ein Sträflingsschiff, das nach Australien unterwegs war, die ersten Missionare an den Ufern Tahitis ab. Auch sie waren von dem Empfang überwältigt, der ihnen zuteil wurde, und als sie merkten, wie freigebig die Tahitier waren, baten sie um die Bay of Matavai, die Bucht, in der sie gelandet waren. Der tahitische Häuptling, dem die Vorstellung privaten Landbesitzes völlig fremd war, gewährte ihnen die Bitte umgehend; als er später erfuhr, daß er und seine Leute dieses Gebiet zu verlassen hätten, war er bestürzt.

Die Prediger waren ein seltsam zusammengewürfelter Haufen – die Society hatte sie nach ihrer mutmaßlichen Nützlichkeit für unwissende Wilde ausgesucht; unter ihnen befanden sich ein Sattler, ein Maurer, ein Farmer, ein Weber sowie ein Schlachter mit seiner Frau. Nicht einer von ihnen hatte England je zuvor verlassen, nur wenige hatten sich je außerhalb ihres Geburtsorts umgesehen. Es dauerte vier Jahre, bis auch nur einer von ihnen die Sprache der Eingeborenen hinlänglich beherrschte, um vor einer verwunderten, aber wohlwollenden Zuhörerschaft predigen zu können. Die Tahitier bauten ihnen Häuser, versorgten sie mit Nahrung und Dienern im Überfluß; aber nach sieben Jahren war noch keine einzige Bekehrung zu verzeichnen. Kinder kamen der Aufforderung der Prediger, sich in einer Reihe aufzustellen und immer wieder den folgenden einfachen Vers auf Tahitisch zu wiederholen, bereitwillig nach:

No te iahe e ridi mei ei Jehove ia oe?
Weshalb ist Jehova zornig auf mich?
No te taata ino wou no to'u hamani ino.
Weil ich böse bin und böses tue.

Weitere sieben Jahre solcher Unterweisungsversuche verstrichen erfolglos, dann fand der große Durchbruch statt.

Das Mittel, mit dem schließlich die unerschütterliche Missionarsherrschaft errichtet wurde, wird in einem Brief beschrieben, den J. M. Orsmond, einer der Brüder, nach Hause schickte: „Alle Missionare pökelten damals Schweinefleisch und destillierten Weingeist ... Pomare (der Häuptling) bekam einen großen Teil ab. Er war betrunken, als ich ankam, und ich habe ihn nie nüchtern gesehen." Orsmond beschreibt den Pakt, dem zufolge Pomare, zum Alkoholiker verkommen, in einem Krieg gegen die übrigen Inselhäuptlinge unterstützt werden würde, unter der Voraussetzung, daß seinem Sieg eine verstärkte Bekehrung folgen würde. Da Pomare mit Schußwaffen ausgerüstet wurde, war ihm der Sieg über seine mit Keulen bewaffneten Gegner sicher. „Der ganze Stamm", schrieb Orsmond, „wurde an einem einzigen Tag bekehrt."

Eine Schreckensherrschaft folgte. Hartnäckig Ungläubige wurden getötet, und die Missionare stellten einen Strafenkatalog auf, dem die Missionspolizei in den Uniformen der Bow Street Runners* Nachdruck verlieh. Sich mit Blumen zu

* Historische Polizeitruppe. In der Londoner Bow Street befand sich das Polizeigericht (A. d. Ü.).

schmücken, zu singen (es sei denn Kirchenlieder), sich zu tätowieren, im Meer zu baden und zu tanzen wurde für ungesetzlich erklärt. Wer sich geringere Verstöße zuschulden kommen ließ, wurde in den Block geschlossen; bei größeren Vergehen – zu denen auch Tanzen gehörte – wurde Strafarbeit beim Wegebau verhängt. Innerhalb eines Vierteljahrhunderts wurde dieses Verfahren, mit dem man die Eingeborenenkultur Tahitis ausgelöscht hatte, in jeden Winkel des Pazifiks exportiert, und man verdammte die Insulaner zu einem Status, der dem der Arbeiterklasse des viktorianischen England entsprach.

J. M. Orsmond tauchte auf Moorea wieder auf, wo man ihn bis auf den heutigen Tag in schmerzlicher Erinnerung hat. Nach ihrer Massenbekehrung hatte man gehofft, die Tahitier für die Wohltaten der Zivilisation einzunehmen, indem man ihnen Arbeit im Zuckerrohranbau zuweis. Ein gewisser Mr. Gyles, ein Missionar, der zuvor Sklavenaufseher auf Jamaika gewesen war, wurde herbeizitiert – zusammen mit den zur Zuckergewinnung nötigen Walzenpressen. „Er wußte, wie billig Neger als Arbeitskräfte waren, und war überzeugt, die Eingeborenen dieser Inseln ebenso einsetzen zu können.“ Er sollte sich irren. Das Unternehmen schlug fehl, und Mr. Orsmond, der die Meinung geäußert hatte, „die allzu freigebige Natur unterdrückt auf Moorea den natürlichen Wunsch des Menschen, zu arbeiten“, ordnete an, alle Brotbäume zu fällen. Zu diesem Zeitpunkt hatten Syphilis, Tuberkulose, Pocken und Grippe die Bevölkerung Tahitis von den 200 000, die Cook geschätzt hatte, auf 18 000 verringert. Nach 30 Jahren Missionsherrschaft waren es nur noch 6000. Otto von Kotzebue, Leiter der russischen Pazifikexpedition von 1823, schrieb lange bevor der Niedergang seine letzte Phase erreicht hatte: „Eine solche Religion, die jedes unschuldige Vergnügen untersagt und alle geistigen Fähigkeiten beschneidet oder zerstört, ist eine Schmähung des göttlichen Gründers des Christentums.“ Er sagte, die Tahitier seien von Natur aus „freundlich, gutmütig, offen, fröhlich, friedfertig und vollkommen frei von Neid; sie freuten sich über das Glück anderer, und wenn einer von ihnen ein Geschenk erhielt, schienen sie alle gleichermaßen froh". Es betrübte Kotzebue, daß „bei diesen Menschen, die von der Natur mit dem heitersten Gemüt beschenkt worden waren, jedes Vergnügen als Sünde bestraft werden sollte".

John Davies, einer der ersten Missionare, verfaßte eine Geschichte der Tahiti-Mission, die er 1851 fertigstellte. Sie wurde nie vollständig veröffentlicht; vermutlich, weil sie seinen Vorgesetzten in der Society nicht zur Veröffentlichung geeignet schien. Diese sprachen von „jenen Tatsachen, die gänzlich zu verschweigen ratsam scheint". Erst 1961 wurden einige Kapitel daraus zusammen mit einer Auswahl aus der missionarischen Korrespondenz unter dem Impressum der Hakluyth Society veröffentlicht. Davies schrieb sehr freimütig, und seinem Bericht nach konnten die Missionare kaum für sich in Anspruch nehmen, Heilige zu sein. Sie waren Söhne eines Zeitalters, das zum Inbegriff der Heuchelei und des heimlichen Lasters geworden ist. Hinter einer streng abstinenten Fassade betrieben die älteren Missionare, die Herren Scott, Shelley, Hayward und Nott, wie Orsmond schrieb, eine Schnapsbrennerei. „Der Häuptling trank dort jederzeit gratis." Mr. Bicknall, ein Missionsleiter, handelte mit Schnaps. Obwohl die Society in ihren Instruktionen geschrieben hatte, die Missionare sollten „unter allen Umständen jede Versuchung durch die Eingeborenenfrauen meiden", wurden mehrere schwächere Brüder abtrünnig und lebten mit Tahitierinnen zusammen. Mr. Simpson, ein königlicher Berater, wurde beschuldigt, eine Tochter mit der Frau eines tahitischen Richters gezeugt zu haben, und sogar John Davies mußte sich der Anklage stellen, den Frauen nachgestellt zu haben.

Auch die finanziellen Möglichkeiten wurden nicht übersehen. Da die Missionspolizei aus Geldbußen bezahlt wurde (was übrigblieb, teilten die Missionare und Richter untereinander), war sie auf Festnahmen bedacht; wenn nötig, wie Mr. Davies in seiner Geschichte schrieb, „indem sie sowohl Schuldige wie Verdächtige in den Block schlossen". Darüber hinaus verdienten die Brüder an einem „System organisierter Abgaben an die

London Missionary Society". Alles in allem scheinen sie ziemlich gut für sich selbst gesorgt zu haben. Obwohl die meisten von ihnen als arme Männer nach Tahiti gekommen waren und keine finanzielle Unterstützung aus London erhielten, konnten sie nicht nur tun und lassen, was sie wollten, sondern wurden auch wohlhabend. Mr. Davies starb als Besitzer einiger Herden, eines Obstgartens und einer Plantage; er „besaß", wie ein Mit-Missionar schrieb, „außerordentlichen Reichtum".

Sobald sie ihre Machtstellung auf Tahiti gefestigt hatten, drangen die Missionare rasch zu den entfernteren Inseln vor. Anfangs wurden sie noch von dem betrunkenen und grausamen Pomare begleitet (Orsmond nennt ihn „eine bestialische Kreatur"). Sie gingen nach bewährtem Muster vor: Der jeweilige Häuptling wurde getauft, zum König gekrönt, mit einem Porträt der Königin Viktoria beschenkt, mit der Flasche bekannt gemacht und mit der Bekehrung beauftragt. Auf Rarotonga änderten Häuptlinge, die lieber alles beim alten lassen wollten, abrupt ihre Meinung, als sie die missionarischen Streitkräfte anrücken sahen. Innerhalb weniger Tage wurde eine große Anzahl Insulaner getauft. Nie zuvor war das Evangelium mit so durchschlagendem Erfolg verkündet worden. Es dauerte Tage, bis die 1500 Insulaner getauft waren, die Jehova erkoren hatten. Mr. Davies bezweifelte, daß die Bekehrungen echt waren, denn Mr. Bournes hatte auf tahitisch gepredigt, in einer Sprache also, die auf Rarotonga niemand verstand. Eine Gruppe von Götzendienern widersetzte sich der Bekehrung, woraufhin jeder zehnte Insulaner für die Missionspolizei rekrutiert wurde, um sich alsdann mit den Widerspenstigen zu befassen. Dann wurde ein Moralkodex von solcher Strenge durchgesetzt, daß unter anderem ein Mann, der in der Nacht mit einer Frau im Arm spazierenging, in der freien Hand eine Laterne tragen mußte. Auf der Insel Raiatea wurde ein Mann, der das Wetter nach dem Verhalten der Fische vorhersagte, als Hexenmeister angesehen und getötet.

Diese von Pomare und den Missionaren durchgeführte Kampagne läßt keinen Zweifel daran, daß der Prozeß der gegenseitigen Brutalisierung weitergegangen war. Es war den Missionaren gelungen, Pomare eine gänzlich untahitische Machtgier einzuflößen und ihn mit Schnaps zu betäuben. Sie lernten ihrerseits, seine vielen menschlichen Laster zu übersehen, vor denen sie anfangs Abscheu empfunden hatten. Als er an einem Schlaganfall starb, schrieb John Davies: „Am 7. Dezember 1821 schied König Pomare aus diesem Leben – ein großer Verlust für die Inseln, der heftige Trauer bei den Missionaren auslöste ..., deren unverbrüchlicher Freund er viele Jahre hindurch gewesen war."

Um 1850 war die Eroberung des Pazifiks abgeschlossen. Nach der förmlichen Annexion der Inseln durch Franzosen und Briten sprach niemand mehr von dem, was die *Times* das „Missionarsprotektorat" genannt hatte. Die Kolonialbeamten beider Länder ließen Milde walten; die Insulaner wurden gegen importierte Krankheiten immun und vermehrten sich wieder. Die Brotbäume, einst gefällt, um „die Menschen durch Reduzierung der spontanen Produktion der Erde zum Fleiß anzuspornen", wuchsen überall nach. Bald wurde die allesverhüllende europäische Kleidung – in den Tropen ebenso lächerlich wie ungesund – abgelegt, die Körper wurden wieder der Sonne ausgesetzt. Nach den Religionskriegen war endlich wieder Frieden eingekehrt.

Aber die Insulaner hatten sich verändert und sollten nie wieder zu dem werden, was sie einmal gewesen waren. Einst war das Leben der Polynesier und Melanesier untrennbar mit schöpferischer Arbeit verknüpft gewesen. Sie schienen unter dem Zwang gestanden zu haben, alles zu verschönern – von seltsam geformten Treibholz, das sie in menschliche und tierische Formen brachten und mit Perlmutt auslegten, bis zu den prächtigen Bugen ihrer Kanus, in die sie komplizierte Muster schnitzten. Jetzt aber hatte sie ihre Kunstbesessenheit verlassen. Von den ungezählten meisterhaften Schnitzereien der Pazifik-Insulaner sind nur wenige der allgemeinen Vernichtung entgangen und in Museen gelandet. Das Bedürfnis, schöne Gegenstände anzufertigen, ist verschwunden – möglicherweise aufgrund der langwährenden, durch die Lehren der Missionare vermittelten Gleichsetzung des Schönen mit dem Bösen. Die Inseltänze, auf Baströcke und Hüftenschwingen reduziert, sind zu Touristenattraktionen herabgesunken, und die Lieder der Insulaner wirken klagend, als hätten sie sich nie vom Einfluß der schwermütigen Kirchengesänge befreien können, auf denen sie basieren.

Gegen Ende des letzten Jahrhunderts ließ der missionarische Eifer nach, weil der Bewegung die möglichen Ziele ausgingen. Im Pazifik hatte sie Hunderte von Inseln erreicht und mit solcher Mühelosigkeit überrannt, weil sie nicht nur leichter erreichbar geworden waren, sondern auch der Inbesitznahme keine natürlichen Hindernisse wie Berge und Wälder entgegensetzten. Wenn kein Widerstand geleistet wurde, konnte ein Eingeborenen„lehrer", von einem halben Dutzend Missionspolizisten unterstützt, fast jede Insel innerhalb einer Woche übernehmen. Auch wimmelte der Ozean plötzlich von Walfängern aller Nationen, und nichts war leichter, als eine Passage auf einem von ihnen zu buchen und reiche Ernte an Seelen zu halten.

Als die Missionierung des Pazifik zu Ende war, gab es nichts Vergleichbares mehr. Ein großer Teil des inneren Schwarzafrika war nach wie vor nur unerschrockenen Forschern zugänglich. In Südostasien harrten drei Viertel der riesigen Inseln Borneo und Neuguinea ihrer Erforschung. Südamerika barg ein Gebiet, das, größer als Europa, von den Wäldern und Sümpfen des Amazonas bedeckt war. Man wußte, daß diese Gebiete von zahlreichen Stämmen bevölkert waren, von denen man viele noch nie zu Gesicht bekommen hatte. Es gab keine Karten. In Südamerika waren die Evangelisten*, die im Pazifik Katholiken verfolgt hatten, den katholischen Autoritäten nicht willkommen. In Südostasien, wo sie auf muslimische Konkurrenz stießen, blieb ihr Werk bruchstückhaft und oberflächlich.

---

* Ursprünglich englische, später auch amerikanische Prediger und Massenbekehrer (A. d. Ü.).

2

Nach 1945 begannen alle Barrieren zu fallen. Die kriegsbedingte Findigkeit hatte Mittel und Wege erschlossen, die Urwälder zu erobern. Unterschiedlichste Fahrzeuge wurden jetzt mit den Raupenketten ausgerüstet, die es Panzern ermöglicht hatten, alle Hindernisse zu überrollen. Bulldozer und gigantische Erdbewegungsmaschinen schlugen Breschen durch den Dschungel, und in sumpfigen Gegenden erlaubten vorgefertigte Fahrbahndecken den Bau von Behelfsflugplätzen. Überdies hatte man Flugzeuge entwickelt, die nur kurze Strecken für Start und Landung brauchten und ohne große Vorbereitung auf vielen Dschungellichtungen niedergehen konnten. Jetzt konnten die weißen Flecken von den Landkarten getilgt werden; Forschungstrupps stießen in den Dschungel vor, während nur wenige hundert Meter vor ihnen die Bäume fielen, und eilten zielstrebig unbekannten Reichtümern entgegen.

Viele Überraschungen warteten auf die ersten dieser Eindringlinge ins Unerforschte. Splitternackte Indianer tauchten mit ihren Kindern verstohlen zwischen den Bäumen auf und sahen verwundert und vielleicht mit heimlichem Bedauern zu, wie die großen Maschinen ihren Lebensraum verschlangen. Bei diesen ersten, friedfertigen Kontakten schenkten die Rodungsmannschaften den Kindern Süßigkeiten und öffneten zuweilen Fleischkonservendosen für die Eltern, und oft beschenkten die Indianer sie im Gegenzug mit prachtvollem Federschmuck. Als die Umwandlung des Waldes in Ackerland auch auf Dörfer und Pflanzungen der Indianer übergriff, zeigten sie manchmal Unmut über den Verlust ihres Lebensunterhalts und ihrer Heime. Die früheren, freundlichen Kontakte brachen ab, und die Männer auf den Bulldozern wurden gelegentlich mit einem Pfeilhagel empfangen.

Widerstand wurde bestraft. Wo immer Indianer versuchten, den Fortschritt aufzuhalten, wurden sie kurzerhand erschossen.

Später boten Agenturen nicht nur in Brasilien, sondern auch in den USA und in England „sichere“ Dschungelgebiete als Kapitalanlagen oder „fun ranches“ an; bedeutende Persönlichkeiten machten diese kurzlebige Mode mit und erwarben mehrere Dschungelabschnitte. Einige dieser Gebiete waren, wie sich später herausstellte, mit unterschiedlichsten Methoden von der indianischen Bevölkerung gesäubert worden: Es wurde aus der Luft bombardiert, Süßigkeiten wurden mit Arsen vergiftet, lokal begrenzte Epidemien hervorgerufen, indem man Kleider verteilte, die mit den Erregern tödlicher Infektionskrankheiten imprägniert waren, meist aber wurden bewaffnete Söldner-Expeditionen losgeschickt. All das wurde schließlich in einem von der brasilianischen Regierung veröffentlichten Weißbuch aufgedeckt. Aber es war zu spät, und es wird nie genau bekannt werden, wie viele Tausende oder Zehntausende von Indianern damals umkamen.

Mit der Erschließung der zuvor undurchdringlichen Dschungel in allen Weltgegenden (zu Beginn besonders in Lateinamerika) begann die zweite große historische Woge missionarischer Aktivitäten. 1797 hatte das erste Schiff der London Missionary Society, die *Duff*, sechs Monate gebraucht, um Tahiti zu erreichen; die Duff war 13 800 Meilen weit gesegelt – vermutlich die bis dahin längste Seereise –, ohne je Land zu sichten. Jetzt waren die Savannen und Wälder Kolumbiens, Perus, Venezuelas, Boliviens und Paraguays für die modernen missionarischen Luftlandetruppen nur noch Tage entfernt, und sie fielen über diese Länder her. Früher waren die Engländer auf missionarischem Gebiet immer die ersten gewesen, aber jetzt hielten sie sich im Hintergrund und beschränkten sich darauf, sich um Gemeinden an Orten wie Singapur und Hongkong zu kümmern, wo die Bekehrungen weitgehend zum Stillstand gekommen waren, und die Amerikaner traten an ihre Stelle.

Nur ein Jahrzehnt später operierten Berichten zufolge allein in Südamerika mehr als 300 religiöse Sekten, von denen die meisten ihren Ursprung in den USA hatten. Obwohl viele dieser Sekten gewisse Ambitionen hinsichtlich ihres missionarischen Bemühens hegten, lag die wirkliche Macht beim Summer Institute of Linguistics und der New Tribes Mission, die den Kontinent buchstäblich untereinander aufteilten. Das SIL und die NTM waren nur an Stammesgesellschaften interessiert und besonders in „rückständigen", diktatorisch regierten lateinamerikanischen Ländern willkommen. Hier verlieh man den Missionaren den Status von Regierungsbeamten, stellte den Missionen große Ländereien zur Verfügung und schloß mit ihnen Kontrakte, indianische Stämme „seßhaft zu machen und zu zivilisieren". Dank dieser beiden Organisationen mit ihren reichlichen Geldmitteln, einer Luftflotte und der reibungslos funktionierenden Maschinerie einer multinationalen Gesellschaft konnten mehrere Tausend Missionare ins Feld geschickt werden. Im Vergleich dazu nimmt sich die in ihren Mitteln beschränkte London Missionary Society früherer Tage mit ihren im Höchstfall einigen Hundert Missionaren, die Handel treiben mußten, um ihren Lebensunterhalt zu verdienen, in der Tat wie ein Zwerg aus.

*

Als Kind, das in einem Dorf aufwuchs, hatte ich bei meinen Kirchenbesuchen die missionarischen Unternehmungen von der Kanzel aus rühmen hören, und wahrscheinlich ließ ich mich überreden, mein Scherflein zu ihrem Fundus beizutragen, wenn der Vikar gelegentlich zu einer besonderen Sammelaktion aufrief. Später dachte ich nicht mehr an Missionare. Es sollte noch viele Jahre dauern, bis ich von ihren früheren Großtaten im Pazifik hörte; und erst 1946 dämmerte es mir allmählich, daß sie immer noch eine tätige Streitmacht in der religiösen Welt darstellen. Das war, als Doña Elvira, eine imposante Matrone, die ich in Guatemala kennenlernte, mir gegenüber zufällig erwähnte, sie sei mit den indianischen Dienerinnen, die sie von einer Mission beziehe, sehr zufrieden.

Als der Krieg ausbrach, lebte ich mit meiner Frau Ernestina auf Kuba. Ich kehrte nach England zurück, um in der Armee Dienst zu tun. Ernestina folgte der Aufforderung der britischen Regierung, alle in Übersee ansässigen und unterhaltsfähigen Familien sollten dort bleiben. Mit der Armee ging ich nach Nordafrika und Italien, in den Irak, wieder nach Italien und nach Österreich; Briefe aus Amerika folgten mir von einem Kriegsschauplatz zum nächsten; sie waren bis zu sieben Monate lang unterwegs. Unsere Trennung währte wegen der langwierigen Demobilisierung und Wiederherstellung einer normalen Kommunikation zwischen diesem Land und dem Rest der Welt noch ein weiteres Jahr.

Mein Wiedersehen mit Ernestina fand im Winter 1946 in Guatemala City statt, wohin sie kurz nach meinem Abschied umgezogen war. Wir hatten uns beide in fremde Welten eingelebt, und ein langer Zeitraum unterschiedlicher Erfahrungen trennte uns. Sie lebte jetzt nach guatemaltekischem Kolonialstil in einem Haus mit fünf Patios, von denen einer von Doña Elvira, der Hausbesitzerin, in Beschlag genommen war; die übrigen teilten sich Familienmitglieder, Verwandte und Freunde auf Besuch, Dienerinnen und chronische Schmarotzer. Ernestina war Gesellschafterin dieser ältlichen, mächtigen Witwe, deren Lebenskraft allmählich durch jenes Übel untergraben und ausgesogen wurde, das häufig unter großem, ererbtem Reichtum lauert. Ich nahm Quartier im alten Palace Hotel.

Doña Elvira rühmte sich, zur Elite der „14 Familien" zu gehören – sie konnte ihre Abstammung von einem der Massenmörder nachweisen, die Spanien ausgesandt hatte, um dieses Land zu erobern –, aber wie so viele ihrer Art hatte sie sich dem Nichtstun ergeben und verbrachte den größten Teil ihrer Tage in einem thronartigen Sessel auf einer großen Veranda über der Straße. Hier wartete sie darauf, daß Präsident Ubico* – angekündigt, flankiert und gefolgt von seiner zahl-

* J. Ubico, 1931–44 Präs.-General, stabilisierte den Staat. Zuvor hatten sich die amerikanische Regierung selbst und amerikanische Pflanzungsgesellschaften wie die United Fruit Company stark in die Innenpolitik Guatemalas eingemischt (A. d. Ü.).

reichen Eskorte – auf seiner Harley Davidson vorbeiröhrte. Früher oder später wurde ihre Geduld immer belohnt. Doña Elvira achtete darauf, ob sich der Präsident über die Lenkstange seiner Maschine krümmte oder bolzengerade aufrecht saß; sie war davon überzeugt, seinem Verhalten detaillierte und wertvolle Hinweise entnehmen zu können. Der wechselnden Mitgliedschaft seines *cortège* entnahm sie Umstrukturierungen im politischen Machtgefüge. Ihre Tätigkeit war symptomatisch für die wachsame Lethargie des Landes. Wie eh und je beherrschte das Denken der Bewohner von Guatemala City die Möglichkeit, daß dieses oder ein anderes Regime auf friedliche oder blutige Art gestürzt würde, sowie die Verbesserungen, für die es sich zu kämpfen lohnte, oder – im Fall der privilegierten Damen, mit denen Doña Elvira fast allabendlich Canasta spielte – die Entbehrungen, die man erdulden mußte.

Diese unablässige Beobachtung, die Lethargie, das ewige Canasta, die ständigen Gesellschaften zur Feier trivialer Ereignisse, das Ritual der Völlerei (Doña Elvira nahm fünf Mahlzeiten am Tag zu sich), die allgegenwärtige Ahnung eines bevorstehenden Blutbads – all das forderte seinen Tribut in Guatemala. Die Lebenserwartung in den herrschenden Klassen war trotz des hohen Lebensstandards verhältnismäßig gering. Die empfindsamen und trägen fünf Prozent an der Spitze der gesellschaftlichen Pyramide wurden Opfer von Herz-, Leber- und Magenübeln, die beinahe epidemische Ausmaße erreichten.

Außerdem litten sie an zahlreichen anderen, weniger leicht diagnostizierbaren Unpäßlichkeiten, die anscheinend durch das intellektuelle und emotionale Klima gefördert wurden, in dem diese Menschen ihr Leben zubrachten. So hatte sich zum Beispiel Doña Elvira in einer einzigen Woche bei Ernestina über pochende Kopfschmerzen, hartnäckiges Jucken an einer schwer erreichbaren Stelle, den unwiderstehlichen Impuls, bei unpassenden Gelegenheiten in Gelächter auszubrechen, Kribbeln in Armen und Beinen, Verengung des Gesichtsfelds, das Gefühl,

„eine andere Person“ zu sein, und den wahnwitzigen Drang beklagt, in der prüdesten Gesellschaft das Wort „cojones“ (Hoden) herauszuschreien.

Am meisten beeindruckten mich ihre vielen indianischen Dienerinnen, die zu den ersten ihres Volkes gehörten, die ich zu Gesicht bekam. Da gab es kleine, muntere und ruhige Mädchen von 14 oder 15 Jahren in authentischen Hochlandtrachten, die barfuß von Zimmer zu Zimmer huschten und Wasser auf die Fliesen sprengten, die beim Trockenwerden einen Geruch ausströmten, der an auf warmem Mutterboden verdunsteten Regen erinnerte. Doña Elvira mochte sie auf ihre Art, aber sie bedauerte, daß diese Mädchen niemals lachten oder auch nur lächelten, um ihr einen Gefallen zu tun. Manchmal hielt sie eines von ihnen auf und fragte sie, ob sie glücklich sei; was sie bejahte.

Sie bezog ihre Dienerinnen von einer Mission, die sich unter den Eingeborenenstämmen bei Quezaltenango niedergelassen hatte, wo die weitgehend indianische Bevölkerung unter miserablen Bedingungen lebte. Quezaltenango im verarmten Norden war die zweite größere Stadt Guatemalas; immer wenn Doña Elvira beschloß, ihren Stab zu erweitern, fuhr sie dorthin und legte unterwegs eine eintägige Rast am Atitlán-See ein, um Landschaftsskizzen festzuhalten. In der Mission verlangte sie ein oder mehrere Mädchen aus anständigen und respektablen Familien, für deren Ruf ihr die Missionare persönlich einzustehen versicherten. Ich war gelinde erstaunt, daß Missionare eine Agentur für Hausdiener unterhielten, mehr nicht. Doña Elvira verpflichtete sich, den Mädchen pro Jahr 20 Quezals zu zahlen – den ungefähren Gegenwert von 5 Pfund – und entrichtete einen Betrag in gleicher Höhe an die Mission. Es gehörte zu den Voraussetzungen des Handels, daß der Erwerber die Diener in religiösen Dingen unterrichtete. Doña Elvira erklärte sich einverstanden, machte aber keine Anstalten, ihr Versprechen einzulösen, und die ihr ausgehändigte fromme Literatur wanderte umgehend ins Feuer. „Wir sind es, die religiöse Unterweisung brauchen“, sagte sie, „nicht diese Mädchen." Als Ernestina einmal bemerkte, sie finde den Lohn für die Dienerinnen niedrig, erwiderte Doña Elvira: „Weshalb sollten sie mehr bekommen? Es wäre sinnlos. Sie haben nicht die geringste Vorstellung vom Wert des Geldes." Zu Weihnachten nahm sie die Mädchen mit in die Stadt, und sie schauten sich die Läden und Weihnachtsdekorationen an. Einmal hatte sie einer ihrer Dienerinnen eine Puppe gekauft; das Mädchen hatte sie mit allen Anzeichen des Entsetzens fortgeworfen und geschrien, es sei ein Dämon.

Immer wenn Doña Elvira eine heftige Nervenkrise durchlitt, reiste sie für ein paar Tage mit Ernestina in die Berge, um sich durch die kühle Luft beruhigen zu lassen; blieb für einen Tag oder zwei Momostenango, Huehuetenango oder Copán bei einem ihrer zahlreichen, über das ganze Land verstreut lebenden Verwandten. Sie betrachtete es als ihre religiöse Pflicht, anläßlich dieser Ausflüge alle in dieser Gegend tätigen katholischen Missionare zu besuchen. Sie und ihre Freunde behandelten diese Männer, als zählten sie zu den bedürftigen Armen, und versäumten niemals, ihnen nahrhafte Geschenke mitzubringen, um Abwechslung in ihre gewohnte Maissuppen-Diät zu bringen, etwa Schweinebraten mit Auberginen und Tortillas sowie eine großzügig bemessene Handvoll Zigarren mittlerer Qualität. Doña Elvira sagte, man müsse sie vor den Besuchen vorwarnen, damit sie Zeit hätten, ihre indianischen „Haushälterinnen" fortzuschicken.

Die von Mexiko und El Salvador kommenden Evangelisten vermittelten mir eine neue und lehrreiche Erfahrung. Mein ganzes Wissen über Missionare verdankte ich den Beschreibungen des Vikars unserer Gemeindekirche; demnach handelte es sich um Männer, die sich zu einem unbequemen Leben entschlossen hatten, um die Seelen jener zu retten, die in der Finsternis lebten, in wilden und nicht selten gefährlichen Weltgegenden. Auf Guatemala – in der Werbung als Land des ewigen Frühlings bezeichnet – traf diese Beschreibung ganz und gar nicht zu. Die Damen Guatemalas waren ein wenig überrascht, daß sich Missionare mit Handel und Kommerz befaßten, wenn sie auch behaupteten, aller auf diese Art erworbene Profit komme dem Dienst an Gott zugute. Der Missionar in Momostenango betrieb die dortige Tankstelle. Doña Elvira hatte den Eindruck, daß alle diese Missionare ein solches Eisen im Feuer hätten. Sie fand es ein wenig anrüchig, daß der Mann in Copán einen Handel mit exotischen Vögeln aufgezogen hatte. Es ging das Gerücht, daß unter den an reiche Sammler und fremdländische Zoos exportierten Vögeln mehrere Exemplare des sehr seltenen Quetzal gewesen seien – des eben aus diesem Grund unter Naturschutz stehenden Symbols der guatemaltekischen Nation –, der unter allen kleinen Vögeln der Welt den bei weitem längsten Schwanz aufweist. Es sei schon deshalb bedauerlich, sagte Doña Elvira, weil bisher kein einziger Quetzal in Gefangenschaft überlebt habe.

Aber worin ihre gelegentlichen Vergehen auch bestehen mochten, die Lebensart der Amerikaner erstaunte sie immer wieder. Die aristokratischen Damen von Guatemala City mochten Häuser mit drei, vier oder sogar fünf Patios ihr eigen nennen, aber sie lebten in der Vergangenheit. Doña Elviras Küche war eine verräucherte Höhle, in der ein halbes Dutzend Schmarotzerinnen um die Holzkohlenfeuer kämpften, und die Ausgüsse in ihrem riesigen Haus waren oft wochenlang verstopft. Der Missionar hatte sie, nachdem er ihre Order auf die Mädchen-für-alles entgegengenommen hatte, im ersten nordguatemalketischen Haus mit arbeitssparenden Geräten herumgeführt; einen Geschirrspüler eingeschaltet, nur, um ihn ihr vorzuführen, und in stillem Stolz gelächelt. Sie hatte sich nicht dagegen wehren können, beeindruckt zu sein. Sie erzählte Ernestina, es heiße, besagter Missionar habe 1932 als junger Mann in El Salvador den dortigen Machthabern beträchtliche Unterstützung bei der Niederwerfung eines Aufstands der Pipil-Indianer gewährt. Alles in allem fand sie es begrüßenswert, daß er mit einigen seiner Freunde nach Guatemala gekommen war. Falls es je zu einer kommunistischen Bedrohung kommen sollte, mochte es gut sein, diese Leute in der Nähe zu haben.

„So viele Revolutionen; so viele Meuchelmorde“, sagte sie,

„ich kann mich nicht mehr an alle erinnern. Wie hieß noch gleich dieser Präsident, der sich an die American Fruit Company verkaufte? Sie brachten ihn nach Miami, gönnten ihm einen Ritt auf einem Zirkuselefanten, stopften ihm eine halbe Million Dollar in die Reisetasche, und er war ihr Mann. Man sagt, die Missionare seien für Arévalo *, und auch das ist eine gute Sache, wenn sie ihm helfen, hier Ordnung zu halten."

Ernestina, die früher stets frei von neurotischen Symptomen gewesen war, hatte sich von ihrer Umgebung anstecken lassen. Jetzt bereitete ihr eine unerklärliche Verengung der Kehle Sorgen, die ihr das Schlucken erschwerte, und wenige Tage nach meiner Ankunft rückte sie mit dem seltsamen Wunsch heraus, ich solle sie zu der kleinen Stadt Chichicastenango einige Hundert Kilometer entfernt in den Bergen fahren, damit sie sich von einem *brujo* – wie die Medizinmänner in Guatemala heißen – behandeln lassen könne.

Die Guatemalteken waren Anhänger alternativer Medizin geworden: Akupunktur, Homöopathie, Geistheilungen und dergleichen. Nach Jahrhunderten der Verachtung genossen die Indianer – die schon seit langem als Experten auf diesem Gebiet galten – das Ansehen der Öffentlichkeit. Viele Menschen beschworen, dank der *brujos* wunderbare Heilerfolge erlebt zu haben, und die Pilgerfahrten nach Chichicastenango hatten begonnen.

Wir mieteten einen Wagen und fuhren in Richtung Norden durch eine chinesisch anmutende Landschaft: im Dunst zart hingetuschter Bambus; der von den in den Himmel ragenden Bergkonturen herabhängende graue Spitzensaum der Abgründe; wie Kulis in Stroh gekleidete Indianer unter dem Fächer des

* Juan José Arévalo, geb. 1904, guatemaltekischer Pädagoge und Politiker, 1945–50 Staatspräsident. Setzte gegen den Widerstand der Großgrundbesitzer eine Bodenreform und Sozialgesetze zugunsten der Indios durch (A. d. Ü.).

Regens; die Silhouette eines Storchs, die sich in einem Sumpf spiegelte; sanfte, melancholische Wasserfarben.

In Chichicastenango hatte man eine große Kirche auf einem Berg aus Quaderwerk errichtet; eine lange Treppe führte zu ihren Türen empor. Man hatte gehofft, die Anklänge an die alten Maya-Pyramiden würde die Indianer anlocken. Im übrigen war die Stadt eine alberne Ansammlung niedriger, vom Regen verwaschener Häuser, von Läden, die Kerzen und Seile feilboten, und verkommenen *cantinas,* in denen man sich für sehr wenig Geld betrinken und beliebig lange betrunken bleiben konnte. Hinter der christlichen Maske waren die Indianer insgeheim Heiden geblieben, aber sie hatten vor 20 oder 30 Jahren mit dem Priester der Kirche von Santo Tomás eine beide Parteien befriedigende Regelung getroffen: sie durften, bevor sie die Kirche betraten, auf den Stufen ihre Altäre errichten, Weihrauch verbrennen und ihre Götter anrufen; in der Kirche vollzogen sie dann die im Prinzip gleichen frommen Prozeduren zu Ehren des Christengottes und der Heiligen. Die ältesten Indianer konnten sich noch erinnern, wie ihre Stammesangehörigen gewaltsam getauft und gezwungen worden waren, in Häusern ohne Fenster zu leben; man hatte ihnen bei Todesstrafe verboten, auf einem Pferd zu reiten, sie an der Benutzung ihres Zwanzig-Tage-Kalenders gehindert, ihnen untersagt, astronomische Berechnungen der günstigsten Zeit für die Aussat vorzunehmen; und man hatte sie öffentlich auf dem Platz ausgepeitscht, wenn sie es versäumt hatten, innerhalb eines Ehejahres ein Kind zu bekommen. Aber jetzt war die uralte Zivilisation der Maya-Quiché, die fast fünf Jahrhunderte lang in den Bergen ein geheimes Dasein geführt hatten, unbemerkt wieder ans Tageslicht gekommen, und in den Straßen sah man vornehme und würdevolle Männer in ihrem indianischen Staat: die *regidores* und *principales* der präkolumbischen Hierarchie, die mehr als eine Schattenautorität besaßen.

Mit den *brujos* mußte man auf leicht verstohlene Art Kontakt aufnehmen – über einen Indianer in den Diensten des Mayan Inn, des einzigen Hotels der Stadt. Wir erklärten ihm, was wir wollten, dann richteten wir uns für eine Wartezeit von unbestimmter Dauer ein. Die mächtigen und geheimnisvollen Erben des Wissens einer alten Kultur waren sehr arm und mußten ihren Lebensunterhalt erarbeiten, indem sie auf winzigen und abgelegenen Erdflecken in den Bergen Getreide anbauten. Von dort kehrten sie nach oft eine Woche dauernder Abwesenheit unter Zeremonien zurück; sie zündeten Raketen, um ihre bevorstehende Ankunft anzukündigen. Unser Mittelsmann im Hotel versprach uns die Dienste eines *brujo,* der als Inkarnation des Gottes Zoltaka betrachtet wurde, des Totenwächters der Maya. Dieser *brujo,* so versicherte er uns nicht ohne Stolz, sei der ärmste und angesehenste von allen.

Es waren mehrere andere Gäste im Hotel, offenbar mit ähnlichen Anliegen wie wir; aber nur eine Frau war bereit, es zuzugeben. Sie war die Inhaberin des führenden guatemaltekischen Antiquitätengeschäfts – graduierte Sozialwissenschaftlerin – und glaubte, daß die Erdbeben, die Guatemala City ständig heimsuchten und schon mehrere Male die Decken in ihrem Geschäft zum Einsturz gebracht hatten, keine geologischen, sondern übernatürliche Ursachen hätten. Sie hoffte, derselbe *brujo,* auf den auch wir warteten, würde sie davon überzeugen, daß sie sich irre.

Von den malerischen Riten auf den Stufen der Kirchentreppe abgesehen bot Chichicastenango nicht viel Unterhaltung. Indianergruppen kamen von überall aus den Bergen dorthin, um ihre Zeremonien auszuführen. Sie trugen lange indigofarbene Umhänge und manchmal große, mit Flügeln verzierte Hüte, die der Kopfbedeckung der spanischen *alquacil* im 16. Jahrhundert nachempfunden waren, und in ihre Kleidung waren Symbole eingewoben, die nicht nur den gesellschaftlichen, religiösen und ehelichen Status, sondern auch die sexuelle Potenz ihres Trägers verrieten. Sie tanzten in frommer Verzückung hüpfend zu den Klängen von Trommeln und Flöten, verbrannten Kopalharz, schwangen Weihrauchbehälter, zündeten Feuerwerkskörper und bannten mit wilden Gesten die lauernden bösen Geister; den Touristen, die kaum ahnten, daß sie nach der Überzeugung der hiesigen Indianer nichts als Geister waren, denen es gelungen war, die Welt in Besitz zu nehmen, schenkten sie keine Beachtung.

Am Abend nahm, wenn man Glück hatte, eine Flohfalle von Kino seinen Betrieb auf, das unvermeidlich eine Folge aus der alten B-Movie-Serie *Crime Does Not Pay* (Verbrechen zahlt sich nicht aus) zeigte. Die Vorstellung konnte jedoch nur stattfinden, wenn zwei Polizisten verfügbar waren, um die Zuschauer im Auge zu behalten. Im Publikum waren immer einige Leute, die zum ersten Mal einen Film sahen, und sie neigten zu gewalttätigen Einmischungen in das Geschehen auf der Leinwand, weil sie glaubten, Zeugen realer Ereignisse zu sein. Sooft die Polizisten wegen eines Vorfalls abberufen wurden, schloß das Kino, bis sie zurückkehrten.

Nach dem Ende der Vorstellung in der Flohfalle konnte man als letzte Attraktion des Abends eine *cantina* mit dem Namen „Ich warte auf meine Geliebte" besuchen, eine finstere, von Holzkohlenrauch sowie sinnlos betrunkenen Indianern erfüllte Spelunke, die versuchte, mit einem Dekor Kundschaft anzulocken, der aus einer umfangreichen Sammlung präparierter Schlangen bestand – darunter einige von beachtlicher Länge –, die von den Deckensparren herabhingen; ihre Mäuler waren geöffnet, damit man die Zähne bewundern konnte, und rote Glasperlen ersetzten ihre Augen. Von Zeit zu Zeit kamen verstohlen Weiße herein, von Langeweile und Nostalgie geplagt, um das gefährliche und legendäre *boj* zu versuchen. Dieses illegal von den Hochlandindianern gebraute Getränk, ursprünglich nur von Priestern bei religiösen Anlässen genossen, wurde hier unter nicht unerheblichen Risiken ausgeschenkt, denn Besitz oder Verkauf waren bei hoher Gefängnisstrafe verboten. Das schäumende und gärende *boj* strömte einen schwachen Tiergeruch aus; es wurde in einem großen irdenen Topf in einer Höhle aufbewahrt, in die man hineinkriechen mußte, um in den ersehnten Genuß zu kommen, und in der haarige Spinnen nur darauf lauerten, sich von den Wänden auf Eindringlinge zu stürzen. Es wurde aus gewissen zerquetschten Wurzeln und fermentiertem Zuckerrohrsaft bereitet. Die ersten Schlucke schmeckten nicht anders als leicht angesäuertes Bier, aber es erfüllte den Körper mit Feuer und den Geist mit gutartigen Visionen und weckte den Wunsch, alles Hab und Gut zu verschenken. Aus diesem letzten Grund hielten sich Arbeitskräftebewerber in den indianischen Bergdörfern auf; sie hielten nach seligen Trunkenbolden Ausschau, die ihren Besitz an jedermann verschenkt hatten, der bedürftig erschienen war, und leicht überredet werden konnten, ihr Zeichen unter einen Vertrag zu setzen, der sie zu drei Monaten Arbeit auf einer Plantage für einen Dollar pro Woche verpflichtete.

Ein merkwürdiger Zufall fügte es, daß das von einem inbrünstigen amerikanischen Evangelisten geleitete Missionshaus gleich neben der *cantina* stand, und Mr. Fernley, der Missionar, ein schlichter und aufrichtiger Mann, muß eine der sehr wenigen Seelen in Chichicastenango gewesen sein, die keinen blassen Schimmer davon hatten, was praktisch vor ihrer Nase vor sich ging. Und er erkannte auch nicht, daß er die gewohnten abendlichen Besuche einer Handvoll mild lächelnder Indianer, die auf der Suche nach einem stillen Schlafplatz aus der *cantina* in seine Mission geschneit kamen, dem *boj* verdankte; sie konnten, wenn man sie nur gewähren ließ, in fast jeder Stellung schlafen.

Weder die lokalen Machthaber noch die Manager des Mayan Inn Hotel, dessen Existenz weitgehend von amerikanischen Touristen abhing, für die wiederum die Indianer die größte Attraktion darstellten, waren über Mr. Fernleys Anwesenheit in der Stadt sonderlich begeistert. Der Missionar war ganz und gar nicht mit der Art einverstanden, wie sich die lokale katholiche Kirche „mit dem Bösen arrangierte", wie er sich ausgedrückt haben soll. Er besaß nicht die Macht, den heidnischen Zeremonien ein Ende zu bereiten, vor denen so viele Rolläden rasselnd heruntergelassen wurden, oder der spektakulären und waghalsigen Ausführung des Palo Volador, bei dem sich die Indianer mit einem Seil am oberen Ende einer sich drehenden Stange festbanden, um sich von der Fliehkraft herumschleudern zu lassen. Aber er unternahm alles mögliche, um solches Treiben zu unterbinden; nicht selten mit Erfolg. Mr. Fernleys Scouts hielten ihn über die *fiestas* auf dem laufenden, auf denen derartige Dinge stattfanden, und er eilte an den Tatort, montierte seine Kamera aufs Stativ und filmte die Vorgänge aus nächster Nähe. Oft genug reichte allein diese Tätigkeit aus, um die Vorführenden so einzuschüchtern, daß sie ihr Heil in der Flucht suchten. Mr. Fernley zögerte nicht, die Gründe darzulegen, aus denen die Mission in solchen Fällen eingriff. Im Gegensatz zu dem, sagte er, was Don Martín Herrera, der Priester der Church of Santo Tomás, behaupte, sei die Mission nicht der Ansicht, daß die Seelen dieser Indianer gerettet seien. Und sie würden nicht gerettet werden, bis jeder Brauch, der sie mit der hoffnungslos unchristlichen Vergangenheit verband – darunter ihre Tänze, Musik und dramatischen Darbietungen – vernichtet sei.

Der Missionar war ebenso erfinderisch wie hartnäckig. Er hatte den ersten Touristenladen außerhalb von Guatemala City eröffnet; seine Schaufenster präsentierten die hübscheste Sammlung von *huipils* – Blusen der Indianerinnen –, die Ernestina je gesehen hatte. Die Kleidungsstücke besaßen ein klassisches Dessin, wie es schon damals kaum noch erhältlich war; sie waren aus Baumwolle gewebt, die in aus Muscheln, Schnecken, Insekten und den Exkrementen gewisser Vögel gewonnene Farben getaucht worden war, und die besten Stücke waren Beispiele reiner Mayakunst, wie sie nur noch hier in Guatemala überlebt hatte. Jetzt nahm ihre Zahl rasch ab, und ihre Qualität verschlechterte sich durch Verwendung käuflicher Textilien und Anilinfarben. Mr. Fernleys Sammlung von Blusen, in die Symbole eingewoben waren, die biographische Information über die Trägerin und manchmal zugleich eine kurzgefaßte Geschichte ihres Stammes wiedergaben, war für Sammler unwiderstehlich. Ernestina, die nicht ahnte, mit wem sie es zu tun hatte, bat Mr. Fernley, sich die ganze Kollektion anschauen zu dürfen, und er erlaubte es ihr lächelnd.

„Alle diese wundervollen Dinge verschwinden", sagte sie zu

ihm, und er nickte mitfühlend. Sie belegte in der Stadt einen Sonderkurs über Mayasymbole, war bei einer archäologischen Grabung bei den Ruinen von Tikal zugegen gewesen und hatte persönlich Pedro Flores gekannt, den letzten Indianer, der alle diese Muster deuten konnte und etwa vier Jahre zuvor gestorben war.

„Ein Stamm muß vor allem seine Identität behalten", erklärte sie Mr. Fernley. „Zum Beispiel bedeutet eine Formation fliegender Enten für einen Indianer etwas ganz anderes als für uns. Es bedeutet Wanderung; etwa, daß der Stamm von einem Gebiet in ein anderes gezogen ist, und in Verbindung mit anderen Symbolen kann es heißen, daß er wandern muß, um sich in einer bestimmten Jahreszeit seine Versorgung mit Nahrung zu sichern."

Mr. Fernley lauschte aufmerksam und nickte verstehend.

Ernestina hielt für ihre Sammlung nach einem Tzutuhil-*huipil* vom See Atitlán Ausschau, aber Mr. Fernley schüttelte den Kopf. Er habe mehrmals solche *huipil* erworben, sagte er, aber die Muster hätten „Darstellungen von Pferden" gezeigt, womit er kopulierende Pferde meinte. Er hatte sie, wie er der entsetzten Ernestina erklärte, vernichtet. In ihren Augen gab es keine lebensvolleren und ansprechenderen Beispiele für das primitive Denken als die Darstellung eines guatemaltekischen Hengstes, der eine Stute deckt, umgeben von lebensprühenden menschlichen Babys, die durch diesen ungeheuren Erguß des schöpferischen Dranges auf magische Art auf die Welt gekommen waren. Wer, so wollte sie wissen, konnte sich durch derart ausgezeichnete Beispiele von Stammeskunst beleidigt fühlen? Mr. Fernley erklärte, die meisten seiner Kunden seien Amerikaner, Privatpersonen oder Museumsbeauftragte, und er finde diese *huipils* mit Pferdedarstellungen zu abstoßend, als daß sie ihnen gefallen könnten.

Ernestina gestand Mr. Fernley zu, daß er, indem er diese Meisterstücke von Mayakunst aus dem Verkehr zog, nichts weiter tat, als einen Prozeß zu beschleunigen, der schon seit Jahren im Gang war. Gruppen von Frauen aus der Stadt zogen in die Berge hinaus, versehen mit gewöhnlichen Blusen und Röcken guter Qualität und einigen Dollars. Wenn sie einer Frau begegneten, die ein ungewöhnliches *huipil* trug, drückten sie ihr fünf Dollar in die Hand und überredeten sie, an Ort und Stelle die Kleidung mit ihnen zu tauschen. Die Indianerinnen weigerten sich aus Furcht, unhöflich zu erscheinen, nur sehr selten. Mr. Fernley gab zu, daß sich auch seine Agenten solcher Methoden bedienten; nur, daß sie angewiesen waren, keine zusätzliche Barzahlung, sondern Metallbecher im Tauschhandel anzubieten, in der Hoffnung, daß diese Becher Trinkgefäße mit Gestalten der präkolumbischen Mythologie ersetzten, die er abstoßend fand. Wie wir später entdeckten, war Mr. Fernley einen Schritt weiter als die begeisterten Sammler aus Guatemala City gegangen, denn auf den Blusen, die er im Tausch für die *huipils* hergab, waren die alten Muster durch Enten, Mäuse und Kaninchen aus den Disney-Studios ersetzt. Man konnte bereits mit solchen Blusen bekleidete Frauen auf den Straßen von Cichicastenango bewundern.

Die Saison für indianisches Gepränge und *fiestas* begann in dieser Stadt im Dezember, aber in diesem Jahr ließ der Regen bereits einen Monat früher nach; jeden dritten Tag kam die Sonne durch, und die durch den bevorstehenden Frühling erzeugte Ruhelosigkeit trieb die Menschen auf der Suche nach *fiestas* aus der Stadt hinaus. Als die Nachricht hinzukam, der *brujo* würde ein paar Tage länger auf seiner *milpa* aufgehalten, ließen wir uns von der allgemeinen Stimmung anstecken und fuhren nach Totonicapán hinaus, von dem es hieß, es sei der beste Platz, um Augenzeuge indianischer Sitten zu werden.

Regnete es in einem Teil des Landes, war es trocken in einem anderen, und man erzählte sich, es verstreiche kein Tag, an dem nicht irgendwo in Guatemala eine *fiesta* gefeiert werde; bemerkenswerterweise stets von Menschen, die sich durch Zurückhaltung und Wortkargheit sowie die Abneigung auszeichneten, ihre Freude offen zu zeigen. Einige dieser Tanzdramen dauerten tagelang. Die wenigen Weißen, die sich bei solchen Anlässen einfanden, sahen eine oder zwei Stunden lang ziemlich verwundert zu. Es erstaunte sie, daß nichts geschah. Bei einer *fiesta* für *ladinos* und Weiße in Nahualá und anderen Städten dieser Art konnten sie aufregende Rodeos und Stierkämpfe ohne Regeln beobachten; beim erregendsten Wettkampf von allen preschten Reiter auf Pferden in vollem Galopp unter einem Seil her, an dem an den Beinen gefesselte Hühner hingen; Sieger war, wer zuerst den Zielpfosten erreichte und einen abgerissenen Hühnerkopf in der Faust trug. Die Maya-Quiché mieden derartige Belustigungen.

Die größte aller indianischen Tanzaufführungen war das Rabinal-achi, das ein überwältigendes Ereignis gewesen sein muß. Ein ganzes Tal war die Bühne, und 1000 Indianer in Bemalung und Federschmuck stellten die Besetzung dar: die Jaguar-Männer, die Adler, die Bär-Männer, die geweihtragenden Medizinmänner, die Priester mit Obsidianmessern unter ihren Umhängen. Die Aufführung dieses eine ganze Woche dauernden wilden und poetischen Epos muß für die weißen Herren der Indianer abscheulich, ja sogar furchteinflößend gewesen sein.

Die heroische Hauptgestalt war Quiché Achi, der tapfere Häuptling der Chahul, im Krieg von den Rabinaleros gefangen und dazu bestimmt, bei einer günstigen Mondphase ihrem Gott geopfert zu werden. Bis es soweit ist, wird der gefangene Häuptling wie ein geehrter Gast behandelt, dem alles gewährt wird bis auf das Recht, seiner Heimat einen Abschiedsbesuch abzustatten. In der Schlußszene schließt sich Quiché Achi dem Tanz der Leibgarde von „Zwölf Adler", dem Häuptling der Rabinaleros, vor seinem Thron an. Danach besteigt er den hohen Altar, von dem aus er zum ersten Mal seit seiner Gefangennahme unmittelbar vor seiner Opferung in der Ferne sein Land wiedersieht.

Ein deutscher Reisender in Guatemala war Zeuge der letzten Aufführung 1856 und fand sie überwältigend. Der offizielle Grund für das Verschwinden des Rabinal-achi lautete, die Kosten der Aufführung seien für jede indianische Gemeinschaft zu hoch, aber diese Erklärung klingt seltsam, wenn man bedenkt, daß damals schrankenlose Sklaverei herrschte. Es war das einzige von vielen historischen Spielen, das unverändert überlebt hatte. Sechs weitere Tanzdramen sind übrig geblieben: der Hirschtanz, der Tanz der Spaßmacher, der Tanz der Teufel, der Tanz der Schlangen, der Tanz des Betrunkenen, der Tanz der Eroberung, aber die Kirche hat geduldig an ihnen gearbeitet, ihre heidnische Bedeutung herausgejätet und ihnen Episoden aus dem Leben der Heiligen aufgepfropft; in einem Fall wurde ein schwachsinniger, aus *Carmen* gestohlener Plot hineinmontiert, der von dem Thema Stierkämpfer und Verrat zehrt.

Der einzige Tanz, der sich unverfälscht gehalten hat, ist der Tanz der Eroberung, im 16. Jahrhundert von einem Priester ersonnen. Merkwürdigerweise bleibt er, obwohl er die Besiegung und Unterwerfung der Indianer durch die spanischen Eroberer darstellt, außerordentlich populär. Er wurde an dem Tag in Nahualá aufgeführt, an dem wir dort waren.

Totonicapán war die wissenschaftliche und kulturelle Hauptstadt der alten Zivilisation, und in ihrem Umkreis fanden mehrere Schlachten zwischen den Indianern und der eindringenden Streitmacht statt. Anführer der Spanier war Pedro de Alvarado, der von Cortez beauftragt war, Guatemala zu erobern, und den Bernal Díaz del Castillo, einer seiner Soldaten, als „fröhlich, offenherzig und guten Verlierer beim Kartenspiel" beschrieb. Die an der Schlacht beteiligten indianischen Häuptlinge wurden des verräterischen Widerstands angeklagt und am Pfahl verbrannt, die anderen Überlebenden wurden gebrandmarkt und versklavt. Die spanischen Hauptleute stritten um die Frauen, und die nach der Verteilung übriggebliebenen Indianerinnen wurden mit der Lanze durchbohrt, weil man befürchtete, ihre bescheidenen Reize könnten die Soldaten zu Regelverstößen anstiften. Die mündlichen Überlieferungen leseunkundiger Menschen sind langlebig, und die Erinnerung an jene Ereignisse mag heute noch bestehen und zu der unfreundlichen Resignation beitragen, die Indianer den Weißen gegenüber an den Tag legen. An diesem Ort, wo die größten Aderlässe der alten Indianerrasse stattgefunden hatten, herrschte ein Gefühl äußerster Abhängigkeit von der Natur vor. Die Gruppen blühender Bäume waren vom Dunst verhüllt, den die Sonne aufsteigen ließ. Kleine Herden weidender Schafe zeugten von menschlicher Anwesenheit irgendwo. Die Herden wurden von kleinen, sprungbereiten Rehen umkreist, die sie mit nervösem Interesse beäugten.

Bei der *fiesta* dauerte der epische Tanz seit zwei Tagen an, und ein weiterer Tag würde erforderlich sein, um die zahlreichen Episoden des Dramas zu vervollständigen. Etwa ein Dutzend maskierter Tänzer bewegte sich gemächlich vor und zurück, von einer Versammlung schweigender und aufs äußerste konzentrierter Indianer beobachtet. Die Bewegungen der Tänzer schienen zufällig und planlos – obwohl wir erfahren sollten, daß dies keineswegs zutraf –, und die Kostüme der Tänzer bildeten eine Phantasiekollektion von martialischen Kleidungsstücken, die oft seltsam wirkten. Ein Tänzer trug den zu einer viktorianischen Admiralsuniform gehörenden Umhang, dazu die mit Fransen besetzten und reichlich bestickten Breeches eines Dandys der Restaurationszeit; das Ganze gekrönt von einem mächtigen Piratenhut. Alle Tänzer trugen Schmuck in Form unechter Medaillen, Münzen, Spiegelscherben und seltsamer Blechformen, die auf die Kleider genäht waren. Die Sieger unterschieden sich von den Besiegten durch blonde Locken, die ihnen bis auf die Schultern hingen, großartig aufwärtsgeschwungene blonde Schnurrbärte und auf das bemalte Holz ihrer Masken geklebte gekräuselte und bebänderte Bärte. Die Wirkung war absurd, aber dennoch auf gewisse Weise bedrohlich. Dies war kein Tanz und gewiß kein Theater in unserem Sinn, obwohl jeder schlurfende Schritt und jede steife Bewegung, wie man uns versicherte, wochenlang einstudiert war und vor dem denkbar kritischsten Publikum vorgeführt wurde.

Wir waren inmitten der dramatischen Episoden angekommen, in der Pedro de Alvarado den indianischen Häuptling Tecu Umán zum Zweikampf herausfordert und erschlägt. Wir schauten etwa fünfzehn Minuten lang zu; die ganze Episode hingegen dauert eine Stunde. Die Handlung war außerordentlich langatmig und ereignislos. Beide Männer waren offenbar entsprechend der Bedeutung der Handlung ausgesucht worden; sie waren nach indianischem Standard sehr groß. Mit kriegerischen Kleidungsstücken und Ehrenzeichen aller Art überladen, wirkten sie wie Inhaber einer monströsen Würde. Die Stirn der Maske Tecu Umáns war zum Zeichen seiner Beweglichkeit gerunzelt. Auf Alvarados Maske war der türkische Seitenblick festgehalten, an dem er bei solchen Darbietungen immer zu erkennen ist. Die beiden Hauptdarsteller traten aufeinander zu, entfernten sich voneinander, hieben gelegentlich mit ihren Blechschwertern aufeinander ein. Erregung bemächtigte sich der indianischen Zuschauer wie elektrischer Strom, aber kein Muskel rührte sich. Die Faszination dieses Tanzes ist so groß, daß die Menschen 100 und mehr Kilometer weit über die Berge wandern, um ihn zu sehen, und in Chichicastenango ist seine Attraktivität mindestens ebenso groß wie die der Filme aus der Serie *Crime Does Not Pay.* Die Episodenfolgen der letzteren haben die Indianer wohl nicht viel besser verstanden als wir den Tanz der Eroberung.

Offen blieb die Frage, womit sich der merkwürdige Geschmacksverfall der Indianer erklärte, der sie derartige Spektakel aufführen ließ. Wie konnte ein Volk mit derart subtilem Farbsinn und strengem Kunstverständnis, wie sie sich in seiner Webkunst offenbaren, zu der fremdländischen Barbarei herabsinken, die sich in den Kostümen seiner Tänzer zeigte? Die wahrscheinliche Antwort lautet, daß sich die Indianer in ihren traditionellen Künsten ausschließlich mit Funktion und Bedeutung befaßten. Die Symbole und Farben in ihren Entwürfen dienen nicht unbedingt der Dekoration, sondern magischen oder religiösen Zwecken. Schmuck um seiner selbst willen ist der Tradition wie auch dem Charakter der Indianer fremd. Dieses Prinzip gilt sowohl in Zentral- als auch in Südamerika, wo äußere Einflüsse noch nicht ganz ihrer magischen Funktion beraubt sind. Wo dies jedoch der Fall ist, strömen absichtslose und banale Dekorationen in das Vakuum ein, das die Vernichtung der Kunst hinterlassen hat. Mr. Fernley, in mancher Hinsicht ein einfacher Mann, hatte das sehr gut begriffen.

Es kamen nur selten Guatemalteken aus der Stadt. Mr. Fernley argwöhnte vermutlich, Besuche wie der unsrige hingen mit der neuen Einstellung der Hauptstadt in bezug auf Gesundheitsfragen zusammen, und dies war der Grund für seinen Besuch in unserem Hotel wenige Stunden nach unserer Rückkehr. Bisher hatte ich Mr. Fernley immer nur aus der Ferne gesehen, wie er scheinbar absichtslos durch die Straßen wanderte, als führe er einen unsichtbaren Hund aus. Als ich ihm nun gegenüberstand, war ich überrascht. Gelegentlich aufgeschnappte Bemerkungen über die Evangelisten hatten in mir den Verdacht aufkommen lassen, daß sie Fanatiker wären, aber das schlichte Wesen Mr. Fernleys schien mir mit einer derart extremen Haltung unvereinbar. Er war ungefähr vierzig Jahre alt, in Minnesota geboren, hatte lustige Augen und eine sanfte, beruhigende Stimme. Wäre ich ihm in seiner kleinen Heimatstadt begegnet, in der man sich, wie ich mir vorstellte, mit Vornamen anredete und die allgemeinen Anstandsregeln streng beachtete, hätte ich ihn für einen Versicherungsvertreter gehalten. Er strahlte eine erfrischende und wohlgemute Hausbackenheit aus. Er erledigte die vielen Hausarbeiten und tätigte die Einkäufe, während seine hübsch gebaute Frau den Römerbrief übersetzte. „Ich fühlte mich gedrängt, zu Ihnen zu kommen, in der Hoffnung, daß Sie mit mir reden würden“, sagte er. „Sie werden von unserer Arbeit hier gehört haben. Wir sind nur zu zweit gegen so viele. Wir halten uns so weit recht wacker, aber es ist ein wenig hart.“

Ich sagte ihm, wir seien hergekommen, um den *brujo* zu konsultieren, und er nickte verstehend. Offenbar hatte ich ihm nichts Neues erzählt.

„Wir sprachen mit unserem Arzt darüber, und er hatte keine Einwände“, fuhr ich fort. „Er konnte nicht helfen und stellte sich auf den vernünftigen Standpunkt, daß es nicht schaden könne.“

„Ja“, erwiderte er. „Ja. Ich schätze, man kann es so betrachten.“ Er seufzte. „Konnten Sie es nicht über sich bringen, es den Arzt ein letztes Mal versuchen zu lassen?“

„Ich schätze, es schadet weder ihm noch uns. Der Arzt ist sehr modern eingestellt, und ich könnte mir vorstellen, daß er es begrüßt, Zeuge des Experiments zu sein, als das er es wahrscheinlich sieht. Es steht fest, daß die Maya ein großes medizinisches Erbe verwalten, das gründlich zu untersuchen wir uns noch nicht dic Mühe gemacht haben. Kürzlich wurde in einem Artikel in *La Prensa* behauptet, daß sie Krebs heilen könnten.“

Mr. Fernley lächelte mit unerschütterlicher Nachsicht. „Was sie auch tun; es geschieht nicht mit Gottes Billigung“, gab er zu bedenken. Was Mr. Fernley von uns unterschied, war, daß er die Gedanken Gottes kannte.

Er verabschiedete sich, drückte uns beiden die Hände, lächelte ein letztes Mal und schüttelte fast unmerklich den Kopf.

Ich sagte zu Ernestina, er wirke ziemlich aufrichtig.

„Das ist das Problem“, erwiderte sie. „Stell dir nur vor: den Römerbrief ins Mayo-Quicho zu übersetzen.“

„Der soll noch der einfachste sein“, fuhr Ernestina fort. „Sie wird es ein paar Jahre lang durchhalten und dann aufgeben. Sie geben immer auf.“

Sie hatte mit Missionaren weit weniger Geduld als ich. Ich dachte daran, daß man sagte, sie seien im Begriff, den Charme eines der liebreizendsten Länder der Erde zu zerstören.

Am folgenden Tag kam ein kleiner Junge ins Hotel, um uns mitzuteilen, daß der *brujo* zurück sei; er sei hier, um uns zu ihm zu bringen. Er führte uns zu einer an einem Weg außerhalb der Stadt gelegenen Hütte, und in dem Augenblick, als wir ankamen, fuhr ein glänzender schwarzer Cadillac los, der vor der Hütte gestanden hatte. Ernestina erkannte in dem Mann am Steuer einen der größten Landbesitzer des Landes; seine *finca* in Nahualá war so groß, daß man erst kürzlich einen bisher unbekannten Indianerstamm entdeckt hatte, der dort in Höhlen lebte. Dieser Mann litt wie Doña Elvira an dem Gefühl, scine Identität verloren zu haben.

Eine schlampig wirkende Frau ließ uns ein, und wir standen in einem durch einen Vorhang unterteilten Raum. Hinter dem Vorhang war eine ziemlich große Familie mit Hausarbeiten beschäftigt. Der *brujo,* der uns im vorderen Teil des Raumes erwartete, war für uns eine weitere der vielen Überraschungen, die Guatemala zu bieten hat. Wir waren auf die Begegnung mit einem Würdenträger in vollem Ornat vorbereitet gewesen, wie man sie häufig auf den Stufen der Kirche San Tomás sah; statt dessen stellten wir fest, daß die Inkarnation Zoltakas ein kleiner, barfüßiger Bauer war, angetan mit einer schäbigen Hose und einem ebensolchen Hemd, mit farblosen, tiefliegenden Augen, den Mund von einem Kranz feiner Haare umgeben, und einem Gesichtsausdruck, der stumpfsinnig wirken mochte, aber eher von Gleichgültigkeit zeugte. Hier gab es keinen von Weihrauch umwallten Altar, keine magischen Kreidezeichen auf dem Boden, kein Abbild des tanzenden Götterboten Tzijolach, keine Kerzen, keine farbigen Bänder zur Bannung der Geister. Kinder balgten sich und schrien hinter dem Vorhang; ein Papagei krächzte; ein haarloser Hund verirrte sich zufällig in den Privatbereich des *brujo* und zog sich hastig wieder zurück. Von einem offenen Feuer hinter dem Vorhang stieg Rauch auf und zog durch eine Öffnung im Dach ab, die zugleich als einzige Lichtquelle des Raumes diente. Merkwürdig war, daß ich trotz des warmen Tages einen kalten Luftzug im Raum zu spüren glaubte.

Ernestina beschrieb ihre Symptome, und der *brujo* hörte ihr mit abgewandtem Blick und offensichtlichem Desinteresse zu. Dann nahm er ihre Luftröhre zwischen Daumen und Zeigefinger und drückte einigermaßen fest zu. *„No hay nada“*, sagte er; was zu bedeuten schien, es ist nichts, oder genauer gesagt, es fehlt Ihnen nichts.

„Das ist alles?“ erkundigte sich Ernestina, und der *brujo* nickte zustimmend.

Ernestina überreichte ihm das übliche Geschenk: fünf Stumpen, fünf Eier und eine Flasche *aguardiente.* Er nahm die Sachen an sich und verschwand ohne ein weiteres Wort hinter dem Vorhang.

Die Heilung war vollzogen, denn Ernestinas Zustand besserte sich sofort und vollständig. Wieder in der Stadt, schrieb sie einen Bericht über ihre Erfahrung für das *Bulletin of the Indian Institute*, der ein gewisses Aufsehen erregte. Ein oder zwei Jahre lang wanderten die Leute in Scharen nach Chichicastenango, um sich von ihren vielfältigen Unpäßlichkeiten kurieren zu lassen. Dann, 1954, beherrschte die große Castillo-Armas-Revolution das Denken der Menschen, und niemand befaßte sich mehr mit verhältnismäßig unwichtigen persönlichen Problemen.

Es war bis heute die größte der vielen Revolutionen in Zentralamerika; ein obskurer Colonel, der auf die offensichtlichste Weise von der CIA unterstützt wurde, machte jedem Anschein von Demokratie in Guatemala ein für alle Male den Garaus. Aus Gründen, die wohl für immer im Dunkeln bleiben werden, war es mehreren führenden Familien gelungen, sich an den beiden vorangegangenen Regimes zu beteiligen, die tatsächlich gewählt worden waren; ein Kabinettstück, das in der gesamten guatemaltekischen Geschichte einmalig ist. Sie demokratisch zu nennen wäre übertrieben; man kann mit gutem Gewissen sagen, daß in Lateinamerika nie eine rein demokratische Regierung an die Macht gekommen ist. Trotzdem waren diese beiden Wahlen ungewöhnlich, denn zumindest hielt keine der Parteien dem Wähler die Pistole an die Stirn und schrieb ihm vor, wo er sein Kreuzchen zu machen hatte – was seitdem mehr oder weniger der Fall gewesen ist.

Ernestina, die weiter vom Kommunismus entfernt war als die meisten Menschen, hatte man zugunsten der zweiten guatemaltekischen Pseudo-Demokratie sprechen hören, und seitdem war sie gebrandmarkt. Castillo Armas war ein bekannter Indianerhasser, was unter anderem zur Folge hatte, daß es bei den Weißen in Guatemala City bald aus der Mode kam, wunderbarer Heilungen wegen nach Chichicastenango zu gehen. In meinen Augen nicht ganz folgerichtig, förderte Castillo Armas die Missionare, und in seiner kurzen, rund zweijährigen Regierungszeit bis zu seiner Ermordung durch einen seiner Palastwächter verdoppelte sich die Anzahl der Missionare, die in Guatemala tätig sein durften.

3

Reisen nach Südostasien waren 1950 nicht viel mehr als ein orientalisches Intermezzo; etwas, das man in Ausübung seines journalistischen Berufs unternahm. Noch vor meiner Abreise hatte ich meine Rückkehr fest geregelt. In Guatemala hatten mich die große Vergangenheit der Maya und die standhaften Überlebenden dieser Rasse in ihren Bann geschlagen; damals machten die Indianer die Hälfte der Bevölkerung Guatemalas aus. Ich hoffte, nach meiner Rückkehr Mexiko in meine Reisen einschließen und alle Monumente besuchen zu können, die eine Reihe großer Kulturen hinterlassen hatte. Außerdem gab es in abgelegenen Bergregionen Mexikos möglicherweise indianische Stämme, die sich die alte Kultur bewahrt hatten. Insgeheim hoffte ich, eines Tages ein Buch über diese Länder schreiben zu können, die unser stürmisches Jahrhundert noch nicht ganz überwältigt hatte.

Ich bereiste Kambodscha, Laos und Vietnam insgesamt rund drei Monate lang, und der interessanteste, wenn auch in gewisser Hinsicht deprimierendste Teil dieser Reise bestand in vielen Abstechern in die nebulösen Regionen Südvietnams, die auf der Karte als „Les Populations Montagnards du Sud Indo-Chinois" bezeichnet sind.

Rechtlich war Indochina als Ganzes ein französisches Protektorat, dessen Bewohner sich gewisser Rechte erfreuten. Dieser Teil jedoch stellte eine Enklave ungeminderter und absoluter französischer Autorität dar, in der eine Vielfalt von Stämmen, die erst kürzlich die Steinzeit hinter sich gelassen hatten, wenn nötig, mit eiserner Hand regiert wurden.

Ban Me Thuôt, die Hauptstadt, war nur 125 km Luftlinie von Saigon entfernt, aber um sie über Land zu erreichen, mußte man eine der am wenigsten erforschten Gegenden Südostasiens durchqueren; ich folgte einer Route, die erst vor rund sechs Jahren von japanischen Truppen eröffnet worden war. In Ban Me

Thuôt traf ich auf die unerwartet große Gastfreundschaft und Bereitschaft zur Zusammenarbeit Monsieur Doustins, des amtierenden Residenten, der behauptete, sich in diesem weitgehend undurchdringlichen Dschungel sehr zu langweilen. Er reichte mich an Doktor Jounin weiter, den Leiter des medizinischen Dienstes der Provinz und Vietnams profiliertesten Anthropologen, und an zwei freundliche, aber pessimistische junge französische Kolonialangestellte: Ribo, der 118 Dörfer verwaltete, und Cacot, einen Schulinspektor. Sie waren im Begriff, zu einer Tour aufbrechen, und erklärten sich bereit, mich mitzunehmen.

Den größten Teil meines ersten Tages in Ban Me Thuôt verbrachte ich mit Doktor Jounin, einem der interessantesten und eindrucksvollsten Männer, denen ich je begegnet bin. Er war weißhaarig und sanft, sein Gesicht ständig von einem buddhistischen Frieden erhellt, der von seinem vollständigen Aufgehen in einer dringlichen und wertvollen Arbeit herrührte. Er hatte es geschafft, seine medizinischen Pflichten zu delegieren, und verbrachte mindestens zwölf Stunden am Tag damit, alles zu lernen und aufzuzeichnen, was er über eine der seiner Ansicht nach faszinierendsten Kulturen der Welt erfahren konnte, bevor sie restlos verschwand, was seiner Überzeugung nach sicher der Fall sein würde. Am Anfang war seine Aufgabe einfach genug erschienen, und auf keinen Fall hatte er beabsichtigt, zu tief zu gründeln. Aber dann hatte er aufregende Entdeckungen gemacht und war in ein unbekanntes Land gelockt worden, dessen Horizonte ständig zurückwichen. Jeder Versuch, einen begrenzten Aspekt seiner Untersuchungen auszuleuchten, hatte eine endlose Folge weiterer Fragen eröffnet. Und jetzt sah er sich in einer Falle. Er hatte sich Aufgaben gestellt, die er niemals würde vollständig lösen können, und die Zeit sowie die Verhältnisse im Land arbeiteten gegen ihn. Die Moi-Stämme, die seit wenigstens 2500 Jahren in diesem Land lebten, drohten, unserem merkantilen Jahrhundert zum Opfer zu fallen. Ein Dutzend Arbeiter wie Jounin selbst wären erforderlich gewesen, um sich mit der gewaltigen Menge des noch vorhandenen Materials zu befassen, das allmählich dahinschwand und in wenigen Jahren für immer verloren sein würde.

Man schätzte die Moi, sagte Jouin, auf rund 30 über die Bergregionen Südvietnams verteilte Stämme mit insgesamt etwa einer Million Menschen. Die genaue Anzahl war nicht bekannt, weil sich ein paar entlegene Täler nicht einmal offiziell unterworfen hatten. Aber wie viele es auch sein mochten, sie schwanden rasch dahin; in den am meisten vom Vordringen des Westens betroffenen Gebieten hatten einige Dörfer in einer einzigen Generation die Hälfte ihrer Einwohner verloren. Sie waren ein Volk der malaiisch-polynesischen Rasse und mit den Dajak Borneos, den Igoroten und Aeta der Philippinen und den verschiedenen Stämmen im Hinterland so weit auseinander liegender Gegenden wie Madagaskar und der Hainan-Insel vor der Küste Chinas verwandt. Für diesen Bericht ist es vor allem von Interesse, die gegenwärtig herrschende Meinung zu erwähnen, daß die polynesischen Südseeinsulaner gerade aus diesen Gebieten Südostasiens zu ihren großen Entdeckungsreisen aufbrachen. Die Bahnar, Rhade, Jarai, Nono und Bih, die wir besuchten, lebten aller Wahrscheinlichkeit nach noch so, wie die Vorfahren der Tahitier gelebt hatten, bevor sie vor mehr als 1000 Jahren aussegelten, um den Pazifik zu erkunden. Die Moi jagten mit der Armbrust und waren besonders für ihr Geschick bekannt, Elefanten zu fangen und zu zähmen, die sie bis nach Burma verkauften. Der Doktor hatte den Umkreis ihrer Kultur anhand des Safts vom Ipho-Baum im Gift ihrer Pfeilspitzen bestimmen können.

Jouin erachtete sie als die hübscheste und ansehnlichste aller Rassen und fand, daß sich diesen körperlichen Vorzügen eine gewisse geistige Lebendigkeit sowie ein angenehmes und leichtlebiges Temperament zugesellten. Die Moi verschwendeten nicht viele Gedanken an das Morgen und führten, wenn sie nicht unter großem Druck standen, ein sinnenfrohes und geselliges Leben, in dem verschwenderische Mahlzeiten und Reisschnaps eine große Rolle spielten. Diese herzhafte Lebensart hing mit der Unzugänglichkeit des Stammes zusammen. Wenn sie nicht dazu gezwungen wurden, weigerten sich die Moi, für Lohn zu arbeiten. Sie waren Kunstsammler, und ihr Reichtum zeigte sich im Besitz von Gongs, Trommeln und Gefäßen, darunter sehr wertvolle alte Stücke aus China oder der Tcham-Kultur. In den Augen des Doktors war das Interessanteste an den Moi ihr einzigartiges „Rassengedächtnis". Ihre große Spezialität waren mündliche Erzählungen, die über zahllose Generationen ohne die geringste Veränderung überliefert wurden. Somit besaßen sie trotz großer Schwierigkeiten der Interpretation von Begriffen und Redensarten, die ihre ursprüngliche Bedeutung verloren hatten, ein Schatzhaus an Wissen über ihre ferne Vergangenheit.

Ich erfuhr durch den Doktor, daß allein die Vielfalt ihrer Riten, die sämtlich Alkoholgenuß erforderten, den interessanten Nebeneffekt hatte, daß Ansehen und Trunkenheit bei den Moi unmittelbar zusammenhingen. Ein achtbarer Mann bewies seinen ritualen Eifer dadurch, daß er so oft wie möglich betrunken war; jedermann respektierte ihn wegen seiner Frömmigkeit und Vorbildlichkeit für die Jugend. Die Wörter *nam lu* stellten dem Fremden in einem Moi-Dorf gegenüber einen ernstgemeinten Willkommensgruß dar, wie ich erfuhr. Sie bedeuteten „Laß uns miteinander betrunken werden" und entsprachen einer Einladung zum gemeinsamen Gebet. Moi-Dörfer gehörten zu den wenigen Orten auf dieser Welt, an denen die Haustiere – Hunde, Schweine und Hühner – mit fermentierter Maische aus den geheiligten Gefäßen gefüttert wurden und man sie in allen Stadien der Trunkenheit beobachten konnte. Gastfreundschaft – auch das erfuhr ich selbst – war die Regel, ein Gebot der Höflichkeit. Reisende wurden gebeten, an den Eß- und Trinkgelagen der Moi teilzunehmen, und es wurde als schlechter Geschmack oder sogar Beleidigung der Geister ausgelegt, weniger zu essen und zu trinken, als die ängstlich bemühte Gastfreundschaft der Gastgeber vorsah.

„Und sie sind zum Untergang verurteilt?" fragte ich den Doktor.

„Ohne jeden Zweifel."

„Wie ist das möglich?“

„Weil ihre Ökonomie auf des Messers Schneide steht, und weil befohlen wurde, daß jedermann 50 Tage pro Jahr als Tagelöhner auf einer Plantage arbeiten muß. Es kommt ihnen nicht in den Sinn, für harte Tage zu sparen. Es wäre nicht religiös. Sie halten keine Vorräte. Außerdem sind jetzt die Missionare da.“

„Die Missionare?“

„Sie arbeiten Hand in Hand mit den Plantagenbesitzern. Sie sind wie die zwei Seiten einer Münze. Sabatier * hatte es immer geschafft, sie aus dem Land halten, bis wir 1949 unterlagen. Jetzt ist er fort, und als wir wieder übernahmen, kamen die Missionare. Fragen Sie Ribo, was mit den Bih geschah.“

Ich blieb einige Tage bei Ribo und Cacot in Ribos Bungalow am nahen Dak Lac. Dort gab es Moi-Dörfer, die zu mehreren Stämmen am oder nahe dem See gehörten, und wir besuchten sie fast alle, wobei wir uns unvermeidlich dem liebenswerten Ritual unterziehen mußten, das Doktor Jouin beschrieben hatte. In einem Fall gab es ernsthafte Dinge zu besprechen, aber für die Moi rangierte die gemeinsame Trunkenheit an erster Stelle. Auch konnte es sehr gut möglich sein, daß unsere Gastgeber darauf bestehen würden, uns Essen anzubieten, und man ermahnte mich, beim Verzehr dessen, was auch immer serviert würde, großes Vergnügen zu heucheln, weil ich meine Freunde sonst in eine soziale und sogar politische Katastrophe stürzen würde. „Es kann alles mögliche sein“, sagte Ribo. „Sie fangen Ratten und halten sie wochenlang im Bambuskäfig. Zum Glück tischen sie diese Tiere nur bei den wichtigsten Festen auf.“

Das Dorf, Buon Plum, sollte eine Modellsiedlung und ein Studienobjekt für alle Nachbardörfer werden, und Ribo, der gekommen war, um den versammelten Notabeln dieses Projekt zu unterbreiten, bat darum, daß die dem Palaver vorangehenden Zeremonien auf das Wesentlichste beschränkt würden. Dieses Gesuch schien auf taube Ohren zu stoßen; wir wurden in den

---

* Sabatier war bis zur japanischen Besatzung Gouverneur in Indochina.

vielleicht 50 m langen Gemeinschaftsraum eines Langhauses geführt, und die Befürchtungen meiner Freunde verstärkten sich beim Anblick der aufgereihten Reisweingefäße mit ausgerichteten Trinkrohren; schon hatte man Knaben fortgeschickt, die Wasser aus dem nächstgelegenen Graben holen sollten, um die Füllhöhen auszugleichen.

Ein Rückzug war unmöglich. Die Moi hatten eine Methode, die Menge zu bestimmen, die jeder Teilnehmer aus dem Gefäß getrunken hatte; solange dieses berauschende Minimum nicht verzehrt war, konnte man nicht zum Geschäft kommen. Als wir unserer Pflicht Genüge getan hatten, kamen die Dorfbewohner herein, angeführt – die Moi waren matriarchalisch – von betagten und sozial mächtigen Frauen. Während wir tranken, beschworen die Moi ihre Hausgeister mit dröhnenden Gongschlägen. Es war angebracht, in diesem Stadium reichliche Trankopfer durch den weit geflochtenen Bambusboden zu speien, die lautstark von begierig saufenden Enten begrüßt wurden. Sie waren vom Klang der Gongs herbeigelockt worden und hatten direkt unter den Gefäßen Aufstellung genommen.

Eine oder zwei Stunden später, als man annahm, daß alle Versammelten angemessen benebelt wären, kämpfte sich Ribo auf die Füße, um seine Ansprache zu halten. Er begann, indem er ihnen vor Augen führte, daß die Anzahl der männlichen Erwachsenen im Dorf seit der ersten Zählung vor 20 Jahren von 86 auf 40 geschrumpft war. Ribo eröffnete ihnen, daß die Malaria sie dezimierte, und verwandte große Mühe darauf, diese Behauptung nachzuweisen und die Maßnahmen zu erläutern, die getroffen werden müßten, um diese Krankheit zu bekämpfen. Zu seinem Unglück war, wie er mir zuvor erklärt hatte, das Modelldorf-Projekt, mit dem sich zu befassen ihn seine Vorgesetzten genötigt hatten, kaum mehr als eine Scharade. Aus welchem Grund sollten diese Menschen, die seit 2500 Jahren an demselben Ort lebten, den sie damals in Besitz genommen hatten, so plötzlich Opfer der Malaria geworden sein?

In diesem Fall wirkte sich der Reiswein wohltuend für uns alle aus, auch für die Moi. Sie hielten sich aufrecht, lächelten und nickten zustimmend und versicherten Ribo über seinen Dolmetscher, sie würden Gemüse und Obst züchten, um das für Moskitonetze und Chinin nötige Geld zusammenzubekommen, und sie seien der einhelligen Meinung, daß alles gut werden würde. Später nahm uns der Dolmetscher beiseite. Die Männer, die man für die gesetzlich vorgeschriebenen 50 Tage auf die Gummiplantagen geschickt hatte, waren nicht zurückgekehrt, und die Moi fürchteten, daß sie gezwungen oder überlistet worden wären, sich für weitere fünf Jahre zu verpflichten; die Dorfbewohner wußten, daß sie sie in diesem Fall nie wiedersehen würden.

So sah die harte Wirklichkeit des Lebens im kolonialen Vietnam aus, und niemand erkannte dies deutlicher als Ribo und Cacot, die beide liberal dachten und fasziniert waren von der Lehre Jean Paul Sartres, dem Existentialismus und der Philosophie der Linken im Nachkriegsfrankreich. Sie hatten beide an der Sorbonne ihren Doktor in Philosophie, Politik und Sozialwissenschaften gemacht und waren mit großen Hoffnungen im Herzen hergekommen, um dann Zeugen der nackten Realität des verzweifelt um sein Überleben kämpfenden französischen Kolonialismus zu werden. Frankreich mußte Gummi um jeden Preis haben, und während meines Aufenthalts in Ban Me Thuôt traf ein Abgesandter aus Paris mit dem Auftrag ein, die Gummiproduktion zu erhöhen. Die Moi auf der nahegelegenen Plantage arbeiteten 13 Stunden am Tag, und jeder wußte, daß sie ausgepeitscht oder gefoltert wurden, wenn die Produktion hinter dem Soll zurückblieb. Die Männer, die von den Plantagen entlassen wurden, waren krank und kamen zum Sterben nach Hause. Der Resident sagte dem Beamten aus Paris, beim derzeitigen Stand der Dinge würde die gesamte Moi-Bevölkerung in fünf Jahren nicht mehr existent sein, und wies darauf hin, daß viele der Männer zum Militärdienst eingezogen worden waren. Obwohl die Vorposten der Vietminh bereits 50 km vor Ban Me Thuôt standen, lautete der unsinnige Befehl des Abgesandten, alle einberufenen Moi aus der Armee zu entlassen und auf die Plantagen zu schicken.

Buon Choah, das wichtigste Dorf der Bih, die Doktor Jouin als den interessantesten Seitenzweig der Moi bezeichnete, lag nur wenige Kilometer weiter unterhalb an der Straße und war zugleich mit allen übrigen Siedlungen der Bih Mr. Jones in die Hände gefallen, einem der elf evangelischen Missionare, die zusammen mit den ersten französischen Truppen gekommen waren, die nach der Niederlage der Japaner nach Vietnam zurückkehrten.

Monsieur Doustin, der amtierende Resident, hatte kühl und distanziert über ihn gesprochen. Als er bei ihrem ersten Treffen die höfliche Hoffnung auf gute Zusammenarbeit geäußert hatte, hatte Mr. Jones mild erwidert, er sei nur auf die Zusammenarbeit mit Gott angewiesen. Mr. Jones sollte seine völlige Unabhängigkeit von Doustins Autorität bald beweisen. Doustin war aus Paris angewiesen worden, darauf zu achten, daß er in Ban Me Thuôt angemessen untergebracht wurde, und er hatte die größte Villa am Ort requiriert; sie war bei weitem größer als die Residenz. Jones war mit zwei Wagen und dem neuesten Cessna-Modell ausgestattet.

Dann machte er sich daran, die Moi zu bekehren; er fing mit den Bih an. Zuvor hatten sie mit dem religiösen Glauben des Westen nur über einen bezaubernden, aber erfolglosen römisch-katholischen Missionar Bekanntschaft gemacht, einen von denen, die weniger als zwei Konvertiten in fünf Jahren aufzuweisen hatten und von den Autoritäten zurückgerufen worden waren.

Jones' Nachforschungen ergaben, daß die Bih immer noch den alten Begräbnissitten huldigten, die auch bei den Hora auf Madagaskar üblich waren. Die Toten lagen zwei Jahre lang in offenen Särgen in den Bäumen. Danach holte man die Knochen vom Baum herunter und säuberte sie gründlich, und vor der Beerdigung trug eine alte Angehörige der Familie den Schädel aufs Feld, und man brachte ihm Opfer dar. Dieser Ritus, erklärte Jones Doustin, war der Eckstein des Glaubenssystems der Bih, und er forderte, ihn zu untersagen. Als sich Doustin weigerte, wandte sich Jones über seinen Kopf hinweg an den Quai d'Orsay und sicherte sich Unterstützung zu. Aus

Saigon kam Polizei und bewachte den Missionar, während er die Särge von den Bäumen holte und deren Inhalte in ein Gemeinschaftsgrab legen ließ.

Die Bekehrung folgte auf dem Fuße. Ein Sprecher der Bih sagte zu Ribo, da ihre Geister sie verlassen hätten, seien sie zur Auslöschung bereit. Die Bih hatten ihre Reisabgaben pünktlich geleistet und ihre Männer anstandslos der Plantage oder der Armee zur Verfügung gestellt; aber sie hatten keine Nachkommen mehr gezeugt.

Man hatte uns bei unserer Annäherung an Buon Choah ausgemacht und vermutlich für evangelistische Missionare gehalten, denn als wir ins Dorf kamen, bot sich uns ein ungewöhnliches Schauspiel. Frauen kamen reihenweise die Trittleitern der Langhäuser hinabgeklettert, wie Kadetten an den Wanten eines Schulschiffs. Sie stellten sich links und rechts des Wegs in zwei Reihen auf, gekleidet in marineblaue Kattunblusen und -röcke, und nahmen eine recht schneidige Habtachtstellung ein. Der Häuptling kam eilig herbei, um uns zu begrüßen; in einer Hand das übliche Führungszeugnis der Japaner (die Moi konnten die Japaner nicht von den Franzosen unterscheiden), in der anderen eine Ausgabe des Markusevangeliums in englischer Sprache.

Ribo fragte, ob alle Bih konvertiert seien, und der Häuptling bestätigte es. „Wo sind die Gongs und die Gefäße?“ fragte Ribo und erfuhr, daß sie entfernt worden waren. „Durch die Missionare.“ „Einige davon waren Hunderte von Jahren alt“, sagte Ribo zu uns. „Sie waren unbezahlbar.“

„Sag wenigstens den Frauen, sie sollen die Missionsblusen ausziehen, solange wir hier sind“, bat Ribo den Häuptling.

Der Mann brüllte einen Befehl, und die Frauen zogen sich bis zur Hüfte aus. Innerhalb weniger Sekunden war die Empfangsparade bereit, und wir machten uns zwischen etwa 40 frei und großzügig zur Schau gestellten weiblichen Torsi auf den Weg zum Haus des Häuptlings. Cacot sprach die Vermutung aus, daß wir von der Pflicht befreit würden, noch mehr Reiswein zu trinken, aber Ribo nahm ihm diese Hoffnung.

„Keine Chance. Sie können sicher sein, daß er für den Notfall irgendwo ein Gefäß versteckt hat."

Ribo sollte recht behalten.

Ich stattete Mr. Jones einen Besuch ab und sah sofort, welche Fortschritte die Evangelisten in den vier Jahren seit meiner ersten Begegnung mit Mr. Fernley in Chichicastenango gemacht hatten. Mr. Fernley hatte in Chichicastenango notdürftig die missionarische Stellung bei den Indianern gehalten. Hier führte Mr. Jones wahrhaftig das Regiment. Er war ein großer, magerer und grundsätzlich glücklicher Mann, den sein zuversichtliches Lächeln nie verließ, und der meinem Eindruck nach nie auch nur vom geringsten Zweifel geplagt wurde. Jede seiner Handlungen geschah in Übereinstimmung mit dem Gesetz, und wenn er seine Tätigkeit in Ban Me Thuôt erläuterte, nahm er jeder Kritik von vornherein lächelnd den Wind aus den Segeln. Der eine oder andere Franzose, mit dem er in Kontakt gekommen war, mußte eine Bemerkung über seinen großzügigen Lebensstil gemacht haben, und er hatte sich gewappnet gezeigt. Mir sagte er in bezug auf die luxuriöse Ausstattung seiner Villa, sie entspreche dem normalen französischen kolonialen Standard. Er fügte vertraulich hinzu, er habe mehrere Tonnen Nahrungsmittelkonserven einführen lassen – genug, den Unterhalt seiner Familie für die Dauer seines Auftrags hier zu sichern –, „um die hiesige Versorgung nicht unnötig zu belasten". In Beantwortung meiner Frage bezüglich der Fortschritte in seinem Werk sagte der Pastor, sie stießen auf gewisse Schwierigkeiten. Er vermute, ich hätte schon davon gehört, daß der ganze Stamm der Bih vor kurzem an einer Feierlichkeit teilgenommen habe, in deren Verlauf er sie mit einem Harmonium bekannt gemacht habe, und sie bis auf den letzten Mann, die letzte Frau und das letzte Kind Zeugnis für Christus abgelegt hätten. Er drückte mir ein Buch in die Hand. Laut Inhaltsverzeichnis umfaßte es 30 Hymnen, eine Abteilung Gebete, eine Erklärung 26 religiöser Begriffe, eine Kurzfassung des Alten und Neuen Testaments und ein Kirchenmanual mit den Pflichten der Prediger und Ältesten, der Taufe, dem Abendmahl, der Weihe, der Trauung, der Aussegnung der Frauen und dem apostolischen Glaubensbekenntnis. Alles war in Rhadé geschrieben, der wichtigsten Sprache der Moi, obwohl, wie Mr. Jones sagte, etwa ein Drittel der Wörter in den heiligen Texten in dieser Sprache fehlten.

Ich fragte ihn, wie er sich zu der Tatsache stelle, daß nahezu die Hälfte seiner Konvertiten gezwungen würden, auf den Gummiplantagen zu arbeiten, und somit am Gottesdienst gehindert waren.

Mr. Jones war auch darauf vorbereitet. Er sorgte sich nur um das geistliche Wohlergehen der Eingeborenen; ihre materiellen Bedingungen interessierten ihn in keiner Weise. Dann kam ihm eine Idee, und sein Gesicht hellte sich auf. Es gab etwas, das für die Plantagen sprach – die nach seiner Meinung verleumdet wurden, überraschenderweise sogar durch die Franzosen –, und zwar, daß ein Mann, der auf ihnen arbeitete, zumindest keinen Versuchungen ausgesetzt war. Er hatte die Frage der biblischen Instruktion der Arbeiter auf den Plantagen bereits zur Sprache gebracht, und die Besitzer waren damit einverstanden gewesen, daß er einmal wöchentlich einen kurzen Gottesdienst abhielt, und das wollte er auch tun.

Jones sprach in seinem blinden Fanatismus völlig unbefangen und mit bescheidenem Stolz über seine engen und alltäglichen Kontakte mit dem Allmächtigen und ihre offenen Gespräche über eine Reihe von Fragen. Alle seine Handlungen verfolgten nach seinen eigenen Worten die einzige Absicht, „daß der Ruhm Gottes vermehrt werde“, und Gott reagierte darauf, indem er Jones' missionarische Arbeit durch regelmäßige kleine Wunder erleichterte. Als Beispiel dafür erwähnte Jones, daß Gott noch vor kurzem, als Jones zurück in die Staaten hatte fliegen müssen, ein Flugzeug anderthalb Stunden lang aufgehalten hatte, das er ansonsten verpaßt hätte.

Gegen Ende unserer Unterhaltung kam Jones' Frau ins Zimmer. Sie war eine stramme Frau mit großen Händen und Füßen und lebhaften, fast brüsken Bewegungen, einem Sonnenhut, wie ich ihn seit vielen Jahren nicht mehr zu Gesicht bekommen hatte, und mit einer weiblichen Spielart des unverwüstlichen Lächelns, das dem Pastor zu eigen war. Sie schilderte den Auftrag, mit dem sie soeben befaßt war, nämlich eine Anzahl von Bekehrten in einem Gebiet zu taufen, in dessen Kontrolle sich die Franzosen und der vietnamesische Feind teilten. Sie war gegen den Rat der Franzosen dorthin gefahren und hatte die Taufen mit dem sterilisierten und geweihten Wasser, das die Missionare in einem entsprechend eingerichteten Jeep überallhin mit sich führten, in einem aufblasbaren Gummiplanschbecken vorgenommen. Auf der Rückfahrt hatte sie feststellen müssen, daß eine vietnamesische Patrouille eingedrungen war und eine Brücke gesprengt und sie mit ihrem Jeep am anderen Flußufer hatte festsitzen lassen. Diese Situation hatte sie jedoch nicht im geringsten geängstigt, denn der Herr „in seiner Zuverlässigkeit“ hatte sofort ein Boot zur Verfügung gestellt. Sie hatte die Moi angewiesen, die Brücke zu reparieren, und morgen wollte sie den Wagen abholen.

Als ich das Gebiet der Moi verließ, hoffte ich, einen Weg in westliche Richtung durch das Gelände nach Stung-Treng in Kambodscha zu finden. Doustin hatte mich an Monsieur Préau verwiesen, seinen Kollegen in Pleiku, der nächsten Stadt an der Route. Monsieur Préau sagte, mein Besuch stelle eine willkommene Entschuldigung für ihn dar, alles ein paar Tage lang hinter sich zu lassen, und fuhr mich in seinem Citroën über Dschungelpfade nach Cu-Ty, das etwa auf einem Drittel der Strecke lag. Abgesehen von Kontum war es der letzte Ort in Zentralvietnam, in dem die Franzosen einen Repräsentanten hatten – einen breit grinsenden Schurken –, eine Art Heinrich VI. unter den Moi, dessen Name – Prak – Geld bedeutete. Man erzählte sich, daß er drei Morde begangen hätte; er besaß fünf Elefanten, mehrere Frauen und einen Jeep, den ihm ein Plantagenbesitzer zur Verfügung gestellt hatte, von dem es hieß, daß er Prak 10 Piaster über die von der Regierung festgesetzte Prämie in Höhe eines halben Piasters hinaus für jeden Mann zahlte, den er für die Arbeit auf der Plantage besorgte.

Wir tranken in seinem Langhaus das Minimum an Reiswein, in den – flüsterte ein Dolmetscher – Prak, der von unserer Ankunft wußte, einen Liter französischen Branntwein hatte mischen lassen. Préau, auch ein Liberaler, schwitzte vor Schuldgefühlen, als er auf die Forderung des Pariser Abgesandten zu sprechen kam, daß der Jarai-Stamm, dessen Häuptling Prak war, weitere 300 kräftige Männer zur Verfügung stellen solle. Einer der Diener zog ein Grammophon auf und legte eine Samba auf den Teller, und Prak tanzte zum Rasseln der Rumbakugeln durch den Gemeinschaftsraum, bevor er sich wieder hinsetzte und erneut vom Reiswein trank. Er warf wilde Blicke um sich und versprach, zu tun, was in seinen Kräften stehe. Dann wurden wir eingeladen, die Dorfschule zu besichtigen, in der den Kindern bislang nur kontrollierte Atemübungen und die Ausdrücke „Bonjour, Monsieur. Merci, Monsieur" gelehrt worden waren. Préau fragte, wie groß die Chancen seien, nach Stung Treng zu gelangen, und Prak erwiderte, es sei aussichtslos. Banditen hatten Bô-Kheo, den nächsten Ort an der Straße, eingenommen, wo man am Vortag eine große Schießerei gehört hatte. „Was war anderes zu erwarten?" fragte er. „Alle Männer sind eingezogen worden."

Auf unserem Rückweg bat mich Préau um einen Gefallen. Er fragte, ob ich etwas dagegen hätte, mit Mr. Wheelock, dem evangelistischen Pastor in Pleiku, zu speisen. Als ich mich erkundigte, weshalb in aller Welt, sagte er, Mr. Wheelock leide unter seiner Einsamkeit und sehne sich stets nach jemandem, mit dem er Englisch reden könne. Außerdem sei er eben aus Kontum zurückgekehrt, für das Préau verantwortlich war, dem letzten Moi-Dorf im Norden. Kontum war jetzt vollständig abgeschnitten und nur noch auf dem Luftweg erreichbar, und nur Wheelock konnte mit seinem leichten Flugzeug nach Belieben hinaus- und hineingelangen. Préau sagte, er sei begierig, die neuesten Informationen über die derzeitige Lage dort zu erhalten. Er fand Wheelock schwer zugänglich, und die Verständigung zwischen ihnen war um so mehr erschwert, als der Missionar nur wenig oder gar kein Französisch sprach, obwohl er behauptete, die Übersetzung eines der Evangelien in die Bahnar-Sprache fast abgeschlossen zu haben.

Die Einladung wurde ausgesprochen und angenommen. Pleiku war kleiner und unbedeutender als Ban Me Thuôt; entsprechend war auch Mr. Wheelocks Lebensstil weniger aufwendig als der von Mr. Jones. Er selbst war groß, mager und voller Unrast, als wolle er überschüssige Energie verbrennen. Er stammte aus Amarillo in Texas, wo er gearbeitet hatte, bis man ihn rief, „bei der Vollendung des begonnenen Gotteswerks zu helfen". Im Gegensatz zu Jones, der sich ständig mit seinem unverwüstlichen Lächeln auf seinen Glauben berufen hatte, unter dem besonderen Schutz des Allmächtigen zu stehen, schien Wheelock, der offenbar von Natur aus zur Empörung neigte, Gott Vorwürfe zu machen, daß er ihn an diesem Ort ausgesetzt hatte.

In mancher Hinsicht war das nicht verwunderlich. Ban Me Thuôt mit seinen tiefen Dachvorsprüngen und geschmückten Hausgiebeln, deren Zweck war, den Bewohnern vorzuspiegeln, daß sie sich eines angenehm kühlen Klimas erfreuten, hatte ein wenig an die alpine Schweiz erinnert. Es besaß einen Golfplatz mit acht Löchern, einen *cercle sportif*, einen Kinderspielplatz und ein gutes Restaurant. Der Krieg schien einem dort nicht länger real; höchstens ein erregendes Abenteuer vor dem Hintergrund eines sorglosen Lebens. Pleiku war ganz anders. Hier gab es keine Ablenkungsmöglichkeiten; nur Kürzungen der Lebensmittelrationen, häufige Stromausfälle und nächtliche Alarme. Am Abend meiner Ankunft hatten feindliche Eindringlinge einen Hinterhalt gelegt und wenige Hundert Meter von der *place centrale* entfernt drei französische Soldaten in einem Jeep getötet, und niemand hatte gewagt, die Leichen vor Anbruch der Morgendämmerung zu bergen; bis dahin waren sie großenteils von den Tigern gefressen worden, die diese

Gegend unsicher machten. Pleiku war nicht der Ort, an dem man kleine, beruhigende Wunder erwarten konnte.

Wheelock mochte diese Stadt eindeutig nicht; er sagte, ihr einziger Vorteil sei ihre Fülle an Unglücksfällen, an denen man die christliche Tugend der Tapferkeit erproben könne. Die Beleuchtung ging aus und wieder an, manchmal war sie so schwach, daß ich kaum das Gesicht des Pastors erkennen konnte, der mir gegenüber am Tisch saß; Geckos huschten über die Wände und hielten von Zeit zu Zeit inne, um ihren lauten Alarmschrei auszustoßen. Ein Schwarm von Nachtfaltern hatte die Klimaanlage außer Betrieb gesetzt. Wheelock entschuldigte sich für den hier angebauten erdig schmeckenden Reis, der die Grundlage des Mahls darstellte. Er sagte, die Priorität der Verschiffung von Kriegsmaterial nach Pleiku habe die Lieferung der Nahrungsmittelkonserven, von denen er sich normalerweise ernährte, zum Erliegen gebracht. Er machte sich auch – meiner Meinung nach berechtigte – Sorgen über die Wasserversorgung; nach seiner Überzeugung befanden sich im Wasser gefährliche Mikroorganismen, die selbst durch Abkochen nicht getötet wurden, und sobald eine keimtötende Tablette in der Wasserflasche auf dem Tisch zu sprudeln aufhörte, warf er die nächste hinein.

Der Pastor gab zu, daß ihn das Schicksal der Franzosen – die ihn an das erinnerten, was er über die heidnischen alten Römer gelesen hatte – nicht sonderlich kümmerte. Er machte sich auch keine großen Sorgen um die Moi, mit denen er zu tun hatte; selbst um jene nicht, die eingewilligt hatten, sich bekehren zu lassen. Als die ersten von ihnen gekommen waren, war er von ihrem dringenden Wunsch, Kruzifixe zu besitzen, angenehm überrascht gewesen, und er hatte sie großzügig verteilt, um später zu entdecken, daß die Moi sie für eine neue und, wie sie hofften, wirksamere Form des Tieropfers verwandten. Er hatte mit der Verteilung aufgehört, als er sah, daß man einem Büffel ein Kruzifix um den Hals gehängt hatte, und er nicht verhindern konnte, daß das Tier nach altem Ritus geschlachtet wurde. Wie Jones spürte er, daß es für sie, sobald sie die Bekehrung hinter sich hatten, besser war, wenn sie in gesicherten Verhältnissen lebten. In Pleiku züchteten sie Tee auf der größten Plantage Vietnams, auf der 1000 Moi arbeiteten, von denen immer mehr das wurden, was Mr. Jones „seine Christen" nannte. Er sprach lobend von dem algerischen Besitzer der Plantage, der, wie mir Préau sagte, dafür bekannt war, daß er seine Arbeiter folterte, und der alle Möbel in Wheelocks Haus zur Verfügung gestellt hatte.

Es war an der Zeit, Wheelock nach den Verhältnissen in Kontum zu fragen, und sein Ausdruck unterdrückten Ärgers verstärkte sich. „Kontum ist primitiv", sagte er, „einfach primitiv."

Ich gab zu bedenken, ob nicht die Orte hier jeder auf seine Art primitiv wären. Was konnte primitiver sein als Pleiku mit seiner kurz vor der Vernichtung stehenden Eingeborenenkultur und ihrem noch nicht etablierten groben westlichen Surrogat?

„Kontum hat nichts zu bieten, was Menschen unserer Art gefallen könnte", sagte der Missionar. „Pleiku strebt dem Licht entgegen. Kontum verharrt in der Finsternis." Er schlug vor, daß ich Kontum einen Besuch abstatten und mich mit eigenen Augen davon überzeugen solle, wie rückständig es sei.

Im Verlauf unseres weiteren Gesprächs stellte ich fest, daß Wheelock genau die fast völlig unverdorbene Gesellschaft beschrieb – vielleicht die letzte ihrer Art –, die zu sehen ich so sehr gehofft hatte, und von der ich jetzt wußte, daß ich sie nie sehen würde. Die Langhäuser in Pleiku (von Wheelock als Wohnstätten der bösen Geister der Eingeborenen bezeichnet) mit ihren majestätischen, mit Türmen versehenen Dächern, waren die größten und sehenswertesten in Vietnam. Der Bahnar-Zweig des Moivolkes hatte zu den letzten Stämmen gehört, die der französischen Herrschaft unterworfen worden waren, und eine glückliche Besonderheit des Bodens und der klimatischen Verhältnisse hatte es nicht ratsam scheinen lassen, die in der Umgebung der Dörfer sonst üblichen Plantagen anzulegen, damit diese sich mit der Arbeitskraft der Dörfler mästeten.

Wheelock sagte, er habe vorgehabt, ein Missionshaus bei Kontum einzurichten, aber die Bahnar hätten abgelehnt, zu kooperieren, und die Franzosen seien zu sehr mit ihren Kriegen befaßt gewesen. Ein paar Bahnar aus Kontum waren nach Pleiku zur Arbeit auf die Teeplantage geschickt und als unzuverlässig zurückgewiesen worden.

„Weshalb?“ erkundigte ich mich.

„Sie waren Kommunisten“, erklärte Wheelock. Er gab zu, daß sie nie etwas von Rußland oder Karl Marx gehört hatten. Aber es war etwas, das ihnen angeboren und nicht auszurotten war; wie die Erbsünde.

Ich fragte, worin sich ihr Kommunismus äußere, und der Missionar sagte, sie seien vom Teilen besessen. Bewohnten zum Beispiel 50 Bahnar eines ihrer Häuser des Bösen, so teilten sie alles durch 50. Jeder einzelne, Mann oder Frau, besaß ein Fünfzigstel des Hauses selbst sowie eines jeden Schweines, das sie hielten. Wenn ein Mann in den Dschungel ging und mit seiner Armbrust einen Vogel erlegte, wurde die Beute in 50 Teile zerlegt. Nach Wheelocks Verständnis handelte sich sich hierbei um unerträgliche Auswüchse des Kommunismus.

Seine Miene schien sich aufzuhellen, als er sich an einen Vorfall während seines Aufenthalts bei den Bahnar erinnerte. Der Hauptgrund für diese Reise war gewesen, einen seiner Christen zu besuchen, der ins Gefängnis gekommen war, weil er versäumt hatte, die Franzosen auf die Anwesenheit der Vietminh in der Nähe seines Dorfes aufmerksam zu machen. Wheelock erwähnte, daß der betreffende Christ – der drei Monate lang eingesperrt gewesen war – immer noch nicht wieder seine Arme gebrauchen könne. Ich fragte ihn nach dem Grund, und Wheelock erklärte, als sei dies ganz selbstverständlich, man habe dem Mann anläßlich seiner Befragung die Arme ausgerenkt. Ich fragte, ob außer seinem Christen noch andere in diese Affäre verwickelt seien. Nun, ja, etwa 80 hatte man eingesperrt, aber er vermutete, daß nur 20 aufgeknüpft worden waren.

Ich sagte, dies erschiene mir hart: Wenn die Bahnar die

Franzosen über die Anwesenheit der Vietminh informierten, verbrannten die Vietminh ihr Dorf, schwiegen sie, renkten ihnen die Franzosen die Arme aus.

Mr. Wheelock zuckte die Achseln. „Die Erde ist ein Jammertal", sagte er, „aber wehe, wenn Er naht, durch welchen Betrübnis kommt!" Er trank von seinem gechlorten Wasser und verzog das Gesicht. „Sie sind ohnehin dazu verdammt, bald vom Antlitz der Erde zu verschwinden."

Ich begriff, daß er von den Moi im allgemeinen sprach; und ich war sicher, daß er recht hatte.

4

Nach meinem Aufenthalt in Vietnam kehrte ich schleunigst und erleichtert nach Guatemala zurück. Während meines ersten Besuchs hatte ich Freundschaft mit Dr. Morales vom Indianischen Institut geschlossen. Wir hatten Briefe gewechselt, und als ich das Projekt dieses Buchs zur Sprache brachte, hatte er mich ermutigt und mir seine Hilfe angeboten. Auch der Rat Ernestinas war wertvoll gewesen. Sie war inzwischen zur Expertin auf dem Gebiet der rasch verschwindenden Maya-Textilmalerei geworden, und es lag ihr am Herzen, eine Studie darüber zu veröffentlichen, ehe es zu spät war. Wir hatten einander viel über Geschichte und Kunst der Indianer zu sagen, aber nur in privater Hinsicht. Damals, 1947, war deutlich geworden, daß sich unsere Ehe überlebt hatte; obwohl unsere die ganzen Jahre über fortgesetzte Korrespondenz immer freundlich und zumindest für mich höchst erfreulich gewesen war. Ich verstand sie sehr gut, als sie mir 1951 erzählte, daß sie eine Beziehung zu einem lokalen Politiker aufgenommen hatte, den sie aber damals noch nicht heiraten wollte. Politik ist in Guatemala ein heißes Eisen. Die beiden sahen sich nach dem Erfolg der Castillo-Armas-Revolution von 1954 dem öffentlichen Mißfallen ausgesetzt. Sie kamen überein, daß es sicherer für sie wäre, das Land zu verlassen. Ernestina erreichte eine mexikanische Scheidung, und sie gingen beide nach Haiti, um dort zu leben.

Mein dritter Besuch in Guatemala fand wenige Wochen nach ihrem hastigen Aufbruch statt. Mein Freund Dr. Morales hatte ein überwältigendes Programm wissenschaftlicher Aktivitäten vorbereitet: Alte Maya-Stätten sollten besichtigt, Experten auf verschiedenen Gebieten besucht, in privaten Sammlungen befindliche Bücher und Manuskripte gelesen werden. Allmählich begriff ich die Schwierigkeiten, die Dr. Jouin gehabt hatte, als er immer tiefer in sein Studium der Moi eindrang und ihn die ständige Erweiterung sowie das beharrliche Zurückweichen des Horizonts erkennen ließen, daß er seine Aufgabe nie würde zu Ende führen können.

Dann war da noch Doña Elvira. Ich besuchte sie und fand sie so gelangweilt vor wie stets; aber immer noch herrschte sie uneingeschränkt in ihrem labyrinthischen Haus mit seinen fünf Patios, der Gemeinschaftsküche, den kleinen, schweigsamen indianischen Dienerinnen, die mit Wasserkrügen von Raum zu Raum huschten, und den vertrauten Horden der Verwandten und Schmarotzer aller Art. Wie eh und je verbrachte sie einen großen Teil ihres Tages damit, von ihrem großen Balkon aus die stets putschbereite guatemaltekische Szene zu betrachten; tatsächlich war sie mit kaum verhohlener Freude Zeugin gewesen, wie der neue Präsident (der die Zeremonie der Fahrzeugparade wiederbelebt hatte) von seinem Motorrad gefallen und sich die Nase eingedrückt hatte.

Das sogenannte demokratische Interludium, das alle weißen Guatemalteken in einen unwürdigen Zustand des Schreckens versetzt hatte, war Balsam für die Nerven Doña Elviras gewesen. Zwei Jahre lang war sie jedesmal wohlig erschauert, wenn ihr die Möglichkeit in den Sinn kam, daß einige Tausend Morgen Land ihrer Güter bei Quezaltenango, die sie kaum je besucht hatte, den Indianern übergeben würden. Stimulierend hatte auch der Bau eines Bunkers in einem der Patios gewirkt, in dem sie sich mit ihrer Familie verbarrikadieren und bis zur letzten Kugel verteidigen würde. Jetzt, in der Stagnation des von der Diktatur wiederaufgezwungenen Friedens, war das Leben reizlos geworden. Ihre Kopfschmerzen und Juckanfälle waren zurückgekehrt, wie sie mir erzählte, und früher oder später würde sie sich nicht mehr dagegen wehren können, dem Monsignore, der sie einmal im Monat besuchte, um seinen Segen auf ihrer Arbeit als Patronin der wohltätigen Stiftung zu erneuern, die als „La Gota de Leche“ bekannt war, den Ausdruck *cojones* entgegenzuschleudern.

Doña Elvira mochte Castillo Armas nicht; ihre Abneigung rührte weitgehend von seiner Behandlung der in den Dörfern lebenden katholischen Padres her, von denen einige offiziell Missionare waren und die sie als ihre Protegés zu betrachten gewohnt war. Sie war im Palast vorstellig geworden, um mit dem Präsidenten über dieses Thema zu sprechen, und war sehr aufgebracht gewesen, daß er es nicht für nötig erachtet hatte, während ihrer Unterhaltung die Speichellecker fortzuschicken, von denen er stets umgeben war. Castillo Armas holte die Katholiken so rasch aus den Dörfern, wie er sie durch die nordamerikanischen Protestanten ersetzen konnte. Doña Elvira unternahm einen letzten Versuch, in ihm wenigstens etwas Bewunderung für diese Männer zu wecken, die nicht nur aus freien Stücken unter den Armen lebten, sondern auch deren Nöte und Krankheiten teilten. Der Präsident versicherte ihr, die katholischen Padres besäßen seine ganze Sympathie; aber sie seien ineffektiv.

Doña Elvira hatte von meiner Suche nach unveröffentlichtem Material in Verbindung mit meinem Buchprojekt gehört, und sie überraschte mich mit der Eröffnung, sie besitze ein Familienerbstück in Form eines eigenhändig geschriebenen Briefs von Hernando Cortez, dem Eroberer Mexikos, an Pedro de Alvarado, seinen Kommandanten in Guatemala. Sie brannte darauf, ihn mir zu zeigen, und hatte nichts dagegen, daß ich einen jungen amerikanischen Kurator vom Nationalmuseum mitbrachte, der mir, wie ich hoffte, bei der Übersetzung des alten Spanisch würde helfen können.

Doña Elvira verwahrte den Brief in einem Schaukasten in einem ansonsten unmöblierten Raum in der einem Kaninchengehege gleichenden inneren Sektion ihres Hauses. Die einzige Beleuchtung dieses Raumes stammte von einer Niedrigwatt-Lampe, denn ihrer Ansicht nach hätte eine Birne mit der üblichen Wattstärke die Schrift des Briefs sofort und unwiederbringlich verblassen lassen. Das Ereignis gestaltete sich feierlich durch die Ankunft eines indianischen Mädchens, das barfuß wie die übrigen war, aber eine Schürze und weiße Handschuhe trug und süßen Sherry in böhmischen Gläsern servierte; im Hintergrund hielt sich ein alter Diener auf, der wie ein Stadtausrufer gekleidet war und jedesmal, wenn jemand in seine Richtung schaute, nickte und zusammenfuhr. Doña Elvira keuchte vor Stolz, als sie die Decke von dem Glas des Schaukastens nahm und wir auf zwei abgegriffene, vergilbte, von Würmern angenagte, mit einer alten, nicht zu entziffernden Schrift bedeckte Blätter starrten, die in meinen Augen auch Pali hätte sein können.

„Ich habe mich immer geweigert, sie fotografieren zu lassen", sagte Doña Elvira. „Ich habe es sogar Präsident Ubico verweigert. Sie sind von beiden Seiten beschrieben, aber das Papier ist nicht in der Verfassung, daß man es umdrehen könnte. Sie dürfen gern, soweit Sie können, entziffern, was Sie hier sehen. Das übrige soll Ihrer Phantasie überlassen sein."

Wir dankten der alten Dame wortreich für die große Entdeckung, die sie uns ermöglicht hatte, und Robinson vom Museum fragte, ob er einen Freund mitbringen dürfe, der in Kürze aus den Staaten eintreffen werde und Experte für spanische Schrift des frühen 16. Jahrhunderts sei. Doña Elvira gestattete ihm huldvoll, mitzubringen, wen immer er wolle.

„Können Sie etwas damit anfangen?" fragte ich Robinson, als wir wieder draußen waren.

„Nein", erwiderte er. „Aber das soll uns nicht weiter stören. Es ist eine der vielen Fälschungen aus dem 18. Jahrhundert. Es gibt Dutzende davon."

Wenige Tage, bevor ich Guatemala verlassen mußte, schlug Dr. Morales einen Ausflug nach Chichicastenango vor, und ich stimmte bereitwillig zu. Morales sagte, Chichicastenango sei der beste Ort für die Suche nach Maya-Antiquitäten. Früher hatte das wichtigste der Maya-Opfer darin bestanden, daß man rituelle Gefäße – stets von hohem künstlerischen Wert – in die Seen Amatitlán oder Atitlán warf; Taucher hatten sie daraus zu Hunderten geborgen. Die Keller des Nationalmuseums waren voller außergewöhnlicher Stücke, die hier untergebracht waren, bis sie in einigen Jahren vollständig katalogisiert sein würden. Morales erwähnte, in von reichen Guatemalteken erbauten Villen in der Umgebung des Amatitlán-Sees, der nur 20 km von der Hauptstadt entfernt war, fänden Maya-Altäre als Hutständer Verwendung. Niemand in Guatemala messe solchen Gegenständen großen Wert bei, und der Grund für unseren Besuch in Chichicastenango, wo wir nach ihnen Ausschau halten wollten, waren die vielen Trödelläden dort. Touristen kramten in solchen Läden nach Souvenirs und ließen sich gelegentlich überreden, ein paar Dollars für einen bunten Becher aus der klassischen Periode zu bezahlen, den ein Guatemalteke gar nicht beachtet hätte.

Als ich ihn länger kannte, merkte ich, daß der Doktor nichts mehr liebte als einen solchen Bummel unter dem Deckmantel einer wissenschaftlichen Unternehmung. Außerhalb der würdigen Umgebung des Instituts wurde er ein anderer Mensch, was er der Welt kundtat, indem er seinen gutgeschneiderten Anzug gegen eine gestreifte Norfolk-Jacke der Art eintauschte, wie sie George Bernard Shaw in den zwanziger Jahren zu tragen liebte; dazu setzte er einen schwarzen Filzhut auf. Niemand wußte, weshalb, aber dieser Aufzug war die Uniform der Männer mehrerer Stämme der Hochlandindianer geworden, nur daß Jacke und Hut stets zu Breeches mit eingewebten Enten- und Rehmotiven getragen wurden. Dazu konnte sich selbst Morales nicht durchringen.

Mein letzter Besuch in Chichicastenango lag sieben Jahre zurück, aber äußerlich hatte sich nur wenig verändert. Es stellte sich heraus, daß Morales ein Liebhaber des *boj* war. Während der Demokratie war es in mehreren *cantinas* offen gebraut und getrunken worden; jetzt, nach der Wiedererrichtung der Diktatur, waren die Interessenten wieder einmal gezwungen, in die von Spinnen heimgesuchte Höhle der *cantina* „Ich warte auf meine Geliebte“ zu kriechen, um ihren ungesetzlichen Durst zu löschen. Das Lokal war unter dem Schutz süchtiger Polizisten geöffnet geblieben. Wir waren die einzigen Besucher. Die täglich erneuerten Spinnweben spannten sich wie immer gleich Bändern aus grauem Tuch unter der ins Dunkel gehüllten Decke, und das *boj*, das in seinem großen Tiegel arbeitete, bildete Falten und Risse in seiner an Elefantenhaut erinnernden obersten Schicht; man nahm den Geruch eines aus dem Wasser steigenden Hundes wahr und hörte gelegentlich ein schwaches Glucksen. Ein Buckliger in einer Norfolk-Jacke, wie sie auch Morales trug, servierte uns je einen Krug, und das vertraute Glühen begann seine Tröstungen von der Magengrube her auszusenden. Wir gingen hinaus, in der Hoffnung, ein paar von Fernleys früheren indianischen Stammkunden zu finden, die in seiner Mission eine Tür weiter geschlafen hatten, aber die Tür war geschlossen und verriegelt.

Alle Freunde Morales' hatten sich zerstreut. Es hieß, die neue Regierung habe strenge Maßnahmen gegen sie ergriffen. Jacobo Arbenz Guzmán, der letzte der beiden gewählten Präsidenten, hatte winzige Stücke unkultivierten Landes in der Nachbarschaft verteilt, und die neue Regierung hatte gewartet, bis die Saat aufgegangen war, und dann berittene Abteilungen losgeschickt, die alles niedertrampelten und verbrannten, was brennbar war.

An der Missionsfront war der verhältnismäßig milde und versöhnliche Mr. Fernley durch einen Mann aus härterem Holz von einer der neuen, eher politisch inspirierten Missionen ersetzt worden, die mit Einverständnis der Regierung tätig waren. Der neue Missionar, der grünes Licht hatte, das Heidentum zu vernichten, war entschlossen gewesen, den malerischen Zurschaustellungen indianischer religöser Inbrunst in der Kirche von Santo Tomás sowie auf den Wegen dorthin Einhalt zu gebieten. Mit der Peitsche in der Hand und von zwei nervösen Polizisten begleitet, hatte er sich seinen Weg durch die Zelebranten auf den Stufen und in der Kirche gebahnt und gerufen, er sei gekommen, um die Wechsler aus dem Tempel Gottes zu vertreiben. Wie immer waren knapp 100 auf dem nackten Boden vor ihren brennenden Kerzen kniende indianische Gläubige zugegen gewesen. Der Missionar hatte mit der Peitsche um sich geschlagen und so viele Kerzen umgeworfen, wie er konnte, bevor ihn die Indianer ergriffen und die Treppe hinuntergeworfen hatten. Nach diesem Vorkommnis wurden alle Indianerzeremonien durch Regierungserlaß verboten, bis die fremden Besucher ausblieben, das Hotel dicht davor stand, schließen zu müssen, und sich der Druck der Touristenlobby als so unwiderstehlich erwies, daß alles allmählich wieder so wurde, wie es gewesen war.

Auf der Suche nach vertauten Gesichtern zerrte mich Morales auf eine Pilgerreise von Kneipe zu Kneipe, die alle voller Getöse und Lärm und den wilden, flackernden Lichtern der Jukeboxes und halbblütigen Desperados waren. Sie drängten uns *aguardiente* auf und sahen aus verengten Augen zu, wie wir den Schnaps tranken und das rituelle Salz von unseren Händen leckten. Sie hofften, mit uns einen Streit anfangen zu können. Dieses zweifelhafte Milieu war in Guatemala Heimat und Zitadelle des *machismo*. Männer wie diese, die von Luft und unverdünntem Schnaps lebten, töteten einander oder einen unbekannten Fremden beim geringsten Anlaß oder auch ohne solchen.

In eben diesem Jahr hatte ein gelangweilter Mann in der *cantina* der Bahnstation zu seinem Freund gesagt: „Ich wette, du bist nicht Mann (*macho*) genug, um den nächsten, der durch die Tür kommt, zu erschießen." „Das sagst du", hatte der Freund erwidert, und dem nächsten Besucher der *cantina* ins Herz geschossen. „Ein verwerflicher Impuls", hatte der Richter befunden und ihn für drei Jahre ins Gefängnis geschickt; eine Strafe, die sich bei guter Führung automatisch auf ein Drittel reduzierte.

Die Polizei duldete die *machos*, weil sie bei Bedarf eingesammelt und zu illegalen Zwecken benutzt werden konnten. Die *machos* in der *cantina*, in der wir uns eben befanden, beobachteten uns mit sichtlicher Verachtung und flüsterten hinter vorgehaltener Hand. Wenn eine neue Flasche geöffnet werden mußte, zog ein Mann seine Machete wie ein japanischer Schwertkämpfer und hob den Korken mit einer geschickten Drehung ihrer Spitze aus dem Flaschenhals.

Die *contrabandistas* warteten auf etwas, das sie *falta de urbanidad* nannten, Unhöflichkeiten, zu denen wahrscheinlich gehörte, daß man Einladungen zu einem Drink abschlug oder nicht erwiderte. Sie selbst waren förmlich und erwarteten auch von anderen, daß sie häufig Phrasen benutzten wie „erweisen Sie mir die Ehre“, „mit Ihrer Erlaubnis“ und „das war sehr freundlich von Ihnen“. Ich hatte die ganze Zeit über das Gefühl, daß wir uns am Rand eines Verstoßes bewegten. Ich war erleichtert, als Morales eine gute Nacht wünschte und wir uns in die zweifelhafte Sicherheit unseres Gasthauszimmers zurückziehen konnten, das wir mit einem Handelsvertreter für künstliche Gebisse teilten.

Zwei Tage in Chichicastenango erwiesen sich als unergiebig in bezug auf alte Artefakte, stellten aber einen angenehmen Ausflug dar. Morales, der schon meine wichtigste Informationsquelle in bezug auf Geschichte und Kultur der Maya gewesen war, unternahm jetzt den Versuch, mich durch das Labyrinth der zeitgenössischen Politik zu führen.

Politik war das Spiel Guatemalas, und die Menschen spielten es mit derselben Leidenschaft, die anderswo dem Ballspiel in seinen verschiedenen Varianten galt. Jeder weiße Guatemalteke gehörte einer der vielen politischen Parteien an, von denen die meisten nur ein paar hundert Anhänger besaßen, und keine, so weit ich es beurteilen konnte, Macht oder Hoffnung auf Macht hatte. Morales war in der URD (Unidad Revolucionaria Democratica) eingeschrieben, die, wie er fröhlich zugab, nicht das geringste mit Revolution zu tun hatte und von der ich annahm, daß sie auch nichts mit Demokratie zu tun hatte. Die URD hatte etwa 200 Anhänger, und eines ihrer Mitglieder, der Vorsitzende Licenciado Adolfo Mihangos saß im Kongreß, der unter der eisernen Faust des Obersten Castillo Armas kaum mehr war als eine Fiktion. Morales bevorzugte diese winzige Gruppe politisch impotenter Männer, weil Mihangos einmal in einer Rede gesagt hatte, es müsse etwas getan werden, um den Indianern zu helfen, die genau die Hälfte der Bevölkerung des Landes ausmachten und von denen die meisten in äußerster Armut lebten.

Obwohl die Heuchelei eine wichtige Rolle in diesem guatemaltekischen Spiel hatte, war es ein ausgesprochen tödliches. Ich kannte kaum eine angesehene Familie, die nicht wenigstens einen Sohn in den verwickelten Kämpfen zwischen den vielen um die Macht intrigierenden Gruppen verloren hatte. Morales, ein weltfremder Akademiker, der kaum einer Fliege etwas zuleide tun konnte, geriet bald nach unserem Ausflug in Schwierigkeiten; er fühlte sich genötigt, das Land zu verlassen, und floh nach Costa Rica.

1970 war ich zum letzten Mal in Guatemala, und am 10. Dezember besuchte ich Licenciado Mihangos, um ihn zu fragen, was aus seinem alten Anhänger geworden war. Mihangos erwies sich als agiler, lebhafter Krüppel in einem Rollstuhl, den er mit großem Tempo durch die schmalen Durchlässe in seinem vollgestopften Büro steuerte. Ich hatte einen ungünstigen Zeitpunkt für meinen Besuch gewählt. In den Bergen im Norden waren schwere Guerillakämpfe ausgebrochen. Die Guerillas waren nicht, wie man hätte vermuten können, die unterdrückten Indianer, sondern Jugendliche aus Mittelklassefamilien, die in einer korrupten und kriecherischen Gesellschaft keine Zukunft für sich selbst sahen. Mihangos war eben von der Beerdigung seines Freundes González Juárez gekommen, der seiner Ansicht nach ermordet worden war, weil er vor 16 Jahren Sekretär von Jacobo Arbenz Susmán gewesen war, dem letzten demokratisch gewählten Präsidenten. „Er stand auf der Abschußliste“, sagte Mihangos. „Ich stehe ebenfalls drauf.“

Er sagte, die Armee habe die Macht übernommen. Die unter dem Befehl des Präsidenten stehenden Obersten stimmten mit dem US-Plan überein, nationale Armeen die Polizeiarbeit der US-Regierung ausführen zu lassen. Diesen Männern war die Überzeugung eingeimpft worden, daß ein dritter Weltkrieg unvermeidlich wäre und sie dazu ausersehen, die Werte der abendländischen Kultur zu retten.

Ich fragte ihn, ob er einen Leibwächter habe. Er lachte über diese Idee, und ich hatte den Eindruck, einen furchtlosen Mann in einer vor Angst gelähmten Stadt vor mir zu haben. „Es würde keinen Unterschied machen“, sagte er. „Man kann nicht voraussehen, woher die Kugel kommt. Jedesmal, wenn ich meine Wohnung verlasse, um ins Büro zu fahren, fragt sich meine Frau, ob es das letzte Mal war, daß wir einander sahen. Man hofft auf einen raschen Tod; mehr nicht.“ Er fügte in gleichmütigem Ton hinzu, daß Juárez gefoltert worden war und die Zeitungen keine Einzelheiten hatten drucken können. „Mein Fall liegt anders“, schloß er. „Immerhin bin ich ein Krüppel. Sie sind vielleicht der Ansicht, daß sich bei mir die Mühe nicht lohnt.“

Mihangos irrte sich. Drei Wochen später beendete eine Maschinengewehrsalve aus einem Taxi sein Leben, als er im Rollstuhl aus der Tür seines Büros geschoben wurde, um nach Hause zu fahren.

5

In dem Herbst, der jenem für Guatemala verhängnisvollen Jahr vorausging, reiste ich nach Mexiko. Es ergab sich fast zufällig. Ich hielt mich in Kalifornien auf und schrieb über den Streik der Weintraubenpflücker, der sich schon seit fünf Jahren hinzog (er sollte am Ende erfolgreich sein) und eine Phase erreicht hatte, in der man auf amerikanischen Tischen keine Weintrauben mehr fand. Ich überzeugte mich davon, daß die importierten mexikanischen und philippinischen Arbeiter unter Bedingungen lebten, die an Sklaverei grenzten, sah die Trauben an den Weinstöcken verderben, schrieb die Story und bereitete mich auf die Rückreise nach England vor. Mir kam der Gedanke, daß dies eine ausgezeichnete Gelegenheit war, etwas von Mexiko zu sehen, und statt direkt nach England zu fliegen, änderte ich die Richtung und flog nach Süden. Ich nahm mir fest vor, mir die alten, in der Landschaft verstreuten Siedlungen ausführlich anzuschauen, darunter auch jüngere Ausgrabungen, die man als sehr wichtig erachtete. Hier war weiteres mögliches Material, versuchte ich mir einzureden; denn mein Buch war jetzt schon seit zehn Jahren in Arbeit, und seine Vollendung lag in weiterer Ferne denn je. Mit Ausnahme der Reise selbst kam keiner meiner Pläne zur Ausführung.

Busse fuhren in jeden Winkel dieses weiten Landes, krochen durch die Täler der Sierra, scheuchten die wilden Pferde von den Wüstenstraßen und zerstörten vorübergehend den Frieden verschlafener und träger Städte. Die luxuriösen *rápidos,* die mexikanische Version der US-amerikanischen Greyhound-Busse, unternehmen solche Fahrten mit einer gewissen Regelmäßigkeit und Zuverlässigkeit, bieten einigen Komfort und beleben die Reise mit einer entsetzlichen Musik. Auch *regulares* – örtliche Busse – legen weite Strecken zurück, machen aber überall halt und erreichen nicht immer das angegebene Ziel.

Mit ihnen zu fahren ist sehr vergnüglich und sehr billig. Es ist, als sei man vorübergehend Mitglied in einem ganz besonderen Club. Die Mitreisenden werden gebeten, ungeheure Mengen an Essen und geistigen Getränken mitzubringen, damit man sich selbst ernähren kann und genug übrig hat, um mit völlig Fremden zum Zeichen der Freundschaft zu tauschen.

Ich stieg bei Tia Juana an der US-amerikanischen Grenze in meinen Bus und begann die erste Etappe einer mit vielen Fahrzeugwechseln und Aufenthalten verbundenen Reise entlang der Westküste durch Ciudad Obregon, Culiacán und Mazatlán in Richtung Mexico City. Obwohl die *regulares* häufig an Altersschwäche leiden, die sich durch klappernde Bleche, abgefahrene Reifen und erschwerte Lenkbarkeit äußert, erreichen sie auf den langen, schnurgeraden Straßen durch die Wüste gefährlich hohe Geschwindigkeiten. Auf einer Strecke wurde ein kleiner, über seinem Aas hockender *zopilote* (eine Geierart) erfaßt und wie ein Wappen über die Windschutzscheibe verteilt; in ihre Bestandteile aufgelöste Hühner flogen in einem Schneegestöber von Federn an den Fenstern vorbei, ein entgegenkommender Bus verlor die Kontrolle, kam von der Straße ab und trudelte zwischen den Kakteen dahin. Vorfälle dieser Art erzeugten bei den männlichen Mitreisenden einen Chor von *chingars* und eine Welle aztekischer Erregung unter den Frauen, die sich darin äußerte, daß sie fast jedem Wort das aztekische *nahuatll* anhängten.

Die Reise mit den tapferen, aber unberechenbaren *regulares* endete, als hinter der Stadt Guadalajara der starke Verkehr die Straßen für sich beanspruchte und Busse wie der unsrige vor ihrer Rückkehr nach durchscheinendem Gewebe im Reifenprofil und nach von Zusammenstößen mit Tieren zeugenden Blutspuren überprüft wurden. Ich stellte fest, daß nach 2200 km mein Baumwollhosenboden fast durchgewetzt war, und beschloß, eine Rast einzulegen und in einem Hotel zu übernachten.

Abgesehen von der Notwendigkeit, mir eine neue Hose zu kaufen, unterbrach ich die Reise hier, weil ich auf dem letzten

Fahrtabschnitt Indianer mit bemalten Gesichtern, bestickten Jacken und gefiederten Hüten gesehen hatte und an einer Haltestelle tatsächlich mehrere von ihnen in den Bus gestiegen waren, ihre Pfeile und Bogen ins Gepäcknetz gelegt hatten und ein paar Kilometer weit mitgefahren waren. Als ich den kleinen, fetten und unruhigen Mexikaner, der neben mir zappelte, nach ihnen fragte, stieß er einen tiefen Seufzer aus. Es seien Huichol, sagte er und fügte mit einer überraschenderweise von Verachtung freien Stimme hinzu, sie unterschieden sich nicht wesentlich von Tieren; und ich vermutete den Tierliebhaber in ihm. Sie lebten in Höhlen, sagte er, wie die wilden Tiere, könnten den ganzen Tag lang laufen, ohne müde zu werden, fingen Hirsche und erdrosselten sie mit bloßen Händen und seien glücklich, wenn sie öfter als zweimal wöchentlich eine richtige Mahlzeit hätten. „*Por ellos*", fügte er hinzu, „*no tenemos existencia.*" (Für sie existieren wir nicht.) Das hatte ich in Guatemala ebenfalls oft gehört. Die Huichol im Bus hatten niemals in unsere Richtung geschaut, und wenn ich gelegentlich durch Zufall einen Blick von ihnen auffing, war deutlich zu erkennen, daß sie mich für nicht interessanter hielten als die zerschrammte und verbeulte Karosserie des Busses, gegen die mich mein korpulenter Nachbar drückte.

Ein Plakat im Hotel warb für eine Huichol-Kunst-Ausstellung in der Basilika von Zapotán, einer kleinen, rund sechs Kilometer vom Stadtzentrum entfernten mexikanischen Lourdes-Version. Ein Schaukasten zeigte Beispiele für die Perlenarbeiten und Stickereien der Huichol, die mir einen Besuch in der Basilika lohnend erscheinen ließen; also nahm ich nach der ersten in einem für drei Tage gemieteten Bett verbrachten Nacht ein Taxi und ließ mich nach Zapotán fahren.

Die Ausstellung barg Überraschungen. Hier waren die gewebten Muster, die Menagerie der symbolischen Tiere – die Katzen, Hirsche, Hähne und Truthähne, posierend und kämpfend und balzend, wie ich sie von Guatemala her kannte; und ein Außenseiter wie ich hätte diese Webereien und Stickereien sogar für die Arbeiten guatemaltekischer Künstler halten können. Und doch hätten sie den Maya-Indianern Guatemalas keine Botschaft vermittelt, wären unerklärlich gewesen, ein sinnloses Rätsel. Ebenso hätte ein Huichol angesichts guatemaltekischer Arbeiten kaum etwas anderes als Verwirrung empfunden. Man muß hinzufügen, daß kein Indianer auch nur die geringste Bewunderung für die Arbeiten anderer Indianer aufbringen würde, obwohl Nichtindianer, für die Verstehen keine notwendige Voraussetzung für die Würdigung eines Kunstwerks ist, sie gleichermaßen bewundernswert finden könnten.

Der verblüffendste Teil der Ausstellung war eine Sammlung von *nearikas,* Gemälden aus gefärbten Garnen, mit den Fingern auf eine mit Bienenwachs überzogene Holzplatte zu Mustern gepreßt, wie sie möglicherweise jahrhundertelang in der ganzen Sierra Madre den Göttern als Votivgaben in Schreinen dargebracht wurden. Die besten hier ausgestellten Stücke waren Arbeiten Ramón Medina Silvas, des obersten Schamanen der Huichol. Alle Kunst der Huichol ist religiös, und die meisten Werke hier hatten das Schicksal der Seele nach dem Tod zum Inhalt. Sie waren Beispiele primitiver Kunst in ihrer lebendigsten und erregendsten Form, und sie vermittelten dem Betrachter das Gefühl völliger Absichtslosigkeit, als wären sie Produkte hochtalentierter Kinder. Es waren auch Arbeiten von Schülern des Schamanen zu sehen, und obwohl technisch von gleicher Qualität, ließen sie deutlich erkennen, daß bei ihnen die Inspiration gefehlt hatte. Die Schüler waren Sklaven der Vision des Schamanen, aber da der Schamane nicht länger bei ihnen war und sie anleitete, verfielen sie in Fehler; und wo der Meister mit einer Schlichtheit auskam, die man fast nüchtern nennen konnte, fiel einem bei der Kunst seiner Nachfolger eine gewisse Weichheit und übertriebene Erlesenheit auf. Bei den *nearikas,* die in der Basilika zum Verkauf angeboten wurden, war die Holzgrundlage des Gemäldes durch eine Hartfaserplatte ersetzt worden, um die den Bildern innewohnende Magie auszuschalten, aber man glaubte, daß immer noch eine Spur dieser Heiligkeit blieb; deshalb war es den Besuchern der Basilika nicht erlaubt, den Huichol-Künstlern bei der Arbeit zuzuschauen.

Diese und andere Fakten wurden durch Padre Ernesto Loera vom Franziskanerorden bekannt, den Leiter der Basilika, der die originalen Meisterwerke des Schamanen Medina gesammelt und geordnet und nach dessen Fortgang seine Schüler ermutigt hatte, die Tradition des Schamanen fortzusetzen. Peter Furst von der University of California war auf diese Initiative der Basilika aufmerksam geworden und hatte mehrere Monate lang mit dem Schamanen zusammengearbeitet und eine reich illustrierte, von der Universität veröffentlichte Monographie über die *nearikas* zusammengestellt. Dr. Furst war nicht nur von der Kunst der Huichol außerordentlich beeindruckt, sondern von allem, was mit diesem Volk zu tun hatte, am meisten vielleicht von dem Ideal, nach dem sie ihr Leben ausrichteten. In seiner Monographie zitiert er den Schamanen Medina:

> „Alles, was wir im Leben tun", belehrt der Priester das Kind, „tun wir zur Ehre Gottes. Wir preisen ihn in Form eines gutgereinigten Bodens, eines gejäteten Feldes, der polierten Machete, der leuchtenden Farben eines Bildes – der Stickerei. Auf diese Weise beten wir für ein gutes und langes Leben."

> Ramón Silva Medina [erklärt Dr. Furst in seiner Einführung] ist ein *mara'akame,* der in einer Person den traditionellen Schamanen, Heiler, Priester und Wächter der heiligen Gesänge und Traditionen seines Volkes verkörpert. Ein *mara'akame* zu werden, setzt einen langen und mühsamen Prozeß der Selbsterziehung voraus, der physische und geistige Kraft erfordert; vor allem ein ausgeprägtes geistiges Gleichgewicht. Um ein *mara'akame* zu werden, muß ein Mann außerdem an wenigstens fünf Wallfahrten nach Wirikuta teilgenommen haben, dem geheiligten Peyote-Land in der Wüste von San Luís Potosí, und bei diesen Peyote-Jagden seine Fähigkeit bewiesen haben, völlige Verantwortung für die Pilgergruppe zu übernehmen, die er anführt. Auf die-

ser Jagd nimmt er die Identität des *Mara'akame Tatewari* an (Unser Großvater), des deifizierten Feuers und ersten göttlichen Wesens der Huichol, das die erste Peyote-Jagd in ferner Vergangenheit anführte.

Padre Ernesto schien noch weiter zu gehen als Dr. Furst, indem er sagte, er betrachte den Schamanen als einen der größten lebenden Mexikaner. Er deutete auf etwas gewundene Art an, Ramón Silva sei in der Sierra gewissen nicht näher bekannten Zwängen ausgesetzt gewesen, und seine Anwesenheit in der Basilika sei fast eine Zuflucht gewesen. Hier hatte er seine *nearikas* gefertigt und außerdem bei der wichtigsten Aufgabe der heiligen Stätte geholfen: der Heilung der kranken Pilger, die anläßlich der alljährlichen Wallfahrt zu Tausenden herbeigeströmt kamen. „Er schlug ein Zelt im Innenhof auf", sagte Padre Ernesto. „Wenn Kranke kamen, denen wir nicht helfen konnten, reichten wir sie an Ramón weiter, und er brachte sie bald wieder auf die Beine."

Wir schlenderten gemeinsam durch die Seitenschiffe; ein paar nicht saisonbedingte Pilger waren hereingehumpelt, von Bekannten und Freunden begleitet. Die Mitglieder einer Gruppe ließen sich sichtbar unter Schmerzen auf die Knie nieder, bekreuzigten sich, neigten die Köpfe und blieben eine Weile in stillem Gebet versunken; ein junger Huichol sprang geschmeidig wie ein Gepard vorbei, einen Strang scharlachfarbener Wolle über dem Arm.

„Er war von Gott gesandt", sagte Padre Ernesto. Diese Aussage schien mir bemerkenswert, sie enthielt doch das Zugeständnis, die Erfolgsquote eines heidnischen Indianers in bezug auf paranormale Heilungen könne höher sein als jene der Schutzherrin des Heiligtums. Reisen in Lateinamerika waren ein sehr probates Mittel, Stereotypen zunichte zu machen, und es war schon schwierig, sich den Pater als Mönch vorzustellen. Er trug sein Habit so lässig wie einen gutgeschnittenen Anzug, hatte weltgewandte Manieren, und sein nahezu perfektes, mit anthropologischem Fachjargon gewürztes Englisch verlieh seinen Ansichten über die indianische Kultur Autorität. Er war ein besessener Fotograf, Besitzer dreier Hasselblad-Kameras und eines unerschöpflichen Arsenals an Spezialobjektiven und Zubehör. Er sagte mir, daß er nichts mehr liebe, als in die Sierra zu gehen, wenn es seine Pflichten erlaubten, und ein paar Tage lang Aufnahmen von indianischen Zeremonien zu machen. Die Isolation in den hochgelegenen, fast unzugänglichen Tälern, sagte er, habe die Huichol vor dem verderblichen Kontakt mit unserer Zeit bewahrt. Etwa 10 000 von ihnen hätten überlebt; sie stellten den größten indianischen Stamm in Zentralamerika dar, und sie hätten sich alle Gebräuche ihrer alten Religion bewahrt. Den letzten Umstand erwähnte er in einem Ton, der fast so etwas wie Befriedigung verriet.

Padre Ernesto zeigte mir sein Album mit Fotos von fast professioneller Qualität, und meine Begeisterung für seine Fotografien springender, Kapriolen vollführender Tänzer mit ihrem mystischen Zubehör, ihren Gerten und Peitschen, den Hirschgeweihen und Tierhäuten, war so offensichtlich echt, daß er mir spontan einen Ausflug vorschlug. „Weshalb gehen wir nicht gemeinsam dorthin?“ fragte er. „Es ist eine Erfahrung, die Sie nie vergessen werden. Sie können eine Woche auf dem Maultier rechnen, und eine weitere Woche für die Fotografien. Wir könnten ihnen einen Bullen zum Opfern kaufen. Sie schmieren sich mit Blut ein“, bei diesen Worten leuchteten seine Augen, „dann tanzen sie.“ Sein Gesicht wurde lang. „Es geht nicht“, sagte er. „Der Bischof stattet uns im nächsten Monat einen Besuch ab, und wir müssen hier saubermachen.“ Er dachte einen Augenblick lang nach. „Kommen Sie in zwei Monaten wieder“, sagte er, „Dann habe ich Zeit, und wir können gehen; oder, wenn sich das nicht einrichten läßt, können Sie auch jetzt gehen; aber ich müßte dafür sorgen, daß ein Mitglied der Franziskaner bei Ihnen ist, und daß Sie in einer Mission unterkommen können.“

Ich fragte ihn nach dem Grund.

„Weil Sie sonst getötet würden“, erwiderte Padre Ernesto schlicht. Wie er es sagte, klang es, als warnte er mich vor einem

Regenschauer. „Oben in der Sierra geht es zu wie in einem alten Western. Die Banditen töten Sie, um Sie zu berauben, und die Indianer töten Sie, weil sie jeden Eindringling in ihr Territorium für einen Banditen halten.“ Alsdann versicherte er mir, die Reise sei nicht so übel, wie er sie schildere, und man müsse nur vernünftige Vorsorge treffen, um nicht von einem mexikanischen Banditen erschossen, beraubt und von einem Felsen gestürzt oder von einem indianischen Bogenschützen erlegt zu werden, der einem hinter einem Baum auflauerte. Ich brauche nichts weiter zu tun, als in die 110 oder 130 km entfernte Stadt Tepic zu fahren, dort am Flugplatz nach Padre Alberto Hernandez von der Franziskanermission zu fragen und über ihn das Missionsflugzeug zu chartern. Das Flugzeug würde mich zu einem Landestreifen hoch oben in der Sierra in der Mitte des Huichol-Landes fliegen, wonach ich, wie er sagte, noch einen kurzen Fußmarsch nach Santa Clara zurücklegen müsse, wo ich aufgenommen werden könne.

„Lassen Sie sich nicht von der Vorstellung abschrecken, es mit Missionaren zu tun zu haben“, fuhr der Padre fort. „Sie sind nicht mehr von der altmodischen Sorte, die Sie früher kennengelernt haben. Ganz im Gegenteil. Und noch etwas: glauben Sie nicht, daß Sie nicht für die Unterkunft bezahlen müßten. Sie geben Ihnen nichts umsonst. Wenn Sie dort hinauf wollen, müssen Sie sich an die Missionare wenden; es gibt keine andere Möglichkeit. Niemand wird Sie auffordern, in die Kirche zu gehen. Sie werden jede Minute genießen.“

So weit klang alles gut. Später sollte ich feststellen, daß Padre Ernesto aufgrund seiner langen Verbundenheit mit den Indianern deren Neigung zur Unbestimmtheit und zur Untertreibung in bezug auf Zeit und Entfernungen angenommen hatte.

Die Alternative zu dem Flug und dem anschließenden „kurzen Fußmarsch“ waren wenigstens neun Tage auf dem Rücken eines Maultiers. In diesem Fall mußte ein Leibwächter angeheuert und Reiseverpflegung mitgenommen werden. Er sagte, es sei vielleicht eine lohnende Erfahrung; aber andererseits ...

er taxierte mich mit dem Blick eines Mannes mit langer Erfahrung in den Realitäten des Lebens in der mexikanischen Sierra, und Zweifel verschattete seine üblicherweise optimistische Miene. „Sind Sie ein guter Schütze?" erkundigte er sich.

„Ich schieße erbärmlich", erwiderte ich.

Ein verständnisvolles Nicken zeigte mir, daß ich nur seine Vermutung bestätigt hatte. „Ich nehme auf Ausflügen immer zwei Kameragehäuse und fünf Objektive mit", sagte er, „ein paar Pfund luftgetrocknetes Fleisch und ein .306-Repertiergewehr. Auf meiner letzten Tour sah ich eine Frau an einem Baum hängen. Meiner Meinung nach gehen Sie besser mit einem der Padres, der den Weg kennt, damit Ihnen nichts Unangenehmes widerfährt."

Ich dankte Padre Ernesto für seinen Rat und sein Angebot, mir bei den Vorbereitungen eines Buches in der Sierra zu helfen, und nahm am nächsten Tag ein Flugzeug nach London, wo ich meinen alten Freund David Montgomery wiedersah, einen Fotografen, der, wie es sich traf, die kommerzielle Fotografie leid war. Ich schlug ihm ein angenehmes Abenteuer vor, zu dem er sogleich bereit war. Am darauffolgenden Wochenende waren wir wieder in Guatemala, zu einer letzten Beratung mit Padre Ernesto, der kurz fortging, um mit Tepic zu telefonieren, und mit der Nachricht zurückkam, es sei alles vereinbart. „Sie werden erfreut sein, Sie beide zu sehen", sagte er. „Sie sind in guten Händen." Dann erkundigte er sich, ob wir Gewehre mitgebracht hätten, und schüttelte den Kopf, als wir verneinten.

Wir nahmen einen dröhnenden *rápido*-Bus nach Tepic, das sich uns an einem sanften Hang zur Pazifikküste ausgebreitet präsentierte. Die moderne Zeit hatte hier nur teilweise Einzug gehalten, und trotz halb fertiggestellter Fabriken lag immer noch ein Hauch von Dodge City um 1885 in der Luft – Saloons mit Schwingtüren und Straßen voller Männer mit unbewegten Gesichtern auf Pferden und eine verlassene Lokomotive mit Kuhfänger und trichterförmigem Schornstein. Auf dem Flugplatz tankten Indianer mit Adlerfedern im Haar ein Flugzeug auf, wenige Meter von einem ausgebrannten Wrack entfernt, das einen Flügel wie anklagend gen Himmel reckte. Im Süden hatte ein urzeitlicher Lavaausbruch glitzernde Kohlen über einen lebhaft grünenden Horizont verstreut. Im Osten richtete ein kleiner Vulkan seinen Krater auf uns; hinter ihm lagerten die sanftblauen Hügel der Sierra Madre. Zwei Huichol waren gekommen, um ein Flugzeug zu erreichen, das morgen irgendwohin fliegen mochte oder auch nicht, und unterhielten sich, vornehme Gleichgültigkeit in die Gesichter gemeißelt, zwischen den gestikulierenden Kakteen am Rand des Flugfeldes und absorbierten die Zeit durch ihre Haut. Hier und dort waren Geier an den Himmel gepinnt, und plötzlich schoß ein schimmerndes Insekt zwischen sie, das sich bald als das Flugzeug der Mission entpuppte. Padre Alberto rauschte durch die Wogen der Erregung, die seine Ankunft in einem großen amerikanischen Wagen hervorrief. Er kam jeden Vormittag für eine oder zwei Stunden hierher, um die Luftfrachten zu überwachen, die hereinkamen oder zu der Mission in der hohen Sierra bei Guadalupe Ocotán hinausgingen. Ein adretter, lebendiger Mann in normaler Straßenkleidung und frischpolierten Schuhen mit einem Stoß anscheinend wichtiger Papiere unter dem Arm. Er warf einen Blick auf Padre Ernestos Brief und hörte sich dann an, was wir ihm zu sagen hatten, wirkte jedoch unbeeindruckt und zurückhaltend; er gab mit keiner Miene zu erkennen, daß er schon von uns gehört hatte.

Padre Ernesto, über alle trivialen Details erhaben, hatte uns bereitwillig alles mögliche versprochen. David hatte er mit seinen dramatischen Fotografien stimuliert. David hatte die Hoffnung geäußert, ähnliche Bilder schießen zu können, worauf Padre Ernesto erwiderte, nichts sei einfacher. Er hatte Optimismus ausgestrahlt. „Wenn zufällig eine *fiesta* stattfindet, um so besser. Wenn nicht, machen Sie es wie ich; initiieren Sie eine. Sie können einen Bullen für wenig Geld kaufen. Die Huichol haben keinen Sinn für Geld. Achten Sie darauf, daß alle jungen Burschen an der Opferung teilnehmen, und geben Sie ihnen zu verstehen, daß sie sich nicht scheuen sollen, sich mit Blut zu beschmieren."

Ich machte Padre Alberto gegenüber eine schüchterne Andeutung dieses Vorschlags. Er warf mir einen strengen Blick zu, und die Luft um uns wurde merklich kühler. „Solche Opferungen“, sagte er, „sind ausschließlich zeremoniellen Anlässen vorbehalten. Ich fürchte, im Augenblick würden Sie in Guadalupe Ocotán nur wenig finden, das für Sie von Interesse ist.“ Dann ließ er die Bombe platzen. Das Flugzeug der Mission sei völlig damit ausgelastet, lebenswichtige Fracht zu transportieren; es könne uns nicht in die Sierra bringen. Falls wir bei unserer Absicht blieben, könne er uns nur raten, eine zweimotorige Beechcraft zu chartern, die einer hiesigen Gesellschaft gehöre. Sie könne uns in die Sierra nach San Andrés fliegen, das über die einzige für sie nutzbare Landebahn verfügte; von San Andrés aus könnten wir nach Santa Clara gehen, wo der Orden seine zweite Mission unterhalte, die darauf eingerichtet sei, uns aufzunehmen. Der Ausflug würde teuer und – darauf mußte uns Padre Alberto hinweisen – riskant werden, denn das Wetter war zur Zeit wechselhaft, mit starken Winden, so daß, selbst wenn uns die Beechcraft dorthin fliegen würde, völlig ungewiß war, wann sie zurückkehren und uns wieder aufnehmen könnte.

An diesem Punkt erinnerte ich mich an die Maultiere. Es stellte sich heraus, daß hier viele dieser Tiere für Ausflüge an Hunderte von Plätzen in den Bergen vermietet wurden, die auf andere Art völlig unzugänglich waren. Sie wurden auf der anderen Seite der Stadt in einem Korral ähnlich einer Stierkampfarena gehalten. Als wir dort ankamen, sahen wir 30 oder 40 Maultiere mit einer Geschwindigkeit in ihrem Gehege herumrasen, die uns halsbrecherisch erschien. Bis zu diesem Anblick hatte ich Maultiere immer für geduldige, verläßliche und ein wenig schwerfällige Geschöpfe ohne Feuer, aber auch ohne Neurosen gehalten. Die mexikanische Realität war auch hier anders. Diese Maultiere waren eine große und wilde Rasse; eine schwarze, apokalyptische Version des Pferdes; sie schrien, schnappten und traten nacheinander und bespritzten uns mit Schaum, wenn sie, sich aufbäumend, an uns vorbeigaloppierten. Der Besitzer, ruhig und sachlich bis zur Lethargie, bot sich an, den für einen Trip nach Guadalupe Ocotán nötigen Führer und Leibwächter für uns ausfindig zu machen. Er nahm mich mit in einen Unterstand und zeigte mir ein neues deutsches Repetiergewehr, mit dem der Mann bewaffnet sein würde und für das eine beträchtliche Summe als Pfand hinterlegt werden mußte. Ich erwähnte, daß die Maultiere einen sehr lebhaften Eindruck machten, und er erwiderte: „Das liegt an dem Futter, das wir ihnen geben. Es ist ein harter Marsch dort hinauf. Sie werden feststellen, daß sie schon nach einem Tag manierlich werden. Es könnte Sie anfangs beunruhigen, wenn es unmittelbar neben dem einen Meter breiten Pfad, auf dem Sie sich befinden, 300 m steil abwärts geht. Das ist der Punkt, an dem dieses Tier ins Spiel kommt. Sie hören auf, sich Sorgen zu machen, und überlassen alles ihm. Es wird seine Sache schon machen."

„Können Sie reiten?" fragte ich David. Er verneinte, sagte aber, er könne es lernen. Wir gingen zum Landeplatz zurück, um nochmals mit Padre Alberto zu sprechen, der schließlich doch noch etwas von Padre Ernestos Engagement für unser Vorhaben gehört zu haben schien, denn er wirkte ein wenig besänftigt. Er hatte erfahren, daß die Beechcraft auf jeden Fall am nächsten Morgen nach San Andrés starten würde. Heute war Freitag, und am Sonntag – der üblicherweise kein Arbeitstag war – könnten wir als besonderes Zugeständnis die Chessna der Mission chartern und nach Santa Clara beordern, wo sich eine kleine für sie geeignete Landebahn befand, so daß sie uns an Bord würde nehmen können. Wir stimmten dieser Lösung sehr erleichtert zu, obwohl San Andrés zweimal so weit entfernt war wie Guadalupe Ocotán und wir gehört hatten, daß es dort weniger Indianer gäbe. In mir keimte und verdichtete sich der Verdacht, daß der Padre dies für den besten Weg hielt, nicht länger von uns belästigt zu werden. Der Grund, aus dem er uns loswerden wollte, war mir allerdings nicht ganz klar. Vielleicht wurden Schriftsteller und Fotografen an abgelegenen Orten wie diesem – wo man sogar der Meinung sein mochte, daß gewisse Ereignisse in einem nachteiligen Licht erschienen, wenn sie der Außenwelt bekannt würden – als Plage betrachtet.

Wir verabschiedeten uns von Padre Alberto und besuchten Dr. Ramos, den Direktor des Instituto Indigenista, dessen Erlaubnis zu einem Besuch im Huichol-Gebiet erforderlich war. Wir trafen den Doktor – offensichtlich selbst ein Indianer – neben einem ausgezeichneten *nearika,* das einen doppelköpfigen Adler darstellte. Ich fragte, ob es sich um eine Arbeit des berühmten Schamanen Ramón Medina handele; der Doktor bestätigte es und fügte ein wenig rätselhaft hinzu: „Er hat bei uns Zuflucht genommen." Dr. Ramos hielt es für möglich, daß der Schamane bereit wäre, sich mit uns zu treffen, und erlauben würde, sich fotografieren zu lassen. Das war ein ungewöhnlich glücklicher Umstand, denn die letzte Nachricht in Guadalajara hatte gelautet, Ramón Medina sei nicht mehr gesehen worden, und es hatte geheißen, er lebe auf der *rancho* seiner Familie irgendwo weit fort in der Sierra. Wir trafen eine provisorische Verabredung im Büro des Instituts um 16 Uhr.

Der Schamane kam pünktlich; eine auffallende Gestalt sogar in Tepic, wo man viele Indianer in den Straßen sah, darunter nicht wenige in bizarrer Aufmachung. Er war ein Mann mittleren Alters, klein, mit einem schmalen, braunen, lächelnden Gesicht und durchdringenden Augen; in seiner mit Hirschen, Adlern und Jaguaren bestickten Hose, einem dazu passenden Hemd und einem breitkrempigen, mit gefärbten Wollfäden und Schmuckanhängern verzierten Hut beherrschte er die zurückhaltende Einrichtung des Büros.

Bei meinen früheren Begegnungen mit ihnen hatte ich die Indianer Zentralamerikas – besonders die guatemaltekischen Maya-Quiché – als wortkarg, ernst und reserviert empfunden. Ich hatte dieses Verhalten auf die langen Jahrhunderte ihrer Unterdrückung durch die Weißen zurückgeführt. Die Huichol hatten während der Hälfte dieser Periode, in der die Indianer anderenorts unterdrückt und versklavt wurden, erfolgreich ihre Unabhängigkeit verteidigt, die sie erst 1721 aufgaben. Selbst danach war ihr Kontakt mit der übrigen Welt oberflächlich geblieben, und die fünf Missionen, die vertragsgemäß von Jesuiten und Franziskanern errichtet wurden, verschwanden bald darauf wieder. Aus diesem Grund, wenn man das aus dem Äußeren und dem Verhalten des Schamanen schließen durfte, unterschieden sie sich stark von den übrigen Indianerstämmen. Das Handbuch des Nationalmuseums von Mexiko beschrieb sie als heiter, offen und gastfreundlich. „Sie betrachten es als Ehrensache“, hatte Lumhoetz, ein früher Besucher ihres Landes, notiert, „Fremden mit derselben ausgesuchten Höflichkeit zu begegnen, die sie auch ihren eigenen Leuten erweisen.“ Ramón Medina paßte in dieses Bild. David bat ihn um Erlaubnis, ihn fotografieren zu dürfen. Ein Grande der Maya-Quiché hätte auf den Absätzen kehrtgemacht und wäre voller Verachtung davongegangen; nicht so Ramón, der – frei von kleinlicher Intoleranz und unendlich geduldig – zuließ, daß David ihn von allen Seiten begutachtete und ständig seine Haltung veränderte, während seine Kamera unablässig klickte.

Er sprach ein langsames und methodisches Spanisch mit einem begrenzten Vokabular, als hätte er es erst spät im Leben erlernt, und der sorgfältige und gemächliche Silbenfluß seiner Rede machte es leicht, ihn zu verstehen. Der Direktor habe ihm von unserem Wunsch erzählt, sein Land zu besuchen, sagte der Schamane, und er würde sich glücklich schätzen, wenn er uns auf irgendeine Art helfen könne. *„Muy feliz, muy feliz“*, versicherte er uns, und er drückte uns die Hände und nickte mit dem Kopf und lächelte. Es sei sehr praktisch für alle Beteiligten, wenn er mit uns gehe, fügte er hinzu, da er selbst dringliche Geschäfte in der Sierra zu erledigen habe. Außerdem würden wir, wenn wir allein gingen, nichts sehen. Die Indianer lebten in verstreuten *ranchos,* wo sie kein Fremder je ausfindig machen könne, und kämen nur zu zeremoniellen Anlässen in ihre fünf Dörfer hinunter. Er sei frei wie der Wind, zu kommen und zu gehen, woher und wohin er wolle, sagte er uns. Sein Vorschlag entzückte uns natürlich, und wir vereinbarten an Ort und Stelle, daß wir am nächsten Tag gemeinsam mit dem Flugzeug fliegen würden.

Um 5.30 Uhr am nächsten Morgen nahmen wir ein Taxi und fanden Ramón Medina in einer trostlosen kleinen Straße am

Stadtrand, wo seine Nachbarn mit angezündeten Lampen darauf warteten, ihn abfliegen zu sehen. Außer uns warteten zwei weitere Passagiere am Flugplatz; ein junger Huichol und seine ungewöhnlich hübsche Frau, die etwa 14 Jahre alt sein mochte. Sie besaß die zartknochigen vornehmen Gesichtszüge einer andalusischen Tänzerin, ohne jeden mongoliden Einschlag, und ihre Wangen waren nach Landesart leuchtendrot geschminkt. Sie und ihr Gatte saßen gemäß den keuschen Sitten der Huichol getrennt und mit den Rücken zueinander, als das Flugzeug in seiner Staubfahne herangerumpelt kam.

Es wirkte ein wenig enttäuschend mit seinem erheblich geflickten Rumpf und dem Motor, aus dem ständig Öl tropfte, und der amerikanische Pilot hielt sich schief wie ein alter arthritischer Reiter; Folge einer Bruchlandung vor langer Zeit, wie er eingestand. Seine heutige Methode bestünde darin, erklärte er, über dem Tal zu kreisen, bis er genügend Höhe erreicht hätte, um das Flugzeug, falls etwas nicht in Ordnung war, auf einem der Tafelberge landen zu können, von denen die Sierra ein Dutzend aufweist. Er schob die entmutigende Information nach, er sei verpflichtet, persönlich alles an Wartung zu erledigen, was nötig sei, um das Flugzeug in der Luft zu halten.

„Angenommen, wir besinnen uns anders. Könnten Sie uns nach Guadalupe bringen?“ fragte ich.

„Wenn die Missionare einverstanden sind, sicher. Sie müssen das Wetter berücksichtigen.“

„Was ist, wenn die Missionare nicht einverstanden sind?“

„Es ist ihre Landebahn. Was stimmt denn nicht mit San Andrés?“

„Wir wollen Indianer sehen, und ich habe gehört, daß es bei San Andrés nicht viele gibt.“

„Nein“, erwiderte er. „Das stimmt. Sie verschwinden von dort.“

„Weshalb?“

„Zum einen benehmen sie sich so, als gehöre die Sierra ihnen. Nehmen Sie zum Beispiel die Bergbaugesellschaften. Sie wollen

Erkundungsteams dort hinaufschicken, und die Indianer könnten ihnen in die Quere kommen."

„Machen sie irgendwelche Probleme?"

„Früher ja; jetzt nicht mehr. Es mußte schließlich irgend etwas geschehen."

Das Flugzeug startete, schüttelte uns durch und rief einen Erdrutsch der vielen kleinen Gegenstände hervor, die im Gang zwischen den Sitzen verstreut waren. Wir hoben ab, und bald breitete sich eine atemberaubende Landschaft unter uns aus, die sich mit den Luftströmungen, die das Flugzeug ergriffen, sanft neigte und wieder hob. Wir starrten in den grünumrandeten Krater des kleinen Vulkans hinab; dann tauchte – obwohl Nayarit in archäologischer Hinsicht als uninteressant gilt – eine klare Konstruktion konzentrischer Kreise, bei der es sich eindeutig um eine alte Pyramide handelte, und glitt wieder davon. Vor uns brandete die Sierra in grauen Wogen gegen den Horizont, und die darauf zudonnernde Beechcraft bäumte sich wie ein Pferd auf. Wären diese Erschütterungen nicht gewesen, hätte es mir nach den Jahren meiner Reisen in Düsenflugzeugen geschienen, als komme die Beechcraft kaum voran; sie schwebte gemächlich in der Luft, senkte ihre Nase in jeden Felstrog und kämpfte sich wieder empor, um den Zinnen der nächsten Felsburgruine zu entkommen. In diesen Augenblicken höchster Belastung verbog sich der Rumpf leicht, und der Pilot griff hinaus, um hier eine Justierung vorzunehmen und dort eine Flügelmutter festzudrehen. Der Rio Chapalanga, wie ein Schnörkel unter einer Unterschrift in sein steiles Felsbett gezeichnet, tauchte auf und verschwand wieder. Der Schamane, in seinem mystischen Herrschermantel profanen Dingen wie Furcht und Gefahr weit entrückt, sagte, man könne in diesem Fluß gut fischen, und deutete auf rings von Bergen umschlossene Täler, in denen Jaguare lebten. Anderwärts war das strenge Huichol-Protokoll unter dem Druck des ungewohnten Erlebnisses zusammengebrochen; die junge Frau barg ihr Gesicht am Hals ihres Mannes.

Endlich tauchte eine Zunge des Tafellandes auf, und ein grüner Tuchfleck leuchtete zwischen den Bäumen auf, der sich als die Landebahn entpuppte. Das Flugzeug ging in Schräglage, um zu landen, holperte über die Landebahn und kam zum Stehen.

Der Schamane, David und ich kletterten ins Freie und schauten uns um. Wir befanden uns in einem Wald spärlich gepflanzter Eichen; Tillandsien mit ihren dünnen Blütendolden hatten sich zwischen die Zweige geschlungen. Sonnenglast lag in grelle Splitter aus Jade und Bergkritall zerbrochen auf den Felsen jenseits der Landebahn, und ein fröstelnmachender Wind blies. Der Pilot sagte etwas über ständig schlechter werdende Bedingungen und schwang sich wieder ins Cockpit. Der Motor hustete, stieß eine blaue Rauchwolke aus und nahm seine Arbeit auf; das Flugzeug schüttelte sich wie ein nasser Hund, rollte flügelschlagend die Bahn entlang und hob ab. Einige Huichol, die aus dem Nichts aufgetaucht waren und sich hingehockt hatten, um dieses Wunder zu schauen, erhoben sich wieder, gingen ein paar Schritte und waren sofort zwischen den Bäumen verschwunden. Es gab keinen Weg, keine Anzeichen für die Richtung, in der die Mission lag. Das kurze, stachelige Gras endete bei den Eichen, die gleich weit voneinander entfern und gleich hoch waren. Der wiederholte, kurz abgebrochene Schrei eines unsichtbaren Vogels maß die Stille wie ein melancholisches Metronom. Einsamkeit schien auf der Lauer zu liegen, und doch war anzunehmen, daß uns die Huichol hinter den Bäumen verborgen beobachteten, denn auf einmal zeigten sich kurz zwei welke, apathisch aussehende Frauen. Der Schamane sprang ihnen nach und spannte sie umgehend als Trägerinnen ein; er wies sie an, sich zweier unserer Koffer anzunehmen, die sie nach Indianerart an ihren Stirnbändern befestigten.

An diesem Punkt wurden uns gewisse Realitäten unserer Situation bewußt. Der Schamane entnahm seiner reichverzierten Tasche eine angeschlagen aussehende automatische Pistole. „Ich habe sie für Sie mitgenommen“, sagte er. Er wollte, daß ich die Waffe ausprobierte; aber ich zögerte. Als er darauf bestand, nahm ich das Magazin heraus, spannte die Pistole und fand den Mechanismus so widerspenstig, daß es fast unmöglich war, den Abzug zu betätigen. Ich gab die Waffe zurück, und er wirkte überrascht und enttäuscht; er deutete durch unmißverständliche Gesten an, daß wir wachsam sein müßten. Er sagte, man begegne in dieser Gegend immer noch gelegentlich einem Wolf, Bären oder Jaguar; aber ich hörte heraus, daß es nicht die wilden Tiere waren, vor denen wir uns fürchten mußten. Wieder einmal drückte ich mich vor der Verantwortung, eine Waffe zu tragen – für die es nur vier Kugeln gab –, und sagte, sie gehe zu schwer, um gezielt mit ihr zu feuern, und überhaupt sei ich ein miserabler Schütze. Das Ansinnen des Schamanen hatte mich leicht schockiert. Ich konnte akzeptieren, daß sich der weltkluge und urbane Padre Ernesto bewaffnete, wenn er zu einem seiner Ausflüge aufbrach, aber ich hatte nicht damit gerechnet, daß der Schamane auf einen derartigen Notbehelf angewiesen war, und fand es schwierig zu begreifen, daß ein Mann von seiner Autorität und spirituellen Macht ein Mordinstrument mit sich führte.

Wir setzten uns in Abständen von jeweils rund 30 m in Marsch, und diese uralte Vorsichtsmaßnahme gegen Hinterhalte konnte nichts Gutes bedeuten. Der Schamane ging als erster; er trug Davids schweres Stativ; dann folgte ich. David kam als nächster, die beiden Huicholfrauen bildeten den Schluß. Wir folgten einem schmalen Pfad, der häufig am Rand einer steilen Schlucht verlief und sich ins Tal hinabwand, auf eine Gruppe grauer Felszinnen zu. Die Landschaft wirkte in ihrer theatralischen Schönheit fast wie eine Kulisse. Meine bisherigen Eindrücke von Zentralamerika hatte ich bei den Maya gesammelt, die alles kultivierbare Land im Verlauf der Jahrtausende in einen riesigen Gemüsegarten verwandelt hatten. Dieses Land hingegen war seit Anbeginn unberührt: vom Wind zu Spalieren aufgezogene Kiefern, durch schimmernde Alabasterbetten fließende Ströme, mächtige Silberstämme gefallener Eichen, kleine Regenbögen erzeugende Wasserfälle, indigo- und orangefarbene Macawbäume, Falken auf der Jagd nach großen, schwefelgelben Schmetterlingen.

Nach einer Stunde Fußmarsch wurde der Pfad enger und steiler und war stellenweise von großen Felsbrocken versperrt. Wir blickten in einen Abgrund; ein kleiner Grand Canyon mit grün bemoosten Wänden, einem schmalen Wasserlauf in der Tiefe und einem Huichol-*rancho* in einer Felsnische ungefähr 400 m tiefer als unser Standort. Die Frauen riefen dem Schamanen zu, daß er stehenbleiben solle, schlossen auf und deuteten auf den *rancho*. Sein Gesicht wurde ernst. Ich fragte, was los sei, und er erwiderte, das kleine Holzhaus sei angegriffen, der Angriff jedoch für dieses Mal abgewehrt worden. „Wer waren die Angreifer?" erkundigte ich mich. „Leute, die uns vertreiben wollen", erwiderte er.

Dreieinhalb Stunden nach unserem Aufbruch erblickten wir die Missionsgebäude. Wir hatten einen anstrengenden Fußmarsch von fast 14 km hinter uns, und der Schamane war der einzige, der keinerlei Anzeichen von Erschöpfung erkennen ließ. Von nun an blieb er zurück und hielt sich im Schutz der Bäume, während David und ich einen gepflegten Fußpfad benutzten, der zu dem Anwesen führte. Kurz darauf sahen wir vor uns einen Franziskanerpater, der ebenfalls zu der Mission unterwegs war. Wir holten ihn ein, stellten uns vor und erfuhren, daß er Padre Joaquín hieß, nach Santa Clara unterwegs und soeben in der Chessna der Mission von Tepic gekommen war; und zu unserer gelinden Überraschung teilte er uns mit, daß er der einzige Passagier gewesen sei. Ich erklärte, daß wir auf den Vorschlag Padre Ernestos hier seien, und er erwiderte ein wenig kühl, Padre Alberto habe ihm alles über uns berichtet; es war unschwer zu erkennen, daß er der letzte war, mit dem wir über die Möglichkeit hätten sprechen können, Padre Ernestos heidnische *fiesta* zu organisieren. Der Schamane befand sich inzwischen außer Sicht zwischen den Bäumen, aber der Padre hatte ihn bestimmt gesehen. Es dämmerte uns, daß wir jede Hoffnung auf ein Willkommen, wie es uns Padre Ernesto in Aussicht gestellt hatte, begraben konnten, weil wir in Begleitung eines Individuums an diesem Ort aufgetaucht waren, das Padre Joaquín vermutlich als Medizinmann in vollem steinzeitlichem Ornat bezeichnet hätte.

Der Padre war ein äußerst wortkarger Mann, und es wurde nicht viel gesprochen, bis wir einen Fluß überquerten, in dem wir große, verbeulte Gegenstände erblickten, die halb unter Wasser lagen. Es handelte sich, wie er uns erklärte, um die Überreste der Missionswerkstatt, die vor zwei Jahren von den Huichol verbrannt worden war. Seine Stimme wurde anklagend, als er hinzufügte: „Sie waren uns damals feindlich gesonnen."

Auf unsere weiteren Versuche, ein Gespräch zustande zu bringen, reagierte er mit knappen und präzisen Antworten. Die wichtigste Funktion der Mission, sagte er, bestehe darin, die Kinder der Huichol zu erziehen. Zur Zeit hatten sie sechzig Kinder beiderlei Geschlechts, die sämtlich Kostgänger der Mission waren, denn die *ranchos* ihrer Familien waren so weit fort, daß sie nicht jeden Tag nach Hause zurückkehren konnten. Weder für den Unterricht noch für die Unterbringung wurde eine Gebühr verlangt. Die Kinder hatten am Nachmittag keinen Unterricht, so daß wir nicht viel von ihnen sehen würden. Er wich der Frage aus, was den Kindern beigebracht würde, und machte uns ohne viele Worte klar, daß er weder beabsichtigte, uns in der Mission herumzuführen, noch mehr als kurze Auskünfte in bezug auf bestimmte Fragen zu geben, die in einer Diskussion über die missionarische Arbeit im allgemeinen münden würden. Obwohl uns Padre Ernesto Gastfreundschaft versprochen hatte, war offenkundig, daß Padre Joaquín aus unerfindlichen Gründen nervös und über unsere Ankunft in Santa Clara beunruhigt war. Am meisten schien ihm am Herzen zu liegen, daß kein Mißverständnis bezüglich unserer Abreise aufkam. Das Flugzeug von Tepic würde am Sonntagmorgen eintreffen – sehr früh, sagte er, wegen der starken Winde –, und er nannte uns auch gleich den Flugpreis. Dann zeigte er uns eine Hütte am Rand des Anwesens, in der wir schlafen konnten, murmelte eine hastige Entschuldigung und verschwand eilig.

Wir gingen zu Ramón und setzten uns zu ihm unter die Bäume außerhalb der Sichtweite der Mission. Die Natur hielt sich hier an ihren Stundenplan; plötzlich erschienen Spechte mit feuerroten Schöpfen und liefen auf der Suche nach ihrem Abendbrot an den Baumstämmen auf und ab. Wir sprachen über den Konflikt zwischen der Mission und zumindest einem Teil der Huichol, der zu der Zerstörung der Werkstatt geführt hatte, deren Reste wir von unserem Platz aus sehen konnten. Er sagte, die Missionare versuchten, die Seelen der Huichol zu stehlen. Sie überredeten Huicholfamilien, die sich um die Sicherheit ihrer Kinder in der gesetzeslosen Sierra sorgten, sie der Obhut der Mission anzuvertrauen. Zuweilen begaben sich auch die Eltern selbst in die Mission, in der Überzeugung, daß ein Indianer immer ein Indianer bleibe, und eine Huicholseele nicht von den Christen „gefangen" werden könne. Welche Mängel er auch sehen mochte, welche Irrtümer oder Rückfälle eines Lebens, er, der *mara'acame,* kam in der Stunde des Todes zu dem Betreffenden und verrichtete alle Zeremonien, die erforderlich waren, um eine sichere Fahrt durch die Gefahren jenseits des Tors zur Unterwelt und weiter zur Sonne zu gewährleisten. Wenn sich dieses Leben fünf Jahre später danach sehnte, zur Erde zurückzukehren, baute er ihm den Grasschrein, der im Hause der Familie aufgestellt wurde, wo er bis in alle Ewigkeit in der erdgebundenen Form eines Bergkristalls weiterleben würde.

All dies, sagte er, wußten die Huicholeltern; aber der große Betrug, dem sie jetzt ausgesetzt waren, bestand in dem Plan der Franziskaner, ihre Rasse durch Mischheiraten unter den Missionskindern – die sie mit allen Mitteln förderten – in *mestizos* zu verwandeln. Die Nachkommenschaft aus solchen Ehen sei für das Volk der Huichol verloren; ihr Blut mit dem von Fremden vermischt, die ihre Vergangenheit verloren hatten.

Kurz darauf läuteten die Vesperglocken, und die *mestizos* kamen die Pfade hinabgeritten, um dem Gottesdienst beizuwohnen; Männer, wie Lorca gesagt haben würde, mit den Mündern voller Kiesel, schlank und schwermütig und nach Cowboyart gekleidet, mit großen Sombreros, silbernen Sporen und Lederchaparejos. Sie nahmen ihre Sombreros ab, als sie vorbeiritten, und der Schamane schenkte ihnen das leichte Lächeln, das seine unversöhnliche Verachtung verbarg. Diese Männer seien nichts, sagte er. Sie besäßen die Seelen der Maultiere, auf denen sie ritten.

Der frühe Abend brach an, die Spechte hatten sich auf ihre Äste oder in ihre Baumlöcher zurückgezogen, und der in sanftes zitronengelbes Licht getauchte Himmel war voller Tukane und Sittiche. Die *mestizos* kamen aus dem Missionsgebäude stolziert. Sie schwenkten ihre Sombreros in unsere Richtung, sprangen in die Sättel und ritten fort. Kinder erschienen an den Hängen, Huichols und *mestizos,* und brachten Feuerholz auf Schlitten herbei. Nachdem sie das Holz abgeladen und verstaut hatten, kamen sie wieder zum Vorschein und schlugen vorsichtig die Richtung ein, in der wir saßen; die Mädchen mit um die Köpfe gebundenen Tüchern, zimperliche kleine Prinzessinnen aus einem sentimentalen alten Hollywoodfilm über das Leben in Mexiko; die Jungen in ihren Sombreros mit unternehmungslustig hochgeschlagenen Rändern trugen Gitarren und Huichol-Violinen mit sich. Die Instrumente waren eine behelfsmäßige Version der europäischen Originale, die man in Tepic für ein paar Pesos kaufen konnte. Die Kinder hatten offensichtlich die Absicht, uns ein Ständchen zu bringen, erwiesen sich aber trotz der Ermutigung durch das kräftige, fünf Töne umfassende Summen der Mädchen als zu schüchtern, um mehr als ein paar Takte zu spielen. Aus den Gesichtern der im mexikanischen Stil gekleideten Kinder war nur schwer zu erkennen, ob sie reine Indianer mit dem waren, was der Schamane Huicholherzen genannt hatte, oder ob sie gemischtes Blut hatten und deshalb ganz der modernen Welt angehörten. In der Mission hatte der Prozeß der Assimilation begonnen.

Der Schamane hatte sich von der Szene zurückgezogen. Er war selbst auf dem Weg hierher ständig mit den magischen Formeln beschäftigt gewesen, die das Aufgehen und Untergehen der Sonne bestimmten, und mit den Anrufungen und eiligen Zeremonien, durch die er das Schicksal der Huichol formte und die Götter des Feuers und des Regens beschwor. Bei jeder Rast befaßte er sich, wie ich vermutete, mit dem Entwurf seiner *nearikas*.

Jemand hatte ihm ein Notizbuch und einen Kugelschreiber gegeben, und er hatte beides ausprobiert und fortgeworfen, um zu der Rolle billigen Papiers zurückzukehren, die er stets bei sich trug, und die bereits teilweise mit in Holzkohle ausgeführten Ideogrammen bedeckt war. Der Schamane zeichnete unzählige menschliche Figuren; kleine, schreitende Männchen mit vogelartigen Gesichtern, deren untere Hälfte manchmal, vor allem bei der Darstellung ritueller Jagdszenen, zu vollständigen Tiergesichtern verlängert waren; sie besaßen dann ein halb menschliches und halb hirschartiges Aussehen. Diese Figuren hatten etwas Klägliches und Kindliches, und aus der zeichnerischen Wiedergabe wurde ersichtlich, daß sie sich immer in einer prekären Lage befanden, in die sich der Schamane offenbar als einbezogen betrachtete. Sie wurden von Skorpionen, Giftspinnen oder Tausendfüßlern angegriffen, die sie an Größe übertrafen. Zuweilen waren auch die „Ameisenleute“ die Angreifer, die sich in täuschend echte, freundliche Menschen verwandeln konnten und sich in dieser Gestalt einem wehrlosen Huichol unter dem Vorwand näherten, ihn zu einem Versteck mit Mais führen zu wollen. Wenn der Huichol in Schlaf gefallen war, nahmen sie wieder ihre eigentliche Ameisengestalt an und beraubten ihn, fraßen seine Kleider, Haare, sogar die Augenbrauen sowie alles, was er besaß.

Nach dem Tod reist die Huicholseele in fünf Etappen zur Unterwelt, und die Unterstützung der Seele auf dieser Reise mit ihren vielfältigen Gefahren ist der Zweck all der magischen und kunstreichen Verrichtungen des Schamanen. Sobald die Seele den Körper verlassen hat, sieht sie zwei Pfade vor sich. Einer davon ist denen vorbehalten, die im Leben gegen wichtige Tabus verstoßen haben, und führt zu einer Serie leidvoller Erfahrungen. Der Sünder wird auf einen großen Dorn gespießt, reinigenden Feuern überantwortet, zwischen Felsen zermalmt und in einen stinkenden Morast getaucht. Die Tugendhaften schreiten einen geraden und engen Weg entlang, der von mächtigen Tieren bewacht wird – einem schwarzen Hund, einer Krähe und einem Opossum –, und gelangen an einen mit reinem Wasser gefüllten See, in dem sie sich für die Weiterreise säubern.

Die vier weiteren Etappen haben ihre eigenen Gefahren und Schwierigkeiten und stellen Abzweigungen vom Hauptweg dar, die besonderen Fällen und entsprechenden Züchtigungen vorbehalten sind. Die Huichol zeichnen sich gegenüber Indianerstämmen durch ihr Konzept der Vergeltung aus, das sie möglicherweise von ihren unerbittlichen Vorfahren, den Azteken, übernommen haben, die Schmerz mit moralischer Erneuerung in Zusammenhang brachten. Sie kennen auch eine sexuelle Schuld, und die Ankunft einer Seele in der Unterwelt, die das Tabu verletzt hat, indem sie geschlechtlichen Verkehr mit einem oder einer Nicht-Huichol pflog, wird verzögert; die betreffende Seele wird in einen Korral geführt, in dem Maultiere auf ihr herumtrampeln. Das Maultier ist ein doppeltes Symbol. Als Reittier des *mestizo* und des Weißen ist es ein Fremdling, und seine Sterilität brandmarkt es als verachtenswert. Aus der Sicht der Huichol ist es passend, daß die Bestrafung für Rassenunreinheit durch dieses gegen die Natur verstoßende Tier stattfindet. Aber die Züchtigung ist streng begrenzt, und nach einigen Tritten wird die Seele aus dem Korral befreit und auf den richtigen Pfad gesetzt, um zur nächsten Etappe mit ihren Gefahren zu gelangen.

Manchmal zeichnete der Schamane Frauen. Sie wirkten heiterer und lebendiger als die Männer, und es war etwas seltsam Modernes und Unindianisches an ihrer Haltung, den lebhaften Gesten und den immer gleichen langen Pferdeschwänzen, die von einer munteren Brise bewegt wurden. Er bedauerte, mir diese beseelten Mädchen, die fünf Töchter des Maises, nur in diesen schwarzweißen Skizzen zeigen zu können, und versicherte mir, ich könne ihre Schönheit erst richtig würdigen, wenn die *nearikas* mit ihren brillant gefärbten Wollfäden fertig und die Mädchen in ihren fünf symbolischen Farben Schwarz, Rot, Weiß, Grün und Blau bemalt seien. Ich bat ihn, seine Zeichenkunst an dem Missionar auszuprobieren. Anfangs weigerte er sich, aber schließlich fertigte er eine flüchtige Skizze eines übergroßen Indianers mit dem üblichen Papageiengesicht der Huichol und einem wahnsinnigen Grinsen an. Nachdem ich mir das Ergebnis angeschaut hatte, riß er das Papier von der Rolle, verbrannte es auf einem Palmblatt und blies die Asche in alle Winde. Ich fühlte mich an die Reminiszenz der Maya-Quiché erinnert, die sich in den Masken zeigte, die sie von Pedro de Alvarado anfertigten, dem Mann mit dem unvergänglichen Lächeln, wenngleich mir Ramóns Skizze Padre Joaquín gegenüber ein wenig unfair schien, war er doch nicht nur ein würdiger, sondern auch ein ernster Mann.

Der Schamane ging, um zwei erwachsene Huichol, die an den Fundamenten eines Gebäudes am Rand des Anwesens arbeiteten, zu fragen, wie groß unsere Chancen seien, daß wir Zeugen sehenswerter Zeremonien in diesem Teil der Sierra würden. Er hatte uns schon darauf vorbereitet, daß die Aussichten gering waren. Nicht nur, daß sich die Huichol allmählich aus dieser Gegend zurückzuziehen schienen; es war auch eine ungünstige Jahreszeit. Überall auf der Welt können die Menschen, die vom Ackerbau leben, Mittel und Zeit für Feste am ehesten aufbringen, wenn die Ernte frisch eingebracht ist, und in der Sierra Madre ist das in den Monaten Oktober und November der Fall. Danach wird die Versorgung mit Nahrung allmählich schwierig; in den Bergen fällt kein Regen, und das Gras verdorrt. In schlechten Jahren – und dies war eines – gehen die Maisvorräte schnell zu Ende; die Familie ißt nur noch einmal am Tag, dann nur noch jeden zweiten Tag. Abgesehen von einer neuen unheilvollen Art Druck, die auf ihnen lasten mag, zwingt der Nahrungsmangel gerade die unternehmungslustigen jungen Männer und Frauen oft dazu, ins Küstenland abzuwandern, um leichtverkäuflichen Tabak zu züchten.

Während der Schamane sich mit den Bauarbeitern unterhielt, erkannten wir an seinen Gesten, daß sie seine wenig hoffnungsvolle Beurteilung unserer Chancen bestätigten. Als er zurückkehrte, war er ungewöhnlich schweigsam und schien anfangs nicht geneigt, unsere Fragen zu beantworten. Dann rückte er mit einer beunruhigenden Nachricht heraus. Die Bauarbeiter hatten ihm erzählt, vor vier Tagen, am Montag, hätten Banditen einen Huichol-*rancho* überfallen, der von hier aus unsichtbar in einer nahen Senke lag, den Besitzer ausgeraubt und dann erhängt. Nach diesem Bericht ging der Schamane ein Stück weit fort und setzte sich unter einen Baum.

Später holte uns einer der Jungen zum Abendessen ab, zu dem uns Padre Joaquín eingeladen hatte. Unser Angebot, für das Essen zu bezahlen, hatte er mit der Bemerkung abgelehnt, es sei im Flugpreis inbegriffen. David und ich aßen am Ende einer langen Tafel im Speisesaal der Mission, auffallend weit von Padre Joaquín und einer Gruppe Nonnen entfernt. Man servierte Schalen mit *atole* – süßem Maismehlbrei – danach gab es *tortillas* und Bohneneintopf. Alles schmeckte köstlich. Trotz der Vorsichtsmaßnahme Padre Joaquíns ergab sich die Gelegenheit zu einem kurzen Gespräch mit einer der Nonnen, in dessen Verlauf sie nebenher erwähnte, sie und die übrigen Schwestern hätten, als der Padre einmal abwesend war, einen Angriff abwehren müssen. „Einen Angriff durch wen?" erkundigte ich mich. „Durch Banditen", erwiderte sie. Da dies die einzige Schießerei war, an die sich die Schwestern erinnern konnten, lag der Verdacht nahe, daß es sich um den Überfall gehandelt hatte, bei dem die Werkstatt zerstört worden war und den Padre Joaquín den Huichol in die Schuhe geschoben hatte.

Der Schamane, der es vorgezogen hatte, nicht an dem Essen teilzunehmen, war draußen geblieben. Wir brachten ihm eine große Dose eingemachten Schinken in unsere Hütte mit, den er nicht essen zu können behauptete, und mehrere Päckchen mit Keksen. Er nahm einen davon an und sagte, er würde ihm für 24 Stunden reichen.

Die Nacht war kalt. David und ich schliefen in voller Kleidung und hatten alles über uns gehäuft, was auch nur entfernt an Bettdecken erinnerte; aber gegen drei Uhr morgens hinderte uns die Kälte am Weiterschlafen. Dies war die Stunde, zu der die Huichol ihren Tag beginnen, und wir hörten Ramón beten und dann in der Dunkelheit herumtappen, und schließlich öffnete sich die Tür und schloß sich wieder hinter ihm. Gegen vier Uhr wurde es draußen lebendig, und die Kinder in der Mission mit ihrer nicht zu unterdrückenden Musikalität gingen ihren Aufgaben unter Gitarrenzupfen und Violinspielen nach.

Uns blieb nichts weiter übrig, als unsere Gesichter der eisigen Luft auszusetzen und mit streifgefrorenen Gliedern den Hang hochzustapfen, zu einem Feuer, das wir dort brennen sahen. Wir fanden den Schamanen vor, im Halbkreis von *mestizos* umlagert – stumme und reglose Pyramiden aus Wolldecken, unter denen nur Augen und Stiefelspitzen hervorlugten. Im nächsten Augenblick vernahmen wir Musik und Stimmen, die „Stille Nacht“ sangen, und erblickten den flackernden Fackelschein einer Prozession, die sich zwischen den Bäumen den Berg hinab schlängelte. Es waren die Jungen auf dem Rückweg von einem Bad in einem gefrierenden Weiher. Sie gesellten sich zu uns, nahmen ehrerbietig ihre Hüte ab und baten um Erlaubnis, ein paar Takte *para saludar el alba* (zur Begrüßung des Morgens) spielen zu dürfen, die wir ihnen natürlich gewährten. Der Schamane sah in ihrer Vorführung und in der von der Mission geförderten Verweichlichung nichts als Zügellosigkeit. Drei Uhr morgens war die Stunde, zu der die Huichol ein Bad nahmen; nicht die Morgendämmerung. Er sagte, dies werde auch von allen achtbaren Frauen beherzigt. Ein solches Bad steigere die natürliche sexuelle Kälte, die die Huichol bei ihren Frauen schätzten. Er fügte die interessante Information hinzu, daß jeder Huichol, der häufiger als alle zehn oder vierzehn Tage Geschlechtsverkehr habe, als wollüstig erachtet werde. Dieses Ideal des sexuellen Verhaltens, sagte er, sei von dem göttlichen Vorfahren ihres Volkes eingeführt worden, dem Hirsch, der die sexuelle Aktivität auf eine kurze jährliche Saison beschränke. Später, als die ersten Sonnenstrahlen unsere

Gesichter trafen und sich die *mestizos* vor jedem von uns verneigt, ein leises *adiós* geflüstert hatten und gegangen waren, äußerte Ramón die Meinung, abgesehen davon, daß sie keine Seelen besäßen, sei der wichtigste Grund für ihre Minderwertigkeit ihr übermäßiger Geschlechtsverkehr, durch den sie ihr Blut schwächten.

Die Sonne stieg nur widerwillig empor, obwohl der Schamane scheinbar beiläufig die beiden gefiederten Ruten schwenkte, die er zu dem Zweck bei sich trug, die Sonne auf ihren Kurs über den Himmel setzen. David und ich folgten dem Ruf des Kindes, das uns gestern abend an den Tisch geführt hatte, und holten weitere *tortillas* mit *atole*; der Schamane knabberte an einem sättigenden Keks, und da er mit der Sonne fertig war, wandte er seine Aufmerksamkeit dem Regengott zu, an den in der trockenen Jahreszeit fünfmal täglich Gebete gerichtet werden mußten. Als alle diese wichtigen Dinge getan waren, machten wir uns zu einem 27-km-Marsch auf, denn der Schamane hatte entschieden, daß wir nach San Andrés gehen müßten, dem zeremoniellen Huicholdorf, das knapp zwei Kilometer von dem Landeplatz entfernt war, auf dem wir am Vortag angekommen waren. Er erklärte uns, die Huichol seien im Begriff, die Gegend um Santa Clara zu verlassen, entweder aus eigenem Antrieb, oder weil man sie zwang, und nur noch in San Andrés bestünde Hoffnung, Angehörige dieses Stammes zu Gesicht zu bekommen. Auch schien es uns, als hätte er in diesem Dorf persönliche Dinge zu erledigen, deren Natur jedoch aufgrund der gelegentlich auftretenden sprachlichen Schwierigkeiten oder absichtlicher Auslassungen seinerseits nie richtig klar wurde. Die gehobene Laune des Schamanen zu Beginn der Reise an den Ort seiner Geburt schien sich teilweise verflüchtigt zu haben. Er lächelte weniger häufig, und sein Gesicht war zuweilen umwölkt, sogar betrübt. Vor allem aber schien er es eilig zu haben, so bald wie möglich von der Mission fortzukommen.

Der Tagesbeginn war voller Leben. Wir wanderten zwischen mächtigen Schattenpalisaden, hinter denen sich die Morgensonne verbarrikadierte. Vögel lachten und pfiffen. Ein Hirsch sprang vor uns auf und verschwand mit großen Sprüngen im Dunst. Über Nacht hatten überall im dichten Gras kleine, scharlachrote Blumen ihre Blüten geöffnet, und Tautropfen glitzerten an den Quarzsäumen des Felsgesteins.

Als die Sonne höherstieg, hielten wir wie schon auf dem Hinweg im Nautla-Paß Rast und starrten in die schwindelerregende Tiefe hinab. Der Huichol, der den Überfall auf seine *rancho* überlebt hatte, arbeitete in seinem sehr dicht an der eineinhalb Kilometer tiefen Steilwand gelegenen Garten. Dort unten, dicht am Boden der Schlucht und von unserem Standpunkt aus nicht zu sehen, waren die Idole der Huichol in der Höhle von Te Kata versteckt. Sie lag, wie uns Padre Ernesto erzählt hatte, um uns noch mehr zu diesem Abenteuer zu reizen, nur einen halben Tag mit dem Maultier von Santa Clara entfernt, und kein weißer Mann war jemals dort gewesen. Aber aufgrund des beschränkten Stundenplans, den uns Padre Joaquín aufgezwungen hatte, mußten wir der Versuchung eines Besuchs widerstehen.

Bald darauf beschloß der Schamane, der ein Omen im Ruf eines Vogels vernommen hatte, die Richtung zu ändern, und wir bogen auf einen anderen Pfad ab, der uns bald den Anblick einer Landschaft aus aufeinandergetürmten Felsen, Klüften und Schluchten gewährte. Ein Berg war in der Mitte gespalten und drohte vollends auseinanderzufallen. Diese Szenerie der Zerstörung ließ uns vermuten, daß wir uns im Epizentrum eines Erdbebens befanden, das sehr wahrscheinlich vor nicht allzu langer Zeit stattgefunden hatte, denn an einer anderen Stelle ganz in der Nähe hatte ein Erdrutsch Hunderte von Bäumen ergriffen, zu Brennholz verarbeitet und im Tal aufgeschichtet. Ein Huichol trat aus dem Wald, machte dann einen Umweg, um uns nicht zu begegnen. Als er auf gleicher Höhe mit uns war, rief ihm der Schamane etwas zu, obwohl er jetzt etwa 100 m von uns entfernt war. Der Huichol blieb stehen, und wir sahen, daß er ein gelbbemaltes Gewehr trug. Es folgte eine kurze, gebrüllte Unterhaltung, dann setzte der Mann seinen

Weg fort, und der Schamane sah ihm nach, bis er außer Sichtweite war. Er wirkte bedrückter denn je, und als wir weitergingen, ermahnte er uns, ihm nicht zu dicht zu folgen, und hielt den Blick ständig auf den Boden gerichtet, als fürchte er, auf eine Schlange zu treten. Nach einer Weile blieb er wieder stehen. Jemand hatte zwei Äste kreuzweise über den Weg gelegt, und der Schamane beugte sich über sie, um sie genau zu studieren. Er warnte uns, weiterzugehen, und sagte, es handele sich um eine *travesía* – etwas, das mit Zauberei zu tun hatte –, die verhindern solle, daß jemand dieses Gebiet beträte. Er hob die Äste auf, warf sie in die Luft, blies hinter ihnen her und wischte sich die Hände mit einer Sorgfalt ab, als habe er radioaktives Material berührt. Dann erklärte er uns, es sei sicherer, umzukehren, obwohl er den Zauber gebrochen habe; wir kamen jedoch überein, unseren Weg fortzusetzen.

Ein *mestizo* auf einem Maultier tauchte auf, er ritt direkt auf uns zu, und der Schamane blieb stehen. Der Mann sah aus wie ein mexikanischer Filmschurke; mit schläfrigen, aber hinterhältigen Augen und einem höhnischen Zug um den Mund. In seiner Satteltasche steckte eine schwere Pistole. Der Schamane begann ihn scharf auf spanisch zu befragen, und der Mann, der seine Anwesenheit hier erklären sollte, sah erschrokken aus. Er sei auf dem Weg nach Jesú María, sagte er, wo er versuchen wolle, Rinder zu kaufen. Er wußte nicht genau, wie der Anbieter hieß. Es gab einen bekannten Viehverkäufer dort, dessen Name Pedro oder Juan war; er konnte sich nicht genau erinnern. Er konnte auch nicht sagen, wie der *tatouan* (Befehlshaber) von Jesús María hieß. Der Schamane fragte ihn, ob er Freunde in dieser Gegend habe, und er sagte, er sei der Partner seines Señor Adolfo Castañera. Er machte Ausflüchte und geriet ins Schwitzen, während Ramón ihn ausfragte, aber schließlich wurde ihm erlaubt, weiterzureiten. „Er ist einer von denen, die den Huichol bei Santa Clara ermordet haben", sagte der Schamane. Es schien uns unmöglich, ihn zu fragen, woher er das wußte; außerdem mußten wir mit der Ungenauigkeit des Sprachgebrauchs rechnen. „*Uno de esos*", sagte er, was bedeutet haben konnte, daß der Mann persönlich unter den Mördern gewesen war, oder einfach, daß Leute seiner Art solche Taten ausführten.

Als wir den Landeplatz hinter uns gelassen hatten, kam San Andrés in Sicht. Es handelte sich nicht um das ursprüngliche Dorf, das, wie uns der Schamane sagte, vor etwa 200 Jahren auf Anweisung der Jesuiten zerstört worden war, die hergeschickt worden waren, das Gebiet zu unterwerfen. Wir verließen den Pfad, um 100 m abseits von ihm die halb im Boden versunkenen Steine zu betrachten, die noch von dem alten Dorf zeugten. Der Grundriß dieser Siedlung war entsprechend den metaphysischen Prinzipien der Huichol kreisförmig gewesen, die Häuser hatten geringfügige, aber bedeutsame Unterschiede aufgewiesen, die den Status ihrer Bewohner anzeigten, und das Wohnen in ihnen war kaum weniger komplizierten Regeln unterworfen gewesen als die Familienbeziehungen selbst. Das Dorf war unter den Bäumen erbaut worden, damit seine Bewohner nicht nur von deren Schatten, sondern auch von den vielen guten Einflüssen profitieren konnten, die die meisten Indianer den Bäumen zusprechen. Die Jesuiten müssen über die verblüffende Symmetrie des Indianerdorfs und deren verborgene Bedeutung die Köpfe geschüttelt haben, bevor sie befahlen, daß die Bäume gefällt und die Häuser zerstört würden. Sie hatten Pläne für das neue Dorf mitgebracht, das nach spanischem Vorbild rechteckig angelegt war und in dem Veranden den Schatten spendeten, den die Bäume nicht mehr geben konnten.

Es lag etwas Trauriges über der jetzigen Siedlung, die aus etwa 20 schmucklosen quadratischen Steinhütten bestand. Sowohl die Gebäude selbst als auch der Fels, auf dem sie standen, waren von einem düsteren und traurigen Rot, das selbst die Schatten mit seinem trüben Glühen zu erfüllen schien. Keine Vegetation, nicht einmal Unkraut konnte hier existieren; und das erste, was in dieser von blendendem Licht erfüllten Leere auffiel, war ein Gebilde mitten auf dem Platz, das an einen Schandpfahl erinnerte, an den eine Anzahl verdorrt wirkender

Objekte genagelt worden waren. An diesen Pfosten, erklärte uns der Schamane später, wurden die Jungfrauenschänder gebunden, um ausgepeitscht zu werden, und die verwelkten Kränze – die Objekte, die wir gesehen hatten – symbolisierten Fälle geraubter Jungfräulichkeit. Da die körperliche Züchtigung von Übeltätern in der Huicholkultur nicht vorgesehen und der Begriff der Jungfräulichkeit fast allen Indianern fremd war, lag die Vermutung nahe, daß die Jesuiten dieses barbarische Ritual eingeführt hatten.

Der einzige Mensch, den wir bei unserer Ankunft zu Gesicht bekamen, war ein Huichol, der an der Veranda eines Gebäudes lehnte, das den Eindruck machte, das wichtigste Bauwerk des Dorfes zu sein. Er ignorierte uns; er sah nicht einmal auf, als wir uns ihm näherten. Er war, belehrte uns der Schamane, der *topiri*, der Polizeibeamte; und während der Mann immer noch nicht erkennen ließ, daß er sich unserer Gegenwart bewußt war, befingerte und erklärte uns Ramón die Zeichen seines Amtes; die heilige Schnur, die er um die Taille trug und die dazu diente, die Gefangenen zu binden, und den Amtsstab mit seinem Bänderbüschel, der in seinem Gürtel steckte. Der *topiri* in seiner eisernen Ruhe antwortete mit abgewandtem Blick und ohne seine Körperhaltung zu ändern auf die Frage, die ihm der Schamane stellte. Er erwähnte kurz, vor ein, zwei Wochen habe eine Zeremonie stattgefunden, die interessant für uns gewesen wäre. Ein neuer *tatouan* war gewählt worden, und dem demokratischen Verfahren der Huichol gemäß war er nicht über seine bevorstehende Kandidatur informiert worden. Da das Amt nicht nur keine Entschädigungen vorsah, sondern außerdem mit vielen beschwerlichen Pflichten verbunden war, hatte man ihn erst nach einer kurzen Einkerkerung ohne Nahrung überreden können, die Ernennung zu akzeptieren. Der *tatouan* war jetzt auf dem Weg zu seinem *rancho,* um sich von seinen Erlebnissen zu erholen, und hätte an diesem Tag zurückkehren müssen, um für die Feier anläßlich seiner Amtsübernahme zu bezahlen. Sie war vorverlegt worden, weil einer der Dorfbewohner einen visionären Traum gehabt hatte.

Einige Huichol erschienen lautlos von irgendwoher und bewegten sich wie in Zeitlupe auf einen mit einem Gewehr bewaffneten *mestizo* zu, der am Dorfeingang aufgetaucht war. Es war ein Augenblick von fast übertheatralischer Eindringlichkeit. Der Ankömmling stand auf einer kastanienbraunen Anhöhe, das Gewehr schußbereit in beiden Händen, und überblickte die Szene, indem er den Kopf langsam von einer Seite zur anderen wandte, während sich ihm die Huichol, von denen einige mit Bogen bewaffnet waren, Schritt für Schritt näherten. Raben krächzten am stahlblauen Himmel; einer der Huichol stieß einen langgezogenen, schrillen Pfiff aus. Ein anderer hob seinen Bogen. Der Ankömmling senkte sein Gewehr, und die Huichol waren bei ihm.

Der Mann wurde beschuldigt, ein *malhechor* zu sein, wie das hiesige Wort für Bandit lautete, und er beteuerte seine Unschuld und sprach von einem Mann namens Castañera – den auch der Mann auf dem Maultier als seinen Partner genannt hatte. Er sei nicht nur kein Gesetzloser, sagte er, sondern sogar ein Opfer der Banditen. Als Beweis zog er sein Hemd aus und zeigte die Narben einer furchtbaren, etwa 30 cm langen Wunde auf seinem Bauch, die durch den Austritt eines Dumdum-Geschosses verursacht worden sei, und er forderte uns auf, den kleinen weißen, kreisförmigen Fleck auf seiner Rückenhaut zu untersuchen, der den Eintritt des Geschosses kennzeichnete. Er sei am 22. Juni vergangenen Jahres aus dem Hinterhalt angeschossen worden, sagte er, auf dem Pfad, auf dem wir eben von Santa Clara gekommen waren; etwa 5 km von San Andrés entfernt. Das Argument, ein Mann mit einer solchen Wunde könne nur unschuldig sein, beeindruckte den Schamanen nicht; er hatte eine kleine magische Verrichtung ausgeführt, bei der er unter äußerster Konzentration mit dem Kieferknochen eines Pferdes hantierte, und nannte den Mann den Mörder des Huichol, der in seinem *rancho* in der Nähe der Mission erhängt aufgefunden worden war. Die Huichol richteten ihre Pfeile auf den Mann, der *topiri* trat vor, um seine Hände mit der geheiligten Schnur zu binden, und ein Bote verließ das Dorf, um den *tatouan* von seinem *rancho* zu holen, damit er den Vorsitz bei der Verhandlung führe.

Gewalt und Schrecken schienen in diesem Dorf kein Ende nehmen zu wollen. Ein Haus war einige Monate lang verschlossen gewesen, und der Schamane, der sagte, er fühle die Anwesenheit des Todes im Dorf, ließ es öffnen und ging hinein. Er kam sogleich ziemlich erregt wieder heraus und teilte uns mit, er habe die Leiche eines ermordeten Mannes gefunden. Wir folgten ihm und gingen in dem Augenblick hinein, als die Huichol den Toten aus dem Zwischenraum zwischen Sparren und Dach zerrten, in den er gezwängt worden war. Es stank intensiv nach Verwesung, und als wir David – der noch nie einen Leichnam gesehen hatte – baten, diese gräßliche Szene zu fotografieren, sagte er, er fühle sich schwach. Der Tote, der als Miguel García identifiziert wurde, war mit einem Gewehrschuß in die rechte Brustseite getötet worden. Er trug eine großzügig bestickte Hose und neue Sandalen, einen gewebten Huicholgürtel und ein einfaches blaues Hemd der Art, wie man sie in einem Laden in der Stadt kaufen konnte. Die Huichol legten ihn draußen auf eine Strohmatratze. Etwa ein Viertel seines Hemdes war bis zum rechten Ärmel von seinem Blut steif und geschwärzt; seine Augen waren vermutlich vor seinem Tod verbunden worden, und diese Bandage war unberührt. Vier Huichol standen zu seinen Füßen, schwenkten ihre Gerten und murmelten mit heiseren Stimmen Gebete an Watakame, den Säuberer der Felder. Der Schamane vollführte im Hintergrund bedeutungsvolle, flatternde Fingerbewegungen, deren Sinn es war, den Geist aus dem Körper zu locken und auf den Pfad zum Dorffriedhof zu führen. Kieselsteinspuren waren ausgelegt worden, um ihn dorthin zu führen und zugleich jeden Versuch einer Rückkehr zu vereiteln. Eine Schwester des Toten stand zu Häupten des Leichnams und sang und schluchzte.

Es war nicht leicht zu rekonstruieren, was geschehen war. Der Schamane erklärte, Miguel García sei seinem Tod in den Bergen begegnet, danach hätten ihn sechs Männer in dieses Haus getragen, um ihn zu verstecken. Es schien schwierig, diese

Erklärung als reale Tatsache hinzunehmen. Wir fragten uns, weshalb die Mörder den Leichnam nicht den wilden Tieren in den Bergen zum Fraß überlassen hatten. Dann wären alle Spuren des Verbrechens in wenigen Tagen getilgt worden. Es war auch schwer, zu glauben, daß die Mörder die Leiche ihres Opfers in seinem eigenen Haus versteckt haben sollten, und an diesem Punkt meiner Überlegung regte sich bei mir der Verdacht, daß wir die ungewisse Grenze zwischen realen Fakten und magischer Interpretation überschritten hatten. Die Wahrheit, soweit sie im Land der Huichol von den Sinnen entdeckt werden konnte, geriet in Konflikt mit der visionär geschauten Wahrheit. So vollzieht der Schamane, der seine Leute auf der Suche nach dem heiligen Peyote-Kaktus anführt, seine spirituelle Transformation in *Tatewari,* den Ahnen der Rasse, und der Peyote wird zu einem Hirsch; er wird nicht gesammelt, sondern mit Pfeil und Bogen gejagt. In diesem symbolischen Kontext ist es leicht, in den sechs Männern, die García nach Hause trugen, die sechs Helfer Unserer Mutter der Adlergöttin zu sehen, die über jene wacht, die nicht wirklich tot sind, weil kein Schamane ihren Geist dazu überredet hat, den Körper zu verlassen. Ebenso mochte den Huichol auch die Anwesenheit der Leiche Garcías im Dorf nur im rituellen Sinn nicht bewußt gewesen sein, und die Sitte verlangte, daß sie bestürzte und überraschte Rufe ausstießen, als sie ins Haus kamen. Auch bei dem Ausdruck „Tod in den Bergen“ mochte es sich um einen herkömmlichen Euphemismus für den Tod aus unnatürlicher Ursache gehandelt haben.

Aus all diesen Gründen hatte die Tragödie San Andrés unvorbereitet getroffen. Die Huichol hätten ihre Gesichter bemalen und sich versammeln müssen, um *tesquino* zu trinken, das rituelle Bier; aber es gab keines. Es fanden sich auch keine Kerzen und kein als Opfer in Frage kommendes Tier; es war kaum genug Mehl für die fünf *tortillas* vorhanden, von denen je eine den Geist des toten Mannes auf den Etappen seiner Reise durch die Unterwelt ernähren sollte. Die vorgefundenen Besitztümer Garcías wurden für das Begräbnis eingesammelt, aber es war äußerst wichtig, zugleich mit ihnen die symbolischen Körperteile zu begraben; aus einem bestimmten heiligen Material gefertigte Arme und Beine sowie einen Kopf, die den physischen Körper bei fortschreitender Verwesung ersetzen würden. Nichts von alldem war vorhanden, und der Schamane mußte sich mit gewöhnlichem Gras behelfen. Die Stimmung war gedrückt, aber von hektischer Improvisation erfüllt. Die Schwester des Toten weinte leise vor sich hin.

Der *tatouan* traf mit seinen Helfern ein; sie begegneten der rituellen Konfusion mit stoischen indianischen Mienen. Mit ihren zeremoniellen, mit Bussard- und Adlerfedern geschmückten Hüten schritten sie in langsamer, feierlicher Prozession ins Rathaus und begannen mit ihren Überlegungen. Ein Grab von anderthalb Metern Tiefe war bereits ausgehoben, aber sie beschlossen, daß der Leichnam allen religiösen Vorschriften zum Trotz erst beerdigt werden dürfe, wenn alle Verwandten versammelt seien. Einige von ihnen lebten auf einen Tagesritt weit entfernten *ranchos*.

Erstaunlicherweise wurde der Schamane, der sich für die sofortige Beerdigung ausgesprochen hatte, überstimmt. Die größeren bei einer Beerdigung erforderlichen Zeremonien konnten nicht ausgeführt werden, denn wir mußten das Dorf um 16 Uhr verlassen, wenn wir Santa Clara vor Anbruch der Nacht erreichen wollten. Der Schamane wurde auch in bezug auf den Banditen überstimmt, den er verdächtigte, und der Mann wurde nach kurzer, oberflächlicher Befragung freigelassen; wie es schien, aufgrund nicht ausreichender Beweise. Man gab ihm sein Gewehr zurück, er stolzierte in Siegerpose aus dem Dorf hinaus und warf uns einen letzten feindseligen Blick zu. In gewisser Hinsicht erleichterte uns der Schiedsspruch. Ein Leben wog nicht viel in der Sierra, das hatten wir inzwischen begriffen; anfangs waren mehrere Huichol für eine harte und sofort zu vollziehende Bestrafung gewesen, und das Leben Castañeras hatte vermutlich an einem Haar gehangen. Jetzt bestand die beunruhigende Möglichkeit, daß irgendwo in den Wäldern zwischen San Andrés und Santa Clara ein Mann mit tiefem

Haß auf den Schamanen im Hinterhalt liegen würde. Nach unserem Aufbruch bildeten wir wie gewohnt eine Reihe mit weiten Zwischenräumen, um die Risiken zu verringern.

Bei der Nautla-Schlucht sammelten wir uns wieder und rasteten. Die Mission war nur eine halbe, wenn auch beschwerliche Wegstunde den Berg hinab entfernt, und schon war die Sonne hinter den Gipfeln der Berge verschwunden. Es war ein Augenblick der Suche nach Antworten auf die Aspekte der Ereignisse des Tages, die ungeklärt geblieben waren, und ich fragte den Schamanen mit so viel Feingefühl, wie man in eine fremde Sprache hineinlegen kann, wie und bei welcher Gelegenheit er entdeckt habe, daß Garcías Leiche im Dorf versteckt war, und ob ein Zusammenhang bestehe zwischen der *travesía*, die wir am Morgen auf dem Weg gefunden hatten, und der Tragödie. Hier ließ uns das stumpfe sprachliche Instrument des Kastilischen beide im Stich. Die Huichol, Vettern der Azteken, sprachen eine Abart des nicht in den spanischen Grundwortschatz eines Fremden übertragbaren und an Nuancen und Nebenbedeutungen reichen Aztekischen; und meine kategorischen Fragen verlangten nach gewundenen, Möglichkeiten nur andeutenden Antworten, für die es keine Worte gab. In einem Punkt war der Schamane sehr bestimmt. Ich hatte nicht akzeptieren können, daß die Leiche Garcías von seinen unbekannten Mördern in einem Haus im Dorf versteckt worden sein sollte. Glaubte er tatsächlich, daß Banditen den Huichol in San Andrés getötet hätten?

„Nein“, erwiderte er, „Der Mann wurde getötet, weil er ein Schamane sein wollte.“

Und das ergab, im Licht des Geschehenen, Gehörten und Vermuteten betrachtet, einen Sinn. Die Konquistadoren und die Beamten der nachfolgenden Inquisition hatten alle Schamanen – die Hüter der alten Traditionen –, derer sie habhaft werden konnten, unnachsichtig umgebracht. Die einzige Antwort auf Widerstand gegen die Einführung des Christentums war der Tod auf dem Scheiterhaufen. Das heute noch lebendige Schamanentum unter den Huichol war seinem Schicksal dank der

Wildheit und Unzugänglichkeit dieser Bergwelt entgangen. Die Sierra Madre wies keine der traditionellen Schätze auf, die für die Ausbeuter attraktiv gewesen wären. Es gab weder Gold noch Silber, dessen Abbau gelohnt hätte. Der armselige und karge Boden war nicht für den gewerblichen Anbau von Gemüse oder Obst geeignet, und die steilen Hänge und engen Täler erlaubten keine Aufzucht von Vieh außer den mageren Kühen für den Eigenbedarf der Ansiedler.

Jetzt aber brachten Flugzeuge die missionarische Vorhut des Fortschritts ins Land, gefolgt von den Geologen und Bergbauprospektoren, die überall die atemberaubende Aussicht auf neue Reichtümer entdeckten; nicht selten genau dort, wo in der Vergangenheit tiefste Armut geherrscht hatte. Für diese Männer stellten die Indianer, die bereit waren, sich gegen das Eindringen in ihr Stammesterritorium zu verteidigen, eine gefährliche Plage dar. Ich konnte verstehen, daß Miguel García sein gewaltsames Ende provoziert hatte, indem er die Absicht geäußert hatte, sich als Schamane niederzulassen – und sich somit dem traditionellen Widerstand zuzugesellen. Darüber hinaus begriff ich jetzt, weshalb Dr. Ramos gesagt hatte, unser Freund Ramón Medina habe „Zuflucht" in Tepic genommen, und war geneigt, mich der Ansicht anzuschließen, daß Castañera ein angeheuerter Killer war, der uns gefolgt war und auf einen günstigen Augenblick gewartet hatte, um den Schamanen zu erschießen. Das einzige, was ihn davon abgehalten hatte, sein Vorhaben auszuführen, war die unerwartete Anwesenheit der Indianer in San Andrés gewesen.

Es lag nahe, zu vermuten, daß wir hier unter den Huichol Zeugen des Beginns der Ausrottung wurden, die unter so vielen Eingeborenenstämmen Lateinamerikas betrieben wurde.

·

Inzwischen war unsere Beziehung zu dem Schamanen enger und vertrauter geworden, und er wählte diesen Zeitpunkt, um uns zu ehrenamtlichen *compañeros* des Huichol-Stammes zu machen. Er lud uns ein, ihn auf seiner alljährlichen Wallfahrt zu begleiten, die in 25 Tagen beginnen sollte. Zum sechsten Mal würde Ramón seine Leute anführen – an der Spitze von vier weiteren *capitanes* – auf einem 20-Tage-Marsch über Berge und Wüsten nach Rial Cartorce in der hochgelegenen Wüste von San Luís Potosí, wo die Peyote gediehen oder – im metaphysischen Sinn der Huichol – die Hirsche weideten. Wenn wir an der Wallfahrt teilnähmen, würden wir rituelle Huichol werden, der Stammesdisziplin unterworfen, würden wir nur noch Bogen, geweihten Tabak und rituelles Gerät mit uns führen dürfen und an den vielen Zeremonien teilnehmen müssen. Während dieser Pilgerschaft würde uns die aus unserer Enthaltsamkeit geborene Tugend – wie sich der Schamane ausdrückte – aufrechterhalten. Es war ein reizvolles Angebot, und so anstrengend es sich auch anhören mochte, Peter Furst und seine Frau – die ersten nicht zum Stamm der Huichol gehörenden Menschen, denen diese gewiß ungewöhnliche Erfahrung zuteil geworden war – hatten es bereits genutzt.

So begeistert David und ich auch über die Aussicht auf ein derartiges Abenteuer sein mochten, es wäre uns beiden nicht möglich gewesen, unser Leben derart kurzfristig und durchgreifend neu zu ordnen, daß wir sogleich auf die Wallfahrt hätten gehen können; also wurde vereinbart, daß wir im darauffolgenden Jahr so weit sein würden. Einige Monate später schrieb ich an Ramón, unter der Adresse des Indianer-Instituts in Tepic, um zu erfahren, wie die Dinge stünden, erhielt jedoch keine Antwort. Ein direkt ans Institut gerichteter Brief ergab, daß der Schamane Tepic verlassen hatte und niemand wußte, wohin er sich gewandt hatte. Erst Jahre später stieß ich zufällig auf einen Artikel in einer mexikanischen Veröffentlichung, die sich für die Rechte der Indianer einsetzte, aus dem ich erfuhr, daß der Schamane Ramón Medina tot war; wenige Monate nach unserem Treffen in der Sierra Madre war er ermordet worden.

6

In den fünfziger Jahren begann die große Ausrottung der Indianer in den Wäldern Südamerikas. Es war eine geheime Operation, die dort in den bisher größtenteils undurchdringlichen Wäldern Paraguays, Boliviens und Brasiliens vor der Weltöffentlichkeit verborgen durchgeführt wurde; sogar der gewöhnliche Bürger der betroffenen Länder ahnte nichts davon.

Da diktatorische Regierungen die Presse kontrollieren und zensieren, wird es nie möglich sein, die Zahl der Toten unter den Indianern Paraguays und Boliviens zu schätzen. In Brasilien wurden, nachdem Art und Umfang der Tragödie durchgesickert waren, sofortige und wirksame Maßnahmen gegen die Verantwortlichen ergriffen, und es gab keinen Versuch der Vertuschung. Aber die Anstifter solcher Verbrechen zur Rechenschaft zu ziehen war schwieriger, denn nur zu oft handelte es sich um mächtige, sogar internationale Landspekulanten. Außerdem war es eine Zeit, in der multinationale Gesellschaften dem Trend folgten, die unberührten Naturschätze zu erschließen und die scheinbar unbewohnten Gebiete Lateinamerikas zu besiedeln. In den meisten Fällen organisierten Funktionäre des „Serviço de Protecção dos Indios" (SPI) diese Massaker. Diese Institution hatte sich dem brasilianischen Innenminister General Albuquerque zufolge in ein Instrument zur Unterdrückung der Indianer verwandelt und war deshalb aufgelöst worden. Es sollte gerichtliche Untersuchungen der Aktionen von 134 Agenten geben. Eine ganze engbedruckte Zeitungsseite war erforderlich, um die Verbrechen aufzuführen, deren diese Männer angeklagt waren. In einer inoffiziellen Verlautbarung bezweifelte der Generalstaatsanwalt, Senhor Jader Figueiredo, daß auch nur zehn der insgesamt mehr als 1000 Angestellten des SPI ihre Unschuld würden glaubhaft machen können.

Der offizielle Bericht war gelassen, beinahe phlegmatisch; und eben deshalb um so wirksamer in seiner Darstellung der

Scheußlichkeiten. Mit korrupten Politikern verbündete Pioniere hatten ständig indianisches Land an sich gebracht und ganze Stämme in einem grausamen Krieg vernichtet, in dem bakteriologische Waffen eingesetzt wurden; sie verteilten mit dem Pokkenvirus imprägnierte Kleidung und vergiftete Nahrungsmittel. Kinder waren entführt worden, und Massenmord war unbestraft geblieben. Die Regierung selbst wurde in gewissem Umfang beschuldigt, über einen Zeitraum von 30 Jahren die zunehmende Ausbeutung von Ressourcen durch den SPI geduldet zu haben. Außerdem hatte der SPI den „katastrophalen Einfluß missionarischer Aktivität" mit zu verantworten.

Am nächsten Tag hielt der Generalstaatsanwalt eine Pressekonferenz ab und konnte mit Details aufwarten. Eine Kommission hatte 58 Tage lang Niederlassungen des SPI im ganzen Land aufgesucht und Beweise für Übergriffe und Greueltaten gesammelt. Die gewaltigen Verluste der Indianerstämme in diesem Jahrzehnt wurden im einzelnen aufgeführt. Von 19 000 Mundurukú, von denen man annahm, daß sie um 1930 lebten, waren nur 1200 übriggeblieben. Die ehemals 5000 Guaraní waren auf 300 dezimiert worden. Von 4000 Caraja lebten noch 400. Von den 10 000 Cinta Larga, die aus der Luft angegriffen und in die Berge getrieben worden waren, hatten vielleicht 500 überlebt. Der stolze und edle Stamm der Kadiweu – die „indianischen Ritter" – war auf eine armselige Schnorrerbande von etwa 200 geschrumpft. Von den prächtigen Chavante, die sich im Hintergrund der brasilianischen Reise Peter Flemings herumtreiben, waren wenige Hundert als Missionsfutter geblieben; sie hatten dasselbe traurige Schicksal erlitten wie die Bororo, die dazu beigetragen hatten, daß sich Lévi-Strauss' Sicht der menschlichen Evolution veränderte. Viele Stämme wurden nur noch durch eine einzige Familie repräsentiert, einige durch ein oder zwei Individuen. Andere waren völlig verschwunden; darunter die Tapanyúna, denen man mit Arsen versetzten Zucker geschenkt hatte. Man nahm an, daß zwischen 50 000 und 100 000 Indianer überlebt hatten.

Nach Senhor Figueiredos Schätzung war Indianern in den

letzten zehn Jahren Vieh und persönliches Besitztum im Wert von 62 Millionen Dollar gestohlen worden. Er fügte hinzu: „Nicht nur anhand der Veruntreuung von Geldern, sondern auch der Duldung sexueller Perversionen, Morde und all der übrigen Verbrechen gegen Indianer und ihr Eigentum, die im Strafgesetzbuch aufgeführt sind, kann man ersehen, daß der SPI jahrelang eine Brutstätte der Korruption und bedenkenlosen Morde gewesen ist." Der Leiter des SPI, Major Luis Neves, wurde wegen 42 Verbrechen angeklagt, darunter wegen stiller Duldung mehrerer Morde, illegaler Landverkäufe und Veruntreuung von 300 000 Dollar. Die Dokumente, die der Generalstaatsanwalt als Beweise gesammelt hatte, wogen 103 kg, wie er den Journalisten mitteilte, und umfaßten insgesamt 5115 Seiten.

Am nächsten Tag gab es weitere Schlagzeilen und Stellungnahmen des Ministeriums.

> Reiche Landbesitzer in Pedro Afonso griffen den Stamm der Craco an und töteten etwa 100 Indianer.
>
> Das schlimmste Gemetzel ereignete sich in Aripuanã, wo die Indianer aus der Luft mit Dynamitpatronen angegriffen wurden.
>
> Überlebende wurden von Söldnern einer Überlandexpedition niedergemetzelt.
>
> Landbesitzer schenkten den Machacali Feuerwasser und heuerten Revolverhelden an, die sie niederschossen, wenn sie betrunken waren.
>
> Landbesitzer beschäftigten einen bekannten *pistoleiro* mitsamt seiner Bande, damit sie die Canella-Indianer massakrierten.
>
> Die Nhambicuara-Indianer wurden mit Maschinengewehren niedergemäht.

Zwei Stämme der Pataschó wurden ausgelöscht, indem man sie mit Pocken impfte.

Im Innenministerium wurde gestern bekannt, daß gewisse Ex-Funktionäre des SPI mehr als 1000 Verbrechen begangen haben; vom Herausreißen der Fingernägel von Indianern bis zur Verweigerung der Hilfe bei Sterbenden.

Ramis Bucair, Leiter des 6. Inspektorats, erklärte, um den Stamm der Beico-de-Pau auszurotten, habe man eine Expedition ausgerüstet, die den Fluß Arinos hinaufzog und Geschenke sowie große Mengen Nahrungsmittel für die Indianer mitführte. Diese Nahrung war mit Arsen und Formiziden vermischt ... am nächsten Tag starben sehr viele der Indianer, und die Weißen streuten das Gerücht aus, sie seien an einer Epidemie gestorben.

Eine beliebte und häufig angewandte Methode bestand darin, vom Flugzeug aus Geschenke über einem Dorf abzuwerfen, umzukehren und mit einer zweiten Ladung Geschenke, diesmal mit Sprengladungen versehen, wiederzukommen.

Wo der Bericht der Kommission der brasilianischen Regierung aufhörte, fuhren die Zeitungen fort, in erster Linie die führenden, wenn auch konservativen Tageszeitungen *O Jornal do Brazil* und *O Globo*, und jetzt fanden sich die Missionare unter Beschuß.

In Wirklichkeit [schrieb *O Jornal*] sind die Leiter dieser Außenstellen des SPI [wo die meisten der Scheußlichkeiten stattgefunden hatten] nordamerikanische Missionare – sie sind in allen Außenstellen –, und sie verunstalten die ursprüngliche indianische Kultur und erzwingen die Annahme des Protestantismus.

Doch zurück zum Bericht der Regierung.

Im 7. Inspektorat, Paraná, wurden Indianer gefoltert, indem man ihre Füße in den Winkel zweier in den Boden getriebener hölzerner Pfähle preßte. Ehefrauen wurden dieser Tortur wechselweise mit ihren Männern unterworfen.

Aber die führende brasilianische Zeitung hatte behauptet, es gäbe einen Missionar in jeder Niederlassung, und das wurde vom brasilianischen Innenministerium bestätigt. Wo waren diese Missionare, als diese Torturen ausgeübt wurden und die Schreie der Opfer über die kleine Lichtung gellten, auf der das Missionshaus und die Regierungsstelle unmittelbar nebeneinander standen? Obwohl es in allen zivilisierten Ländern, zu denen auch Brasilien gehört, ein Gesetz gibt, daß jene, die Zeugen eines Verbrechens werden oder Kenntnis von einem Verbrechen erhalten und versäumen, dies der Staatsgewalt mitzuteilen, als Mitschuldige gelten, wurde keine einzige Aufzeichnung einer solchen Mitteilung gefunden. „Es war die Politik der Missionare“, schrieb *O Globo,* „die Vorgänge zu ignorieren.“

„Verblüffend ist das Ausmaß“, schrieb *O Jornal*, „in dem sich diese Leute durchgesetzt und Abhängigkeiten geschaffen haben.“ Die Zeitung berichtete über den sensationellen Fall des Landbesitzers Jordão Aires. Ein Missionar hatte es fertiggebracht, 600 Tikuna-Indianern einzureden, das Ende der Welt sei nahe, und der einzige für sie sichere Ort sei Aires' Ranch. Hier wurden sie versklavt und entsetzlichen Foltern unterzogen, und einige bekamen Lepra. Was die Verwunderung des *Jornal* erregte, war die Tatsache, daß Kommissarin Neves von der Bundespolizei, die aus Brasilia geschickt wurde, um die Angelegenheit zu untersuchen, das Gebiet, in dem die Verbrechen stattgefunden hatten, nur dadurch erreichen konnte, daß sie sich von einem Kurzstartflugzeug der Mission mitnehmen ließ.

Als *O Jornal* von der Verunstaltung der indianischen Kultur sprach, meinte es das von den Missionaren ausgesprochene Verbot aller indianischen Zeremonien und Tänze, des Spiels auf ihren Instrumenten, der Behandlung mit ihren Arzneien, des

Schmucks – gleich welcher Form –, oder des Tragens anderer als der schmucklosesten und unattraktivsten Kleidung. Hier sind wir wieder bei dem Apparat zur Unterdrückung der Freude angelangt, den die von der London Missionary Society in den Pazifik gesandten grauen Männer so abscheulich erfolgreich fanden.

„Sie scheinen die unheimliche Fähigkeit entwickelt zu haben", schrieb die Zeitung, „alles zu entdecken, was die Indianer schwächt und ihre Moral zerstört. Wie Wiesel finden sie sofort die Halsschlagader." Die langsame Vernichtung der Bororo war ein gutes Beispiel dafür. Es handelte sich um einen Stamm in Brasilien, bei dem der große Anthropologe Claude Lévi-Strauss mehrere Jahre lang gelebt und der ihn zu den Folgerungen in seiner *Strukturalen Anthropologie* geführt hatte, zu denen die Behauptung gehörte: „Primitive sind weder rückständig noch zurückgeblieben. Möglicherweise besitzen sie sogar eine Begabung für Erfindungen oder Entdeckungen, die den Errungenschaften des zivilisierten Menschen weit überlegen sind." Er schrieb über die Bororo: „Nur wenige Menschen sind so grundsätzlich religiös ... nur wenige verfügen über ein metaphysisches System von solcher Komplexität. Ihre spirituellen Glaubensvorstellungen sind untrennbarer Bestandteil ihrer alltäglichen Handlungen."

Seit sich Lévi-Strauss mit ihnen befaßt hatte, wurden sie, wie vorauszusehen war, gewaltsam aus dem Land ihrer Vorfahren vertrieben und ins Santa-Cristina-Reservat gebracht. Hier wurden sie von ortsansässigen Farmern zu Zwangsarbeit verpflichtet. Und sie wurden zur Beute der Missionare, die ihnen das übliche Verbot allen Vergnügens auferlegten. Die Bororo hatten sich in ihrem traditionellen Stoizismus darein geschickt, aber es gab ein letztes Verbot, gegen das sie sich ständig und natürlich vergeblich auflehnten.

Die meisten Indianer sind von ihren Beziehungen zu den Toten und vom Schicksal der Seelen ihrer Toten im Jenseits besessen – eine Besorgtheit, die in ihren komplexen Begräbnisriten und den oft viele Tage währenden Orgien der Trauer und der Trunkenheit zum Ausdruck kommt. Die Bororo sind anscheinend unfähig, sich von ihren Toten zu trennen, sie begraben sie zweimal, und diese Sitte erweist sich als zentraler emotionaler Angelpunkt in ihrem Leben. Beim ersten Mal wird der Leichnam – wie in der Hoffnung auf eine wunderbare Wiedergeburt – in ein Übergangsgrab im Zentrum des Dorfes gelegt, mit Zweigen bedeckt und im übrigen als Teil der lebenden Gemeinschaft betrachtet. Wenn die Verwesung fortgeschritten ist, wird das restliche Fleisch von den Knochen entfernt, die sodann liebevoll mit Federn geschmückt werden; dann findet das endgültige Begräbnis tief im Wald statt.

Die Bororo sind immer so verfahren, und sie erklärten, wenn sie gezwungen würden, von dieser Sitte abzulassen, würden sie sich selbst nicht länger als Bororo betrachten und es vorziehen zu sterben. Trotzdem und ungeachtet der Tatsache, daß weder die Regierung noch die katholische Kirche je eingegriffen haben, konnten die nordamerikanischen Missionare die örtliche Polizei überreden, ihrem Verbot Nachdruck zu verleihen, und die Selbstmorde begannen.

Die Zeitung schrieb darüber: „Es ist traurig, die Misere mitanzusehen, in der sich diese Menschen befinden. Die Missionare haben sie aller Widerstandskraft beraubt. Deshalb war es so leicht, sie auszuplündern. Ihr Leben weist eine große Leere und Ziellosigkeit auf.“ Der Artikel schloß mit dem Bericht eines jungen Bororomädchens über ihre Erfahrungen im Reservat:

> Die Indianer arbeiteten als Sklaven. Mich nahm man als Kind von meiner Mutter fort. Später hörte ich, daß sie Mutter die ganze Nacht über aufgehängt haben ... Es ging ihr sehr schlecht, und ich wollte sie sehen, bevor sie starb ... Als ich zurückkam, verprügelten sie mich mit einer Lederpeitsche ... Eines Tages rief der Agent des SPI einen Zimmermann und wies ihn an, einen Ofen für das Farmhaus zu bauen. Als der Mann fertig war, fragte ihn der Farmer, was er für seine Arbeit verlange. Der Zimmermann sagte, er wolle ein indianisches Mädchen, und der Agent nahm ihn in die [Missions-]

> Schule mit und forderte ihn auf, sich ein Mädchen auszuwählen. Niemand sah oder hörte je wieder von ihr ... Nicht einmal die Kinder wurden geschont. Sie arbeiteten vom zweiten Lebensjahr an unter der Peitsche ... Es gab eine Mühle, in der das Zuckerrohr zermahlen wurde, und um das Pferd zu schonen, nahmen sie vier Kinder, die die Mühle drehen mußten ... Sie zwangen den Indianer Otavino, seine eigene Mutter zu schlagen ... Die Indianer wurden als Ziele bei Schießübungen benutzt.

Die Missionare waren bei diesen Vorfällen in Hörweite.

7

Aus all den ungezählten und meist kritischen Berichten über das Vorgehen der Missionare, die in dieser Zeit in der brasilianischen Presse erschienen, ging hervor, daß die Zeitungen keine Ahnung hatten, worauf die Missionare aus waren. In der Regierung herrschte die gleiche Ratlosigkeit. Obwohl die US-Evangelisten schon kurz nach dem Ende des Krieges ins Land zu strömen begonnen hatten, betrachtete man sie immer noch als einzelne Familien oder kleine Gruppen, die jede für sich ihrem Glauben folgten. Alles in allem sahen die Brasilianer in ihnen harmlose Exzentriker der Sorte, wie man sie damals durch die Hauptstraßen amerikanischer Städte paradieren sehen konnte, mit Klapptafeln behängt, auf denen der bevorstehende Weltuntergang verkündet wurde. Man traute ihnen nicht viel Gutes zu, aber man glaubte auch nicht, daß sie Schaden anrichten würden.

In Wirklichkeit hatten die beiden größten evangelistischen Sekten, das Summer Institute of Linguistics (SIL) und die New Tribes Mission (NTM), buchstäblich alle Orte Lateinamerikas, an denen es noch Stammesmitglieder gab, untereinander aufgeteilt. Ich kann mich an keinen einzigen Fall erinnern, in dem eine dieser beiden äußerst mächtigen Organisationen namentlich in der Presse genannt worden wäre. So konnte ich zum Beispiel nie herausfinden, welche dieser Sekten für die Entsendung der Missionare ins Santa-Cristina-Reservat verantwortlich war, in dem die Bororo an den Rand der Ausrottung gebracht wurden. Die Missionare blieben so weit wie möglich für sich und taten alles, um Publizität zu vermeiden. In Wahrheit war sehr wenig über sie bekannt; und genau so wollten sie es haben.

Die Methode, die das Summer Institute of Linguistics verfolgte, um seine Ziele zu verschleiern, stellte die erfolgreichste missionarische Erfindung dar, seit die Evangelisten der London Missionary Society einen trunksüchtigen König als Helfer bei der Eroberung des Südpazifiks benutzt hatten.

Missionare haben viele Feinde. In Lateinamerika werden die protestantischen Fundamentalisten von der gebildeten Minderheit abgelehnt, von der etablierten katholischen Kirche angegriffen und sind der Gnade argwöhnischer, wenn auch käuflicher Regierungen ausgeliefert. Das doppelte Gesicht, das dem SIL mit seinen 3500 Missionaren zum unangefochtenen Sieg auf dem Bekehrungsfeld verhalf, ist eine Erfindung des Gründers der Wycliffe Bible Translators of Arkansas, William Cameron Townsend, eines ehemaligen Bibelverkäufers in Guatemala. Um seine missionarische Tätigkeit voranzutreiben und vor Feinden wie Mitbewerbern zu schützen, entwarf Townsend ein pseudo-wissenschaftliches Deckmäntelchen und konnte seine Missionsgruppen legal unter dem Titel Summer Institute of Linguistics zusammenfassen.

Für ihre Gönner im heimatlichen „Bible Belt" blieben die Wycliffe Bible Translators die eifrigen Proselyten, die sich ausschließlich damit befaßten, den Heiden das Evangelium zu verkünden. Im fremden Land verwandelten sich die Missionare zumindest nominell in Sprachforscher, die ganz in ihrer wissenschaftlichen Arbeit aufgingen. Einige Anhänger Townsends fühlten sich von dieser Tarnung, die sogar bei Verträgen mit ausländischen Regierungen beibehalten wurde, leicht beunruhigt. Um die aufgestörten Gewissen zu beruhigen, ging Townsend so weit, dem Gottessohn Täuschungen zu unterstellen, die er als Vorbild zitierte. Der US-amerikanische Anthropologe David Stoll beschreibt Townsends Argumentation in seinem Buch *Is God An American?*: „1. Gott hat uns in die Politik eingeführt. 2. Geschäftsleute tun das gleiche. 3. Die Gastregierung des SIL ist darüber erfreut. 4. Es gibt einen biblischen Präzedenzfall. Als nämlich Jesus Nazareth verließ, tarnte er sich wirkungsvoll als Zimmermann; ebenso begeben sich die Wycliffe-Missionare ins Gebiet der Linguistik. Townsend fragt: War der Sohn Gottes aufrichtig, als er auf die Erde herabstieg und unter den Menschen lebte, ohne zu enthüllen, wer er war?"

Ob die List des doppelten Gesichts aufrichtig ist oder nicht, sie wird zweifellos mit Erfolg und bis auf den heutigen Tag angewendet, wann immer es opportun erscheint. Trotz des Mißbrauchs der Linguistik als wissenschaftlichen Vorwand für eine weniger wissenschaftliche Aktivität wird die Bibelübersetzung in großem Umfang fortgesetzt, wenn sie auch dem Außenseiter oft von zweifelhaftem Nutzen oder religiösen Gehalt erscheint. Die Missionare schwelgen in der eifernden Sprache des Alten Testaments, die wenig Bezug zur heutigen Zeit hat, oder jener Paulus-Briefe. Der Begründer des Christentums selbst wird selten zitiert; das gilt besonders für die zentrale Bergpredigt. In keiner Schrift der Missionare habe ich einen Hinweis auf die Seligpreisung der Hungernden und Dürstenden oder darauf gefunden, daß man nach Lohn im Himmel streben soll.

Das Pressebüro des Innenministeriums empfahl dem Fotografen Donald McCullin, den die *Sunday Times* auf dem Höhepunkt des großen Indianerskandals nach Brasilien geschickt hatte, Fotos von den Kadiweu zu machen, die oft als Indianische Ritter bezeichnet wurden; ein berittener Stamm, auf den die Brasilianer besonders stolz waren. Sie lebten an einem abgelegenen Ort, also mußte Donald mit dem Missionsflugzeug reisen, und der Missionar nahm ihn auf. Doch im Ministerium hatte jemand offensichtlich geflunkert, denn von den Kadiweu, denen man das Land gestohlen hatte, waren nur noch ein paar kranke und hungernde Frauen und Kinder übrig, die jeden Morgen auf ihren zu Skeletten abgemagerten Pferden zum Missionshaus ritten und um Abfälle bettelten. Dem Missionar schien ihre Not gleichgültig zu sein. Er ging ganz in einer einzigen Aufgabe auf: der Übersetzung des Paulus-Briefs an die Galater in die Sprache der Kadiweu. Er hatte zehn Jahre seines Lebens darauf verwandt, erzählte er Donald, und hoffte, die Arbeit in weiteren zehn Jahren abgeschlossen zu haben. „Aber werden diese Menschen nicht bis dahin tot sein?“ fragte Donald.

„Ja, das werden sie“, erwiderte der Missionar.

„Aber worin liegt dann der Sinn Ihrer Arbeit?“ verlangte Donald zu wissen.

Der Missionar dachte nach. „Das ist etwas, das ich Ihnen nicht erklären kann“, sagte er schließlich. „Sie würden es niemals begreifen.“

Fast mit Sicherheit waren januskopfige Männer des Summer Institute of Linguistics unter meinen frühen Kontakten mit Missionaren gewesen, aber keiner von ihnen hatte je diese Vereinigung erwähnt. Zufällig traf ich das erste Mitglied des SIL, das sich als solches zu erkennen gab, kurz nachdem sich der Aufruhr in Brasilien gelegt hatte und sich die Erregung über den in diesem Land praktizierten Genozid auf Bolivien und Paraguay richtete. Hier nahmen die Dinge, wie man den spärlichen Nachrichten entnehmen konnte, denselben Verlauf.

Bolivien war nach wie vor das zweitärmste Land Lateinamerikas, sein Hauptexportartikel war Kokain, und ein großer Prozentsatz der deutschen Immigranten, die nach dem Krieg hierhergekommen waren, blieben der politischen Philosophie der Nazis treu. Die Einstellung der indianischen Minderheit gegenüber wurde aus einer Notiz in der Zeitung *Presencia* deutlich, die ich an meinem ersten Tag in La Paz las; dort stand, eine von den US-Rangers trainierte Spezialeinheit der Armee sei ausgesandt worden, um ein großes Landgut im Norden, das die Präsidentengattin erworben hatte, von seinen indianischen Bewohnern zu säubern.

Ich war in der Hoffnung hergekommen, den deutschen Anthropologen Jürgen Riester zu treffen, der eine Untersuchung über wandernde Zuckerrohrschneider durchführte, die alljährlich kamen, um auf den Besitzungen in der Umgebung von Santa Cruz zu arbeiten. Sie sind fast alle Schuldsklaven; sie werden dazu ermutigt, immer mehr Schulden zu machen, so daß sie lebenslänglich an einen bestimmten Arbeitgeber gebunden sind; desgleichen werden ihre Kinder, die nach dem Gesetz die Schulden übernehmen müssen, an ihn gebunden sein.

Ich beschloß, die Zeit, in der ich auf Riesters Ankunft wartete, mit einem Besuch im Norden des Landes zu verbringen, und mir, wenn möglich, das inzwischen berühmte Landgut der First Lady Boliviens anzuschauen. Zu dieser Reise war die Genehmigung des Innenministeriums erforderlich, und ich wandte mich dorthin und traf den Untersekretär Dr. Guido Strauss. So weit es diese Abteilung betreffe, gebe es keine Probleme, sagte der Doktor, und er fügte zu meiner Verwunderung hinzu, ich solle auch die Erlaubnis Mr. Victor Haltermans vom Summer Institute of Linguistics einholen. Ich sagte zu Dr. Strauss, daß ich diese Aufforderung seltsam fände, und er lachte und sagte, ihm gehe es ebenso. Und nicht nur das, fuhr er mit einem verzerrten Lächeln fort, sogar wenn ein hoher Regierungsbeamter beabsichtige – was Gott verhüten möge –, einen solchen abgelegenen und barbarischen Teil des Landes zu besuchen, müsse er mit dem Hut in der Hand bei Mr. Halterman vorstellig werden. Ich fragte: „Was geht hier vor?“ und er erwiderte: „Das weiß Gott allein. Ich vermute, es hat etwas mit der CIA zu tun.“ Ich habe nie mit einem Bolivianer gesprochen, der das Summer Institute of Linguistics nicht für eine Basis für CIA-Unternehmungen in Bolivien, möglicherweise in ganz Südamerika gehalten hätte.

Die Milde Mr. Victor Haltermans war für mich, der ich einiges über seinen Ruf vernommen hatte, überraschend. Seine Zurückhaltung und Bescheidenheit hatten in seinem in einem baufälligen Gebäude untergebrachten schmucklosen Büro den passenden Rahmen gefunden. Als ich eintrat, nahm er eine telefonische Einkaufsanweisung seiner Frau entgegen, danach brauchte er eine Weile, bis er die Einkaufstasche gefunden hatte. Eine herrliche, mit Arafedern geschmückte Holzskulptur stach von der schäbigen Einrichtung des Raumes ab. Es handelte sich, erklärte der Missionar, um einen indianischen Gott, den ihm einer der von ihm Bekehrten freudig geschenkt habe. Außerdem gab es eine kolorierte Fotografie eines Chacobo-Indianers mit einem langen Gewand aus Baumrinde und stattlichen Nasenpflöcken.

Das Vorhandensein dieser Erinnerungsstücke an die unzivilisierte indianische Vergangenheit überraschte mich, denn die meisten Missionare mißbilligen solche Dinge nach dem Vorbild der Pilgerväter; sie verdammen persönlichen Schmuck in jeder Form – sofern er nicht in einer modernen Fabrik hergestellt wurde – und ächten Musikinstrumente und Lustbarkeiten jeglicher Art im Umkreis der Mission. Mr. Halterman war nach außen hin liberaler. Die Indianer mochten sich kleiden, wie es ihnen beliebte, und sogar singen und tanzen, aber nur im Sinne der „Folklore"; das heißt, solange solche Tätigkeiten jeder Andeutung einer verborgenen „abergläubischen Bedeutung" entkleidet waren.

Ich erfuhr zu meiner Überraschung, daß Mr. Halterman Beamter des Bolivianischen Ministeriums für Kultur und Erziehung war. Er habe eine enge Beziehung zur Regierung, sagte er, und finde, daß sie ihn in seiner missionarischen Tätigkeit sehr unterstützten.

Vielleicht geschieht es zum Zeichen der Anerkennung dieser offiziellen Kooperation, daß der biblische Text, der in den vom SIL reichlich produzierten Werbeschriften am häufigsten vorkommt, Römer 13,1 ist; er wird auf Spanisch und in acht indianischen Übersetzungen angeboten. Der Text des Instituts weicht sowohl von der Englischen Revidierten Bibelfassung als auch von deren spanischem Äquivalent erheblich ab. Aus *„Die Seele ordne sich der höheren Gewalt unter"* wird *„Gehorche deinen rechtmäßigen Vorgesetzten, denn Gott hat ihnen Gewalt verliehen"*, und statt *„Die Gewalten, die Gott fügt"* wartet das SIL mit der erstaunlichen Neuübersetzung auf: *„Es besteht keine Regierung auf Erden, der Gott nicht Gewalt verliehen hätte"*. General Banzer, der 1971 die Macht über dieses Land übernahm, hätte sicherlich zugestimmt.

Mr. Halterman gestand ein, daß sowohl das SIL als auch die beiden anderen führenden evangelischen Missionen religiöse Fundamentalisten und deshalb bereit waren, jede Zeile der Heiligen Schrift mit Zähnen und Klauen zu verteidigen; darunter die Erschaffung der Welt in sechs Tagen und die Erschaffung Evas aus einer Rippe von Adams Seite.

Fundamentalisten glauben außerdem, daß alle Nichtchristen auf der Welt, einschließlich derer, die nie von der Existenz des christlichen Glaubens gehört haben, dazu verdammt sind, die Ewigkeit in der Hölle zu verbringen. Die gedruckte dogmatische Grundsatzerklärung der New Tribes Mission, mit deren Theologie sich Mr. Halterman völlig einverstanden erklärte, drückte es wie folgt aus: „Wir glauben an die ewige Bestrafung der Unerretteten." Demnach sind nicht nur die vielen Millionen, die als Juden, Moslems, Hindus oder Buddhisten erzogen wurden, zur Hölle verdammt, sondern auch die Legionen guter und großer Menschen, die vor der Ankunft Christi gelebt haben. Nach einer Untersuchung der *Times* mit dem Titel *The New Missionary* hatte ein von einem Reporter interviewter fundamentalistischer Missionar „Schwierigkeiten, Katholiken als Mitchristen zu betrachten". Sowohl das SIL als auch die NTM ließen keinen Zweifel daran, daß es um nicht von ihnen Bekehrte im Hinblick auf die Erlösung kaum besser bestellt war als um „richtige" Heiden.

„Er kommt nicht, auf daß der Mensch weiter in der Welt lebt", wie die Missionare zu zitieren nie müde werden, „sondern daß er in der künftigen Welt bei ihm sei." Die Unwichtigkeit eines angenehmen Lebens in dieser im Vergleich zu der Androhung ewiger Bestrafung in der nächsten Welt regt viele Missionare an, um jeden Preis Seelen zu sammeln, oft unter Mißachtung des Wohlergehens der Bekehrten in dieser Welt.

„Wir haben nur ein sehr bescheidenes medizinisches Programm", gab Mr. Halterman zu, und ich glaubte es ihm unbesehen.

William Cameron Townsend hatte einen neuartigen pseudoreligiösen Sprachgebrauch eingeführt, in dem die Verantwortung für missionarische Tätigkeiten, die einem Außenseiter irrig oder gar unmoralisch vorkommen mochten, Gott übertragen wurde. Als er eine heimliche Umverteilung von Geldern zugab, die eigentlich für wissenschaftliche Zwecke und den Kirchenbau vorgesehen gewesen waren, sprach er von „Nebenwirkungen des sich erfüllenden göttlichen Heilsplans". Die Missionare hatten sich dieser Argumentation angeschlossen. Nicht so Mr. Halterman; er kam direkt auf den Punkt: „Es gibt noch einige Indianer in den Waldgebieten, die für die Inbesitznahme durch die Weißen vorgesehen sind", sagte er mild. „Sie stellen ein ständiges Ärgernis dar und müssen verschwinden. Es ist unsere Aufgabe, ihnen den Übergang zu erleichtern." Er beschrieb, wie den wenigen überlebenden Indianerstämmen aus ihrer natürlichen Umwelt „herausgeholfen“ wurde.

„Wenn wir von der Existenz einer Gruppe erfahren, von der wir bisher nichts wußten“, sagte der Missionar, „suchen wir ihr Gebiet auf, bauen eine befestigte Unterkunft – sagen wir, ein Blockhaus – und legen von dort aus radiale Pfade in den Wald an. An diesen Pfaden hinterlassen wir Geschenke – Messer, Äxte, Spiegel, Dinge, denen die Indianer nicht widerstehen können –, und manchmal erhalten wir Gegengeschenke. Allmählich entsteht eine Beziehung. Anfangs sind sie vielleicht mißtrauisch, aber nach einer Weile laufen sie nicht mehr fort, wenn wir uns zeigen, und wir kommen zusammen und schließen Freundschaft.“

Aber die Geschenkespur führt unausweichlich auf das Missionsgelände, und hier kommt es, oft nach einer langen Reise des Indianers, weit fort von seinen Nahrungsquellen, seinen Fischen und seinem Wild, zu einem abrupten Ende.

„Als nächstes müssen wir sie aus ihrer Abhängigkeit von uns befreien“, erläuterte Mr. Halterman. „Natürlich wollen sie weiterhin all die begehrenswerten Dinge von uns bekommen, die wir ihnen gegeben haben, und manchmal sind sie überrascht, wenn wir ihnen erklären, daß sie von nun an arbeiten müssen, um Geld zu verdienen, wenn sie diese Dinge besitzen wollen. Wir selbst beschäftigen sie nicht, aber gewöhnlich können wir ihnen eine Tätigkeit auf einem Landgut in der Nähe zuschanzen. Dort lassen sie sich nieder, wenn sie entdecken, daß es keinen Weg zurück gibt.“

„Artet diese ‚Tätigkeit‘ nicht gelegentlich in Sklaverei aus?“ erkundigte ich mich.

Er dachte über dieses Wort nach. „Nein, keine Sklaverei“, sagte er dann. „Aber die Arbeit kann hart sein. Wir tun unser Bestes, um Übergriffe zu verhindern. Sie kommen zuweilen vor, aber wir tun, was wir können.“

8

Ein paar Tage später traf ich mich mit Jürgen Riester, der in Santa Cruz de la Sierra angekommen war, der Hauptstadt des östlichen bolivianischen Tieflands. Riester unterschied sich von jenen Anthropologen, die ihre Studien am liebsten in einer Atmosphäre wissenschaftlicher Losgelöstheit betreiben und die vielleicht die Mehrheit bilden; er gab sich nicht damit zufrieden, Daten zu sammeln und auszuwerten, sondern engagierte sich persönlich. Er verfaßte unter anderen das Werk *Indians of Eastern Bolivia*, veröffentlicht von der International Work Group for Indigenous Affairs (IWGIA), Kopenhagen, und sein genaues Wissen um das Schicksal dieser Indianer hatte ihn dazu bewogen, seine akademische Arbeit eine Weile ruhen zu lassen, um nach besten Kräften zu helfen.

Riester hatte seine Untersuchung weitgehend den indianischen Zuckerrohrschneidern und Baumwollpflückern gewidmet, von denen etwa 40–50 000 für eine Saison von bis zu drei Monaten pro Jahr ins Tiefland geholt wurden. Diese Männer arbeiteten 15 Stunden pro Tag; sie fingen um drei Uhr morgens im Mondschein oder beim Licht von Kerosinlampen an; nur an Sonntagen betrug ihre Arbeitszeit 13 Stunden. Sie erhielten grundsätzlich den Gegenwert von 1,50 DM pro Tag; diverse Gebühren und Abzüge waren üblich. Die Indianer, die wir zu Gesicht bekamen, hausten unter erbärmlichen Verhältnissen in lichtlosen Baracken, in denen Männer wie Frauen in dichtgepackten Reihen schliefen. Wo es Kinder gab, mußten sie auf den Erwachsenen liegen. Die Indianer, gewöhnt an die kühle, klare Luft im Hochland der Anden, wo sie rekrutiert worden waren, litten unter der tropischen Hitze und den unablässigen Attacken der Insekten, die ihnen das Leben unerträglich machten. Viele wurden krank, und man achtete darauf, diejenigen, die wahrscheinlich sterben würden, wieder ins Hochland zurückzubringen. Die einzige Medizin, die wahllos an alle verteilt wurde, die an Tuberkulose, Darmentzündung oder Schlangenbissen litten, war Aspirin. Die Indianer waren gezwungen, ihre Verpflegung in unternehmenseigenen Läden zu kaufen, wo ihnen Preise bis zum Zehnfachen des üblichen berechnet wurden.

Das schlimmste war, daß diese Zehntausende von Indianern in einem System der Schuldsklaverei gefangen waren, aus dem es kein Entrinnen gab. Jedes Pflichtversäumnis wurde unbarmherzig verfolgt und mit langen Gefängnisstrafen geahndet. In all diesen rückständigen, unterentwickelten, missionierten und von Diktatoren gepeinigten Ländern herrschte Sklaverei in verschiedenen Verkleidungen, wohin man schaute.

Riester und seine drei Mitarbeiterinnen hatten ihre Ankunft aus Deutschland zeitlich so abgestimmt, daß sie pünktlich zum Ende der Saison eintrafen, wenige Tage vor Ankunft der altersschwachen Busse, mit denen die Wanderarbeiter zurück in die Anden gebracht werden würden. Riester und sein Team hatten das so arrangiert, um die alljährlich wiederkehrende Praxis vereiteln zu können, den Indianern die paar Pesos abzuknöpfen, die beiseite zu legen ihnen vielleicht trotz aller Ausraubung und Erpressung gelungen war. Das einzige Objekt der Begierde – der Luxusgegenstand, den zu besitzen sich jede Indianerfamilie wünschte – war ein Stuhl. Er war nach dem langen, arbeitsreichen Sommer das Symbol für ihr Überleben und ihre Belohnung. Einen Stuhl mit in die möbellosen Anden zurückbringen und ihn voller Stolz den bewundernden Blicken der Nachbarn präsentieren zu können, war der höchste Ehrgeiz der Indianer. Der Laden der Gesellschaft führte stets Stühle, aber nur wenige Familien hatten genug Geld zusammengespart, um den Preis bezahlen zu können, und wenn man der Versuchung erlag, einen Stuhl auf Kredit zu kaufen, erhöhte man nur die Schulden der Familie.

An diesem Punkt setzten Riester und sein Team an. Riester fand ein Schlupfloch im Vertrag der Gesellschaft und behauptete, die Arbeiter seien nur verpflichtet, ihre Verpflegung aus dem Laden zu beziehen. Dann wandte er sich an einen Möbelhersteller in Santa Cruz de la Sierra und kaufte so viele Stühle wie nötig zum Fabrikpreis. Ich half ihm, den Mietwagen zu beladen, und sie fuhren mit den Stühlen zu den Ländereien zurück und händigten sie den Indianern aus. Ich war verblüfft über Riesters Findigkeit und Mut. Er machte sich bei dieser Gelegenheit skrupellose Männer zu Feinden und setzte sich großer Gefahr aus. In Santa Cruz arbeiteten die Killer nach Tarif; eine weniger wichtige Person töteten sie für 100 Pesos, keine 10 Mark. Ein durchschnittlicher Bürger wurde für das Zehnfache beseitigt, und der Mord an einem Fremden kostete 3000 Pesos. Das waren immer noch weniger als 300 Mark. Es war die bolivianische Art, Rechnungen zu begleichen.

Als ich kurz nach meiner Ankunft in der Ruhe und Sicherheit des Santa Cruz Holiday Inn die örtliche Zeitung, *Presencia*, überflogen hatte, war ich von einem Artikel erschüttert gewesen, der sich fast wie ein böses Märchen las. Die Story beschrieb die Erlebnisse einer Gruppe von Waldindianern – Ayoreo-Flüchtlinge aus dem Missionslager –, die eine lange, verkehrsreiche Straße entlanggewandert waren und sich am Ende ihres Marsches, verwundert, benommen, vom Getöse betäubt und unfähig, sich verständlich zu machen, in den Straßen einer modernen Stadt wiedergefunden hatten. Sie kampierten auf einem städtischen Gartengelände neben einer der meistbefahrenen Straßen, an der sich die Frauen hinter dem Gebüsch prostituierten, um Geld für Essen zu erhalten. Vermutlich hatten nur wenige Bürger von Santa Cruz von ihrer Anwesenheit Kenntnis genommen.

Einer der Ayoreo, ein junger Mann namens Cañe, wusch eines Abends seine Kleider, als er Schreie von einem in der Nähe geparkten Wagen her hörte, und sah, daß zwei Männer ein Mädchen angriffen. Er eilte dem Mädchen zu Hilfe, und die beiden Männer fuhren fort, kamen aber bald mit einem Polizeiwagen zurück. Sie schlugen Cañe zusammen und fuhren ihn zur Polizeistation, wo man, als er sich als unfähig erwies, Angaben über sich selbst zu machen, versuchte, ihm mit einer speziell zu diesem Zweck entworfenen Apparatur die Handgelenke zu brechen. Als dies mißlang, zog ein Polizist ohne Umstände seinen Revolver und schoß Cañe durch den Kopf. Das Geschoß drang in seiner rechten Kopfseite ein, knapp unterhalb und hinter dem Ohr, und trat wenige Fingerbreit davon entfernt wieder aus; erstaunlicherweise, ohne das Gehirn zu verletzen.

Das Ungewöhnliche an dieser Geschichte, die der Redakteur mit nicht mehr Gemütsbewegung geschildert hatte, als wenn er über einen Busunfall berichtet hätte, war, daß Cañe nicht nur überlebte, sondern auch in ein Krankenhaus gebracht wurde. In Lateinamerika ist es beinahe undenkbar, daß für einen Indianer eine Ambulanz geschickt wird.

Ich erwähnte diesen Fall einige Tage später Jürgen Riester gegenüber, und wir beschlossen, nachzuschauen, ob die Ayoreo noch dort wären. Wir erfuhren, daß Cañe, der aus dem Krankenhaus entlassen worden war, und die Gruppe sich immer noch auf jenem Stück Land aufhielten, nahmen einen Dolmetscher mit und fuhren in einem Taxi hin, um mit Cañe zu reden. Der Taxifahrer hatte seine eigenen Gründe, zu wissen, wo die Ayoreo zu finden waren; er erwähnte, daß er erst vor wenigen Tagen mit einer der Frauen verkehrt habe. Er sagte, er finde die Ayoreofrauen als Sexualpartnerinnen sehr befriedigend. Sie seien billig – ihr Preis sei fünf Pesos – und weit anmutiger und natürlicher als die hartgesottenen Prostituierten der Innenstadt, mit denen er normalerweise verkehren müsse. Andererseits unterzögen sich die Ayoreofrauen nicht den bei den Mädchen in den Bordellen üblichen regelmäßigen medizinischen Untersuchungen – mit den unvermeidlichen Folgen. Er erwarte jetzt besorgt das Auftreten der gefürchteten Symptome.

Es war früher Abend, und der Szene haftete für mein Gefühl etwas Dämonisches an. Man hatte eine neue zweispurige Autostraße angelegt und die Häßlichkeit der Szenerie zu mildern versucht, indem man Palmen und Hibiskus pflanzte und hübsche Straßenlampen aufstellte. In den Pausen zwischen dem Verkehrslärm und dem Hupkonzert hörte man das Schluchzen und Wimmern von Kassettenmusik von der doppelten Reihe geparkter Autos her. Ein Amphitheater elektrischer Lichter umgab den unteren Teil des Himmels.

Wir fanden die Ayoreo, wie man uns versichert hatte. Als wir ankamen, waren etwa ein halbes Dutzend Frauen mittleren Alters dabei, ebenso viele mannbare Mädchen, deren Körper sie alle ernähren sollten, für die nächtliche Arbeit herzurichten. Die älteren Frauen und Männer waren immer noch mit den trübseligen Kleidern des Missionslagers gekleidet, aber die Mädchen, die alle Babys säugten, hatte man mit Miniröcken und T-Shirts ausstaffiert; eines oder zwei von ihnen trugen stolz neue Schuhe mit glänzenden Schnallen. Das Make-up wurde mit atemloser Konzentration und beachtlichem Geschick mit kleinen Instrumenten aufgetragen, die der Dschungel geliefert hatte, wenngleich der Versuch, die normale Gesichtsfarbe der Ayoreo durch weißen Puder aufzuhellen, einen leicht grausigen Effekt zeitigte. Endlich waren die Mädchen bereit und knieten – die Augen niedergeschlagen, vom fernen Lärm der Stadt umtost, die Wangen von den hellen Reflexionen der Scheinwerfer und Leuchtreklamen umspielt, ihre Babys in den Armen – am Rand der Fahrbahn. Dieser Anblick hatte etwas Symbolisches; er wirkte eher orientalisch als indianisch, eine Gebärde der Ergebenheit in das Schicksal. Nicht eine von ihnen hatte auch nur einen Blick in unsere Richtung geworfen.

Die Männer beschäftigten sich im Dunkel der Bäume mit kleineren Aufgaben. Die jüngeren unter ihnen wirkten außerordentlich kräftig. Durch selektive Partnerwahl, die zum Überleben in der „Grünen Hölle“ des Chacos unerläßlich ist, haben die Ayoreo vielleicht die eindrucksvollste Physis der ganzen indianischen Rasse erworben, und männliche Kraft ist für sie ein Fetisch. Um Ansehen zu erwerben und eine gute Ehe schließen zu können, mußte ein Mann bereit sein, einem Jaguar im Nahkampf derart entgegenzutreten, daß er die größtmögliche Anzahl von Narben an Leib und Gliedern davontrug. Körperlich waren die Ayoreo das Gegenteil der drahtigen, berggewandten Huichol. Als wir Cañe fanden, erblickten wir einen jungen

Samson, und obwohl er nur die Sprache der Ayoreo beherrschte, hörten wir seine Belustigung darüber heraus, daß selbst die Handgelenkbrechmaschine der Polizisten bei ihm versagt hatte. Sie hatten ihn durch die Hintertür der Polizeistation auf die Straße geworfen, und das Glück hatte genau in diesem Augenblick einen jungen Arzt vorbeigeschickt, der sich ihm neugierig näherte und in hohem Maß erstaunt war, daß ein Mann mit einer solchen Wunde nicht nur überlebt hatte, sondern sogar bei Bewußtsein war.

Die unverbundene Wunde in seinem Hinterkopf war noch offen und eiterte. Bevor er sie uns zeigte, säuberte er sie so gut wie möglich mit einem Baumwollappen. Die Polizisten hatten ihm mehrere Rippen gebrochen, aber das verursachte ihm keine Beschwerden. Er war als Junge von einem Missionar aus dem Chaco geholt worden, während eines Armeeangriffs auf den Stamm, bei dem er Zeuge gewesen war, wie die Soldaten seine Eltern umbrachten. Seitdem hatte er für Landbesitzer geschuftet und war entlohnt worden, indem man ihm gelegentlich ein abgelegtes Kleidungsstück zuwarf und eben genug Reis zuteilte, daß er am Leben blieb. Und dann hatten er und seine Genossen das Leben im Missionslager nicht länger ausgehalten und waren fortgegangen. Anfangs waren sie einem Dschungelpfad gefolgt, dann der Eisenbahnlinie, dann hatte sie eine Straße nach Santa Cruz geführt.

Er war über den unprovozierten Überfall, der ihn fast das Leben gekostet hätte, keineswegs verbittert; vielmehr lachte er und freute sich über sein Entkommen; das war typisch für die Lebensanschauung dieser Indianer.

Inzwischen hatte der erste Kunde angehalten; er verschloß seinen Wagen und kam in unsere Richtung geschlendert. Die Mädchen knieten wie in Stein gehauen. Cañe wischte sich ein wenig Blut vom Kopf, und wir wandten uns zum Gehen. Wir versprachen, mit Gummiplanen zurückzukehren, von denen Riester einen Vorrat hatte, denn bald würde die Regenzeit einsetzen.

Das Lager, dem die Indianer den Rücken gekehrt hatten, war

eine etwa 20 km von hier entfernte, in der Nähe des Dorfes Pailón im Dschungel gelegene Station der South American Mission Society. Riester schlug vor, daß wir sie morgen aufsuchen und uns dort umschauen sollten, und ich stimmte zu.

Wir brachen am nächsten Tag vor der Morgendämmerung in Riesters Landrover auf und fanden das Missionslager am Ende eines Dschungelpfads. Man hatte Warnschilder aufgestellt, um Besucher abzuschrecken. Im Lager hockten schmutzige und ungepflegte Frauen und Kinder um ein Feuer, über dem eine Schildkröte gegart wurde. Man bot Riester einen geschwärzten Fuß an; er nahm ihn und aß mit sichtlichem Vergnügen, und als später ein mit einer pelzartigen, verwesten Schicht bedeckter Knochen herumgereicht wurde, nagte er auch daran herum. Im Zentrum des Lagers stand eine große Holzhütte, an deren Wänden mehrere Ayoreomänner lehnten, die sich aufrecht hielten, indem sie sich an den überstehenden Dachbalken festhielten. Sie waren benommen und apathisch und unfähig oder nicht willens, zu reden. Als wir das Lager einige Stunden später verließen, hatte sich ihre Haltung nicht verändert, und eines der deutschen Mädchen sagte, daß sie vielleicht sterben wollten.

Während es der New Tribes Mission vorbehalten gewesen war, die Ayoreo aus dem Dschungel im paraguayanischen Teil des Gran Chaco zu vertreiben, hatte sich die South American Mission Society diese Aufgabe in bezug auf die bolivianischen Ayoreo gestellt. 275 von ihnen – ein großer Prozentsatz der Überlebenden – waren samt ihrem von Jaguarpranken zernarbten Häuptling zusammengetrieben worden. Er trug einen Motorradsturzhelm und stellte sich uns in all seiner Würde vor. Dann nahm er den Helm ab, um uns den tiefen Einschnitt in seiner Stirn zu zeigen, der von einem Selbstmordversuch mit einer Axt herrührte.

Ein Aufruhr erhob sich; er ging von einigen weinenden Frauen aus, die zu uns vordrangen, um uns zu sagen, daß man die Wasserversorgung des Lagers zur Strafe für irgendein Vergehen eingestellt hätte und viele kranke Kinder seit Tagen ohne Wasser wären. Es schien uns dringend, irgendetwas zu tun, also suchten wir den Missionar auf, Mr. Depue, dessen gepflegtes Grundstück an den verwahrlosten Lagerbereich angrenzte. Die Missionare lebten in einem stattlichen, aber schmucklosen Haus, und man gewahrte als erstes Gerät in Lattenkisten, das gerade angekommen war oder abtransportiert werden sollte, einen Antennenmast, das Dröhnen des Stromgenerators, leere Dr.-Peppers-Kästen und, an der Tür aufgereiht, robustes importiertes Spielzeug. Mr. Depue und seine Familie waren beim Essen, als wir kamen, und wir wurden in ein Vorzimmer geführt, von dem aus wir die Depues bei ihrem Mahl beobachten konnten. Sie aßen langsam, unter völligem Schweigen. Nachdem Mr. Depue das Dankgebet gesprochen hatte, erhob sich die Familie vom Tisch und entfernte sich wortlos. Mr. Depue gesellte sich zu uns, ein schlanker Mann mit glattrasiertem Kopf, der stark an die männliche Gestalt auf Grant Woods bekanntem Gemälde *American Gothic* erinnerte.

Er gab sofort zu, eine Kollektivstrafe angeordnet zu haben, die seiner Überzeugung nach helfen würde, einen Fall aufzuklären, bei dem zwei oder drei Kinder in einen Laden eingebrochen waren und Petroleum gestohlen hatten. Es würde erst wieder Wasser geben, wenn die Schuldigen gefunden und auf sein Grundstück gebracht worden seien, wo sie öffentlich gezüchtigt würden.

„Wollen Sie die Züchtigung selbst vornehmen, Mr. Depue?" erkundigte ich mich.

„Das ist meine Absicht", erwiderte er, „obwohl ich nicht abgeneigt wäre, zuzuschauen, während die nötige Bestrafung durch eine andere Person ausgeführt würde. Aber ich fürchte, das ist unwahrscheinlich."

Er erklärte uns, die Situation sei schwierig, denn in all den Jahren seiner Missionarszeit habe er noch nie erlebt, daß ein Indianer ein Kind bestraft hätte, was zu bedeuten scheine, daß ihnen das Konzept der erzieherischen Strafe fremd sei. Mr. Depue hielt diese Abneigung gegen Strafen für einen in der ganzen Rasse verbreiteten genetischen Defekt. Jetzt sei es zu einer

Kraftprobe gekommen, sagte er, einem Testfall. Er hoffe sowohl für sich selbst als auch für die Ayoreo, daß es bald zu einer Lösung komme.

„Weshalb sagen Sie das?“ fragte ich.

„Weil wir im selben Boot mit ihnen sitzen. Was immer ihnen Unangenehmes widerfährt, wir teilen es mit ihnen. Ich habe angeordnet, daß auch die Wasserversorgung unseres Hauses eingestellt wird.“

Mir schien es jedoch, als habe Mr. Depue in weiser Voraussicht für Vorräte gesorgt, denn ich hatte bei ihrem Mittagsmahl sowohl Wasser als auch alkoholfreie Getränke gesehen.

Mr. Depue hatte zufällig den Zeitungsbericht über Cañes Mißgeschick gelesen und erinnerte sich, ihn selbst anläßlich einer Befriedungsfahrt in den Chaco „eingebracht“ zu haben. „Drei oder vier junge Burschen, darunter dieser, wurden in der Panik vom Rest des Stammes getrennt. Ich hielt mich abseits und schickte Indianer vor, die die Ayoreosprache verstanden und ihnen ein besseres Leben versprechen und sie überreden sollten, mitzukommen, und sie taten es.“

Wir standen an der Tür des Missionshauses und betrachteten die Ergebnisse von Mr. Depues Bemühungen, die Planung und Anordnung des Missionsanwesens, die Kapelle, in der man sich häufig zum Gebet traf, und ein niedriges Podest, von dem aus man Reden halten konnte und auf dem vermutlich auch die öffentliche Züchtigung stattfinden würde. Das Gelände dahinter war mit jämmerlichem Abfall übersät, und wir sahen den Holzschuppen, an dessen Dachgebälk sich die Ayoreo festhielten. Knapp 50 m weiter begann der trockene sekundäre Buschwald. Die Indianer hatten unserem Dolmetscher gesagt, daß nichts in ihm lebe; er sei von den mittellosen Indianern abgesucht worden, und kein Vogel, keine Schlange, nicht einmal eine eßbare Raupe sei übriggeblieben. Die Schildkröte hatte ihnen ein benachbarter Landbesitzer zugeworfen, der das Lager aufgesucht hatte, um etwas mit dem Missionar zu besprechen.

„Und Sie glauben immer noch, daß dies ein besseres Leben ist?“ fragte ich Mr. Depue.

„Ja“, erwiderte er. „Ich kann Ihnen nicht mit Worten beschreiben, um wieviel besser es ist.“

„Die Ayoreo, die das Lager verließen, und nach Santa Cruz gingen“, sagte ich, „leben von dem, was die Mädchen durch Prostitution einnehmen.“

„Sie haben kaum andere Möglichkeiten“, sagte er.

„Wie fühlen Sie sich, wenn Sie daran denken?“

„Ich überlasse es Ihnen, sich meine Gefühle auszumalen; mich tröstet der Gedanke, daß eine wahrhaft gerettete Seele nie wieder verlorengehen kann.“

Die erste große missionarische Intervention im bolivianischen Chaco fand unter der Leitung William Pencilles von der South American Mission Society statt, die herbeizitiert wurde, als weiße Viehzüchter in das Stammgebiet der Ayoreo eingedrungen waren und Streit mit ihnen bekommen hatten. Pencille stellte einen freundschaftlichen Kontakt her, überredete die Ayoreo, ihren Widerstand aufzugeben, und siedelte sie auf einem unfruchtbaren Landstrich neben einer Eisenbahnlinie an, wo innerhalb weniger Wochen 300 Indianer an Grippe starben.

> Es besteht kein Zweifel daran, daß die Missionare, denen ein Jeep, ein Flugzeug und Geldmittel zur Verfügung standen, diesen Menschen das Leben hätten retten können. Aber Pencille sagte: „Es ist besser, wenn sie sterben. Dann taufe ich sie (in der Stunde ihres Todes), und sie kommen direkt in den Himmel.“ (Aus einem Gespräch zwischen William Pencille und Father Elmar Klinger, OFM, zitiert von Luis A. Pereira in *The Bolivian Instance*.)

Mr. Depues fruchtbare Zusammenarbeit mit der bolivianischen Armee, wie sie mir beschrieben wurde, war vielleicht die letzte Operation dieser Art; danach war man überzeugt, daß es in Bolivien nicht mehr viele frei lebende Ayoreo gäbe.

Der einst buchstäblich undurchdringliche Dschungel aus

Dornbuschwald und Mooren, der als der Gran Chaco bekannt ist und auch als „Grüne Hölle" bezeichnet wird, erstreckt sich über ein Gebiet von rund 4000 km² und ist zwischen Bolivien und Paraguay aufgeteilt. Soweit bekannt, wurde der letzte Ayoreo des bolivianischen Sektors durch jene Operation nach Norden geschafft, an der Mr. Depue beteiligt gewesen war, während in Paraguay vielleicht 1500 von ihnen verblieben. Als Viehzüchter und Ölprospektoren begannen, sich für dieses Gebiet zu interessieren, beauftragte 1942 General Alfredo Stroessner, der Diktator Paraguays, die New Tribes Mission of Florida, die Indianer des Chaco „anzusiedeln und zu zivilisieren", später schenkte er ihnen 2500 ha Land.

Es war eine Aufgabe, der die Missionare mit großem Eifer und, wie man Berichten entnehmen kann, mit Unterstützung der paraguayanischen Luftwaffe nachgingen. 1943 hatte die erste von vielen Indianerjagden der Missionare in Bolivien stattgefunden, in deren Verlauf fünf Missionare getötet wurden.

Die Missionare selbst beschreiben diese Operationen mit entwaffnender Einfachheit und Direktheit – um so mehr, als es immer die Politik der NTM war, junge Evangelisten mit geringer Bildung zu rekrutieren, denen es häufig an Diskretion mangelt. *God Planted Five Seeds* von Jean Dye Johnson ist eine dafür typische Schilderung einer jungen Missionarsfrau, die bald zur Witwe werden sollte.

Nach der Darstellung der jungen Frau ist es ungewiß, ob die Johnsons, als sie in Bolivien ankamen, erkannten, daß sie sich immer noch auf demselben Kontinent befanden, zu dem auch die Vereinigten Staaten gehörten. Nur einmal auf 213 Seiten spricht sie von Indianern, nicht ohne ihre Meinung zu äußern, daß „richtige" Indianer nur in Nordamerika zu finden seien. In allen übrigen Fällen hat die Mission den Zweck, „nackte Wilde" oder *bárbaros* aufzubringen.

Mrs. Johnson berichtet, ziemlich unbeteiligt, als sei es ein Traum, von der Ermordung nackter Wilder, und ein paar kurze Zitate dürften genügen, um dem Leser eine Vorstellung davon zu vermitteln, wie der Prozeß der Aufbringung und Bekehrung in den Augen der unmittelbar Beteiligten ausgesehen haben muß:

> Wir wußten damals noch nicht, wie geschickt sich die Ayoreo verbargen, wenn sie ein Flugzeug auch nur erblickten. Ein gefangener *bárbaro* schilderte uns später, wie sie sich beim ersten Geräusch in der Luft alle auf den Boden warfen. Mütter warfen sich über ihre Kinder, damit sie sich nicht rührten, und ihr brauner Leib war in den Braun- und Grüntönen des Dschungels die perfekte Tarnung.

Man liest aus diesem Bericht keine Kritik an den Ereignissen. Kein Mitgefühl für die verzweifelte Lage dieser Mütter.

> Wir waren entschlossener denn je, diese Seelen für Christus zu gewinnen, als die in höchster Not aus dem Dschungel getriebenen Ayoreo hereinkamen.

Mrs. Johnson bemerkt, die Ortsansässigen, „von denen die meisten Ranches oder Farmen außerhalb der Stadt besaßen, waren schamlos in ihrem Verlangen, einen Ayoreo in die Hand zu bekommen, damit er ohne Bezahlung für sie arbeite“.

> Viele benachbarte Ranches verwendeten bereits Ayoreo als Arbeiter, von denen die meisten als Kinder gefangen worden waren. Jetzt betrachteten die Städter sie voller Berechnung im Hinblick auf ihren möglichen Ertrag.

Die Verwendung des Adjektivs „schamlos“ weiter oben stellt die einzige Kritik in diesem Buch an der Versklavung der Indianer dar. Mrs. Johnson lebte jahrelang unter „Gefangenen“ und „Arbeitern ohne Bezahlung“, aber das Wort „Sklave“ kommt bei ihr nicht vor. Ein einziges Mal erwähnt sie Bedauern über den Mord an einem Indianer:

> Er [Paul Fleming, Gründer und Oberhaupt der NTM] war beunruhigt darüber, daß die zweite Suchmannschaft einen Wilden getötet hatte.

Ebenfalls in bezug auf diesen Vorfall beantwortet Dorothy, eine der Missionsfrauen, Pauls Brief:

> Es könnte nur bedeuten, daß weitere Wilde getötet und in unchristliche Gräber gelegt würden. Wir sind hier, um an sie heranzukommen, nicht, um sie zu töten.

Mrs. Johnsons Sorge gilt hier wahrscheinlich weniger dem Tod eines Wilden, was nicht gerade ein seltenes Ereignis war, als vielmehr der Verantwortung der Mission für die Verdammnis einer Seele zu ewigem Fegfeuer.

9

Ungeachtet der Meinung der Weltöffentlichkeit gingen die Menschenjagden weiter; die letzte, die am 30. Dezember 1986 stattfand, hatte den Tod fünf missionierter Indianer von der „Kontakt"-Truppe des NTM zur Folge. Danach wurden frisch „kontaktierte" Indianer zur NTM-Basis bei Campo Loro transportiert, wo sie alle, einem Bericht an Survival International zufolge, kürzlich eingeschleppten Krankheiten unterlagen. Nach diesem Zwischenfall sagte der Direktor der NTM in Paraguay zu Survival International:

> „Wir sind nicht mehr hinter irgendwelchen Leuten her. Wir haben den Transport übernommen." Aber bei einem späteren Treffen mit Survival International in Florida gab der NTM-Vorsitzende Macon G. Hare zu, daß sich die NTM nach wie vor mit „Kontaktarbeit" befaßt. Er räumte ein, die NTM bemühe sich gegenwärtig, bisher „unerfaßte Stämme" in Brasilien, Kolumbien und Bolivien „einzubringen".

Bei einem späteren Meinungsaustausch gab Les Pederson, der „NTM Field Co-ordinator" für Lateinamerika, an, nicht zu wissen, wie viele der neu kontaktierten Indianer überlebt hätten. „Derart genaue Aufzeichnungen führen wir nicht", sagte er und fügte hinzu: „Sie haben sich dort unten stark mit den anderen vermischt, und diese Indianer sehen alle ziemlich gleich aus."

Kontaktarbeit, so erfährt man aus den Publikationen der Missionen, wird – soweit sie nicht die Missionare selbst tun – einheimischen „Diakonen" übertragen. Diese Männer tragen Gewehre, getreu dem Vorbild der früheren Polizei der London Missionary Society. Zur Zeit befinden sich rund 850 solcherart kontaktierte Ayoreo in den NTM-Lagern, und eine sehr große, aber nicht erfaßte Anzahl von ihnen ist gestorben. Cultural

Survival, eine US-Organisation, die dem missionarischen Unternehmen nicht völlig ablehnend gegenübersteht, gab zu, daß Insassen eines NTM-Lagers, die von ihren Beauftragten besucht worden waren, gegen ihren Willen dort festgehalten wurden. Sie waren demnach im Sinne des Gesetzes gekidnappt worden.

Die Missionsberichte über solche Aktivitäten lassen eine fast unglaubliche Gefühllosigkeit erkennen. Ein mit März 1979 datierter Brief, den die Familie McClure nach Hause schickte, liest sich wie folgt:

Liebe Brüder im Gebet,

Im letzten Frühjahr baten wir Euch, darum zu beten, daß das Jahr 1978 das Jahr würde, in dem wir die Totobigosode oder „Schweineleute" kontaktieren. Wir schreiben Euch nun, was Eure Gebete bewirkt haben.

Es begann am 28. Dezember, als Bruce Higham und ich 27 Moro-Männer [„Diakone" der Mission] mit zu einem etwa 200 km von El Faro entfernten Ort nahmen ... Es war nicht zu übersehen, daß sich die „Schweineleute" in dieser Gegend aufhielten ... Als die El-Faro-Leute ihnen nahe waren, fingen sie an, ihre Namen zu rufen, und daß sie in Frieden gekommen wären. Die „Schweineleute' riefen darauf zurück: „Diese Männer sagen, sie kommen in Frieden, aber was ist, wenn es sich um einen Trick handelt; denn das haben sie vor langer Zeit schon einmal getan."

Der Umschwung schien zu kommen, als Cadui, einer der El-Faro-Leute, sein Gewehr hinter sich warf und weiterging. Dort waren zwölf Männer und acht Frauen. Aber sie mußten drei Tage lang warten, bis alle Frauen zusammengetrieben waren; sie waren zu Tode erschrocken. Eine hatte sich verletzt, als sie von einem hohen Baum fiel. [Sie brach sich ein Bein an zwei Stellen, wurde gezwungen, trotzdem zur Mission mitzugehen, und starb daraufhin. Anläßlich einer früheren Begegnung mit den „zahmen" Indianern der Mission war ihr die rechte Brust weggeschossen worden.] Es herrschte große Freude, als wir bei der Missionsstation ankamen ... Die El-Faro-Indianer und die Missionare preisen soeben den Herrn, daß er uns zum Erfolg geführt hat. So viele Dinge hätten mißlingen können, wenn der Herr uns nicht geleitet hätte ... Es wäre noch als interessante Anmerkung hinzuzufügen, daß der hitzige Anführer der El-Faro-Moro [missionierte Indianer], Dejai, der in den vergangenen Jahren so viele Überfälle auf die „Schweineleute" angeführt hatte, nur zwei Tage vor ihrer Ankunft hier in hohem Alter gestorben ist.

Auf der Suche nach den Verlorenen im Namen Christi
Die McClures.

Lane McClure, der Organisator dieser Heldentaten, beschrieb Luke Holland von Survival International, wie das System des „Schnappens" funktionierte. Wenn El-Faro-„Diakone" das indianische Dorf betraten, „schnappten" sie Mitglieder dieser anderen Gruppe und wurden ihre Besitzer. Ein Missionar sagte: „Ihr Eifer im Glauben an den Herrn ist so groß, daß sie für ihn zeugen, indem sie einen der Schweineleute schnappen. Menschen, die geschnappt wurden, sind in gewisser Hinsicht die Sklaven derer, die sie geschnappt haben."

Ein anderer Missionar sagte: „Die Schweineleute, die kürzlich hergebracht wurden, hatten nicht viele Kinder, weil Kinder das Fortlaufen erschweren. Sie töteten viele Kinder." Ein weiterer Missionar fügt diesem düsteren Bericht höchst beiläufig hinzu: „Eine Frau begrub zwei ihrer Kinder lebendig."

Nach ihren bescheidenen, wenn auch gewalttätigen Anfängen in Paraguay gab es für die NTM kein Halten mehr. 1945 bezog sie Indien in ihren Tätigkeitsbereich ein, 1946 Venezuela, 1949 Brasilien, Neuguinea und Japan. 1952 gab es Missionen auf den Philippinen und in Thailand. Rasch folgte die Expansion in Lateinamerika, Afrika und Fernost. Heute gibt die NTM an, etwa 2500 Evangelisten in 24 Ländern zu haben und mit 159

Stämmen zu arbeiten. Die meisten Missionarskinder werden auf MK-(Missionary Kid)Internate geschickt, in denen sie im fundamentalistischen Glauben erzogen werden. Die Vertreter der „harten Linie“ der NTM lehnen es ab, sich mit „liberalen“ Missionaren zu verbrüdern. Von Heiraten mit Nichtamerikanern wird „streng abgeraten“. Die Sekte ist autoritär organisiert. Die Führer werden anders als beim SIL – das vergleichsweise wie eine Brutstätte des Liberalismus erscheint – nicht gewählt, sondern bekommen ihre Posten zugewiesen.

Sowohl das SIL als auch die NTM stießen in den Ländern, in denen sie Missionen einrichteten, auf große Widerstände; beide wurden von mehreren Ländern ausgewiesen, haben es aber immer geschafft, wieder zurückzukehren. Die merkwürdige Unverwundbarkeit dieser Sekten hat in den betroffenen Ländern zu zunehmendem Ressentiments geführt, wobei über hinter den Kulissen ausgeübten Druck geklagt wird, der es ihnen ermöglicht, ihre Ziele zu erreichen.

Die Methoden der Evangelisierung des SIL sind dank seines besser ausgebildeten Mitarbeiterstabs verfeinerter; die NTM geht aggressiver vor und ist beharrlicher. 1972 wurde die NTM, gemäß ihren eigenen Worten, „von Gott aufgefordert, die primitiven Macu-Indianer in Kolumbien zu kontaktieren ... Aufgrund der Unberechenbarkeit der Indianer beschlossen unsere Männer, ihr Haus mitten in einem im Kontaktgebiet gelegenen See zu errichten.“ Auf dieser Insel sollten sie zehn Jahre lang ausharren. Die häufigen Fortschrittsberichte erschienen in *Brown Gold*, der Hauszeitschrift der NTM. Die Indianer zeigten, wie die Missionare berichteten, große Furcht, die wohl berechtigt war, denn es waren – wie aus redaktionellen Ausrutschern zweifelsfrei hervorgeht – wieder einmal Gewehre im Spiel. Schließlich kam es zum Wortwechsel zwischen den Missionaren und den Macus. *Brown Gold* berichtet: „Sie erinnern sich auch an die Angst, die sie veranlaßt hatte, sich versteckt zu halten. ‚Hättest du uns mit deinem Gewehr dort getötet?‘ ruft ein Indianer.“

Der Herr wich den Missionaren nicht von der Seite; dennoch

blieb der Ausgang des langen Kampfes unentschieden. Die Missionare hatten den See überquert und das Ufer erreicht, als die Macus einen Gegenangriff starteten und der Rückzug angeordnet wurde.

> Die Männer richteten ihre Blasrohre auf uns. Sie kamen näher und fingen zu schießen an. Bananenbäume erschwerten unsere Sicht, als wir rasch das Ufer hinab und ins Wasser liefen. Der Herr hatte es in seiner Gnade so eingerichtet, daß unser Kanu nicht festgebunden war und in Ufernähe dümpelte. Überall um uns regnete es Pfeile, als wir zum Kanu schwammen und tauchten.

Fünf Jahre darauf gibt es dort immer noch eine Handvoll freie Indianer.

Brown Gold hat im Lauf der Jahre von allen Triumphen und gelegentlichen Rückschlägen wie diesem berichtet. Die Zeitschrift gewährt einen unschätzbaren Einblick in das Denken der Missionare und eine religiöse Anschauung, die demjenigen, der im orthodoxen christlichen Glauben erzogen wurde, oft befremdlich erscheint. Gott ist sehr persönlich und nahe, aber er ist der ehrfurchterregenden Majestät des Schöpfers des Universums entkleidet. Die Gottheit der alten London Missionary Society hätte ein am Sklavenhandel interessierter vorviktorianischer Fabrikbesitzer sein können; hier haben wir es mit einem aus einer amerikanischen Kleinstadt stammenden Politiker mit ultra-rechten Ansichten zu tun, den man durch Komplimente, Schmeichelei und Bestechung für sich gewinnen und oft sogar ungestraft betrügen kann.

Der Gott der Missionare ist finanziellen Fragen gegenüber aufgeschlossen und jederzeit direkt ansprechbar. Henry W. Frost erzählt, wie seine finanziellen Probleme gelöst wurden. „Gott fragte mich: ‚Weshalb redest du immer über 2000 Dollar, wenn du in Wirklichkeit 6000 Dollar benötigst?‘ Ich erwiderte: ‚Aber, Herr, 6000 Dollar könnte ich nie auftreiben.‘ Seine Versicherung kam prompt. ‚Ich werde mich darum kümmern.‘“

Tim Wayma empfiehlt in einem Schreiben aus Bolivien freudiges Lobpreisen: „Wenn du Gott loben willst, so lobe ihn mit ganzem Herzen. Es bringt ansehnliche Dividenden in irdischer wie auch in ewiger Hinsicht."

May Wheatley in Indonesien hingegen, dessen Flugzeug abgestürzt war, spricht einen milden Tadel aus. „Gottes Zeitplan ist immer perfekt, auch wenn es Zeiten gibt, in denen wir daran zweifeln."

Auch der Teufel gehört eng zur Welt der Missionare; er führt von einem Ort aus, der als „seine unbestrittene Domäne" betrachtet wird, einen Kampf gegen Gott. Die beiden Kontrahenten sind etwa gleich stark, und der Kampf währt, wie man annehmen muß, schon seit Anbeginn der Welt. Gott und der Teufel werden beide als ewig gesehen; eine alte Häresie, die schon einmal vor vielen Jahrhunderten ihr Unwesen in der Kirche trieb und jetzt offenbar eine erstaunliche Wiederauferstehung in Sanford, Florida, feiert.

Das Böse bleibt unbesiegt, deshalb ist Gott nicht ganz allmächtig. Ebenso wie nichts Ungewöhnliches an dem Glauben der Missionare ist, Gott habe in seiner Gnade dafür gesorgt, daß das Kanu nicht angebunden war, als sie von den Macus verfolgt wurden, wäre es nicht erstaunlich erschienen, wenn sich Satan herangeschlichen und es wieder angebunden hätte. Satan läßt in seinem Peinigungsfeldzug nicht die geringste Chance eines Mißgeschicks aus, von der Verspätung eines Flugzeugstarts bis zur Infektion eines Schnitts im Finger. Ken Springsteen in West New Britain beschreibt die lange Verfolgung, die er erleiden mußte: „Unser Widersacher läßt nicht nach in seinem Eifer, uns zu widerstehen, und er läßt nichts unversucht, uns daran zu hindern, in sein finsteres Reich einzudringen. Wir haben Stürme auf See erlebt, einen Schiffbruch, Diebe und Betrüger ... Ich verlor einen Finger ... gefolgt von Infektion und Blutvergiftung."

An der psychologischen Front berichtet Don Slatter von geringem Erfolg gegen die listigen Kampagnen Satans, die Lawa auf Thailand zum Frohsinn anzustacheln. „Satan bemüht sich nach Kräften, sie dazu zu bringen, daß sie weltlichen Vergnügungen frönen ... Aber auch Gott ist nicht untätig." Eine subtilere diabolische Versuchung stellt das Flüstern in den Ohren der unverheirateten Streiter Gottes dar: „Du bist allein, und du bist ein Versager" – auf diese Art untergräbt Satan das Selbstvertrauen und die Entschlossenheit des Missionars.

Wenigstens kommt eine einzige gute Nachricht aus Neuguinea über Bekehrte, die der Versuchung Satans widerstanden haben, indem sie dem entsagten:

Weshalb man Satans Wege verlassen muss

1. *Wir wollen davon ablassen, Schweine zu töten und Geld für diesen Zweck auszugeben.*
2. *Unsere Sitte, Bräute zu kaufen.* Wir könnten sie zu diesem Preis (K 600) kaufen, und später kann Gott uns zeigen, was wir tun sollen. Wenn Gott sagt, es sei in Ordnung, mag der Preis bleiben.
3. *Weiteres über die Heirat.* Wenn wir verheiratet werden, wollen wir nicht tanzen, schreien oder stolz sein.
4. *Was dem Körper schadet.* Diese Dinge schaden dem Körper: Rauchen, Betelnußkauen und Biertrinken. Wir wollen damit aufhören.
5. *Gesellige Abende.* Galater 5:19–20. Diese Verse belehren uns darüber, daß gesellige Abende Gelegenheit zu vielen Sünden bieten. Wir wollen auf sie verzichten.
6. *Kindern Geschenke machen.* Gott sagt uns, daß wir schwer arbeiten müssen, um unsere Nahrung zu erhalten. Unsere Kinder müssen arbeiten lernen. Wir wollen aufhören, ihnen Geschenke zu machen.

Bei diesem unentschiedenen Kampf zwischen Gott und dem Bösen ist im missionarischen Denken die Nachricht die schlimmste, daß Satan sein eigenes Programm zur Evangelisierung der Welt hat. „Wir wissen nicht, wie er dieses Vorhaben finanziert ... (aber) die heftigste und wirksamste Eroberung der Menschen und der Geschichte (die auf dreieinhalb Jahre geplant ist) steht noch aus."

Wir lachen, wenden uns ab, gehen zur Tagesordnung über und vergessen, was wir vielleicht als reine Phantasien unseres Verstandes ansehen. Das ist dem Stammesangehörigen im Dschungel nicht möglich. Er hat vielleicht nie zuvor ein Flugzeug gesehen. Dann fällt unversehens eine Cessna der Missionsgesellschaft vom Himmel, und ihr Motorenlärm hört sich für ihn in seiner Erregung vielleicht sogar wie eine Botschaft in seiner Sprache an. Was er zu hören bekommt ist nichts anderes als eine erweiterte Version der Prophezeiung des Weltuntergangs auf den Plakaten der Prediger in unseren Straßen, aber unter diesen ehrfurchtgebietenden Umständen bedürfte er großen Mutes und geistiger Kraft, um zu widerstehen.

10

Zwischen meinen frühen Reisen lebte ich ein paar Jahre lang in Banchory, Kincardineshire, wo ich zu meiner Freude erfuhr, daß Stanley Lindsay, der Arzt des Ortes, eine für einen Schotten ungewöhnliche Verbindung zu Lateinamerika hatte. Sein Vater, ein Ingenieur, hatte sich in Paraguay niedergelassen und eine Guarani-Indianerin geheiratet; Stanley war aus dieser höchst erfolgreichen Verbindung hervorgegangen. Die Mischung nordischer und indianischer Züge hatte zu einem interessanten Ergebnis geführt. Obwohl er unter den hiesigen rotwangigen Hochländern ein wenig dunkelhäutig wirkte, hätte ein Vergleich anhand von Fotografien eindeutig gezeigt, daß er der Sohn seines Vaters war. Aber wesensmäßig waren diese beiden Männer in allen Punkten verschieden. Es war anzunehmen, daß der Vater alle Eigenschaften und Tugenden der Schotten aufwies. Der Sohn mag sie ebenfalls besessen haben, aber wenn, dann waren sie unter seiner beherrschenden Lebenslust verborgen. Er war quirlig, ungeheuer begeisterungsfähig und zeichnete sich durch eine ungewöhnliche Sensibilität und Anmut aus, die er meiner Ansicht nach nur seinem nicht-europäischen Elternteil verdanken konnte.

Wir wurden enge Freunde. Stanley freute sich über die Gelegenheit, mit jemanden über seine paraguayanische Kindheit zu sprechen, die sehr ungewöhnlich war, denn er hatte ein Leben gelebt, wie es andere Jungen seiner Zeit nur in den unglaublichsten Abenteuerbüchern nachlesen konnten. Die Jungen besuchten zweimal pro Woche die Schule, in der übrigen Zeit genossen sie eine wundervolle Freiheit. Indianer brachten ihnen bei, mit Pfeil und Bogen umzugehen, ein Kanu durch Stromschnellen zu lenken und Fische mit dem Speer zu erlegen. Man erwartete von ihnen, daß sie wenigstens auf zwei Instrumenten spielen konnten. Eines davon war die obligatorische Harfe; sie spielten ihre *novias* darauf, mit denen sie vom 14. Lebensjahr an um die Mädchen warben.

Zur selben Zeit begannen auch die *vendettas,* und in der Pubertät wurden die Jungen fast immer, auch ohne eigenes Verschulden, in eine dieser unausrottbaren Streitigkeiten verwickelt, die das Erbe so vieler Kriege und Revolutionen waren. Anläßlich einer Mündigkeitsfeier legte ein Vater seinem Sohn die Liste mit den Namen seiner Erbfeinde vor, unter denen auch einige seiner Schulkameraden sein mochten.

Fehden wurden in männlicher Erblinie weitergegeben, deshalb blieb Stanley von ihren tödlichen Verpflichtungen verschont. Einmal war er am Straßenrand auf die Leiche eines aus dem Hinterhalt erschossenen Mannes gestoßen und hatte der Sitte entsprechend Blumen gepflückt und sie ihm auf die Brust gelegt. Abgesehen davon waren seine Erinnerungen voller Musik, Lachen und Liebe. Das Paraguay, das er verkörperte, war das ursprüngliche Südamerika, wie es Charles Darwin erlebt hatte; ungezähmt, kaum Gesetzen unterworfen und in Stanleys Fall nicht nur voll fossiler Überreste einer vergangenen Tierwelt, sondern auch archaischer Sitten.

Ich war von Stanleys Bericht über ein durch die Augen eines Jungen gesehenes tropisches Paradies so stark beeindruckt, daß es für mich der Teil der unbekannten Welt wurde, den für mich selbst zu entdecken ich mir am meisten wünschte. Aber es sollten noch einige Jahre vergehen, bevor ich den letzten Anstoß erhielt, und zwar durch eine Arbeit Dr. Mark Münzels, eines deutschen Ethnologen, mit dem Titel *The Aché: Genocide in Paraguay,* die 1973 von der IWGIA in Kopenhagen veröffentlicht worden war und die ich zufällig gelesen hatte. Dr. Münzel beschrieb darin seine entsetzlichen Erlebnisse bei seiner ethnologischen Feldforschung in der östlichen Waldregion dieses Landes.

Einige Jahre zuvor war die staatenverbindende Straße fertiggestellt worden, die zu den Iguaçufällen und nach Argentinien führte. Die neue Straße zerteilte einen dichten Wald, der von den Aché-Indianern bewohnt war, die wegen ihrer ungewöhnlich hellen Haut manchmal als „Weiße" bezeichnet wurden. Der Landpreis schnellte in die Höhe, als die Holzverarbeitungsfirmen, Farmer und Rancher kamen und die unvermeidliche Vernichtung der Indianer begann. In kleinerem Umfang hatte es hier schon zuvor Indianerjagden gegeben; in der Regel wurden sie von spezialisierten Jägern durchgeführt, die ihre Dienste Farmern anboten, die neues Land im Wald erschließen oder ihren alten Besitz ausweiten wollten. Diese Jäger beschäftigten als *señuelos* bezeichnete „zahme" Indianer, die ihre freien Artgenossen aufspürten. Es gibt Berichte, denen zufolge die bei solchen Überfällen gefangengenommenen alten Indianer in Stücke geschnitten und als Köder in Jaguarfallen verwendet, die jungen Mädchen an Bordelle und die übrigen als Sklaven verkauft wurden. Einige der fähigsten Jäger erlangten eine makabre Berühmtheit, zum Beispiel Pinchin López, der, nachdem er die alten und entkräfteten Aché auf einer seiner Expeditionen im Jahr 1949 ermordet hatte, die überlebenden in die Stadt San Juan brachte, wo er sie nackt und in Ketten auf dem Platz zum Verkauf anbot. Pinchins Vorgesetzter war damals niemand anderer als Jesus Pereira, der die Aufsicht über das Lager bei Cecilio Baez hatte – eine Siedlung, in der zufällig Münzel arbeitete, als die neue, diesmal größere Indianerjagd begann.

Pereira war Regierungsbeamter geworden und hatte seine Farm – auf der bereits im Dschungel eingesammelte Sklaven arbeiteten – zu einem Reservat umfunktioniert; zuerst unter dem Namen „Lager des Seligen Roque Gonzales vom Heiligen Kreuz", später in „Nationalkolonie Guayaki" umgetauft. Hierhin wurden die Überlebenden des Dschungels gebracht, von denen viele nur noch wenige Tage vom Tod durch Verhungern oder gewöhnliche Infektionen, gegen die sie keine Immunität besaßen, entfernt waren. Münzel schreibt, man habe ihnen absichtlich Nahrung und Medikamente vorenthalten. Im März und April 1972 wurden, so Münzels Zahlen, 171 Aché gefangen und ins Lager deportiert, wodurch sich die Zahl der Insassen auf 277 erhöhte, von denen Ende Juli nur noch 202 übrig waren. Der Kongreßbericht des Repräsentantenhauses der USA bestätigte im Anschluß an die nachfolgende Untersuchung, daß 48,73 Prozent der Bevölkerung des Reservats verschwunden waren.

Münzel bemerkte einen auffälligen Schwund an jungen Mädchen im Lager und erfuhr, daß Pereira sie Regierungsbeamten überlassen hatte, die das Lager besuchten. „Auch mir wurde zuerst ein erwachsenes Mädchen angeboten", berichtet er (das Angebot wurde ihm auf indirekte Art durch einen Minister der amtierenden Regierung – und weniger indirekt durch Jesus Pereira – gemacht). „Dann, als ich kein Interesse zeigte, bot man mir ein elfjähriges Mädchen an." In anderen Fällen, sagt Münzel, wurden gefangene Aché-Frauen ihren Ehemännern fortgenommen und den „zahmen" Stammesgenossen gegeben, die sie gefangen hatten. Pereira verfolgte diese Politik, um „zahme" Reservatsindianer dazu zu bringen, daß sie sich seinen Menschenjagdexpeditionen anschlossen. Er hielt die Ordnung in seinem Lager mit drastischen Mitteln aufrecht und beschrieb Münzel seine Verwendung des *tronco,* ursprünglich eine brasilianische Erfindung, um Sklaven zu disziplinieren: ein hölzerner Käfig, in dem man sich weder hinlegen noch aufrichten konnte und in dem das Opfer einen ganzen Tag lang der prallen Sonne ausgesetzt wurde. Einige kränkelnde Übeltäter starben bei dieser Behandlung.

Münzel betont wie andere Zeugen den lässigen Gleichmut des durchschnittlichen Paraguayaners allen Ereignissen gegenüber. Lastwagenladungen nackter Gefangener, die schrien, bluteten, sich über ihre Schicksalsgefährten erbrachen, kamen aus dem Dschungel, und man liest von einem Bus, der von seiner Route abwich, um einem solchen Lastwagen aus purer Neugier zu folgen. Der paraguayanische Zoologe Dr. Luigi Miraglia wurde Zeuge eines derartigen Vorfalls:

> Ich fuhr mit einem Bus nach Asunción, der wie stets bei Arroyo Guassu hielt. Wir hörten, daß *señuelos* soeben eine große Anzahl Aché gebracht hätten, und alle Mitfahrenden stiegen aus, um sie zu begaffen.

Sie sahen die Aché, von den *señuelos* bewacht, nackt im Fluß baden. Ein vorbeifahrender Wagen hielt an.

> Eine Frau stieg mit ihren beiden Töchtern aus. Eine der Töchter ging zum Flußufer, nahm ein Kind seiner Mutter ab, die es eben säugte, und ging mit ihm zum Wagen zurück. Die Indianerin machte keinen Versuch, sie daran zu hindern; sie schrie nicht einmal. Sie wirkte wie versteinert.

Dr. Miraglia lief der Entführerin nach und brachte der Mutter das Kind zurück. Man fragt sich, wie viele solcher bemitleidenswerter menschlicher Souvenirs bei früheren Gelegenheiten mitgenommen wurden, wenn die Jäger mit ihrer Beute aus dem Wald kamen.

Alle diese Berichte befaßten sich mit jenen Aché, die gesammelt wurden, um im Reservat abgeliefert zu werden, aber sie stellten vermutlich eine Minderheit unter den Opfern der Jagden dar, denn *ABC Color*, die führende Zeitung des Landes, berichtete, der Preis für verwaiste Achékinder sei auf dem niedrigsten Stand: „Aufgrund der reichlichen Versorgung soll er zur Zeit beim Gegenwert von etwa fünf Dollar für ein fünf Jahre altes Mädchen liegen.“ Als Luis E. Pena, wissenschaftlicher zoologischer Mitarbeiter am Peabody Museum, Yale University, vor kurzem den östlichen Teil Paraguays bereiste, wurde ihm ein Achékind angeboten. Er schrieb: „Der genannte Preis lag über dem normalen.“

Die Veröffentlichung der Vorwürfe Dr. Münzels hatte einen internationalen Skandal zur Folge. Im März 1974 klagte die Internationale Liga für Menschenrechte, unterstützt durch die Inter-American Association for Democracy and Freedom, die Regierung Paraguays der Mittäterschaft an der Versklavung der Aché-Indianer und der Verletzung der Charta der Vereinten Nationen, der Genocide Convention und der Internationalen Menschenrechtsdeklaration an.

Die Antwort der Regierung Paraguays – in der kein Versuch unternommen wurde, die Verbrechen zu leugnen – bestand darin, daß Pereira seines Postens enthoben wurde; aber man unternahm nichts zu seiner Bestrafung, und es hieß, er habe sich auf seiner Farm niedergelassen und besitze 50 Sklaven.

Im übrigen gab es entmutigende Nachrichten, denn das Reservat wurde von der New Tribes Mission übernommen, und man sagte, daß sie die wenigen Aché, die noch in der Freiheit des Dschungels lebten, mit Methoden „anzögen", die nur zu sehr an die ihres Vorgängers im Amt erinnerten. Als er wieder in Frankfurt war, schrieb Dr. Münzel eine Fortsetzung seines Berichts, die ebenfalls bei der IWGIA veröffentlicht wurde, unter dem Titel: *The Aché: Genocide Continues in Paraguay.*

Münzel war mit seinen Freunden in Paraguay in Verbindung geblieben, und das erste Anzeichen dafür, daß die Zustände dort alles andere als in Ordnung waren, fand sich in einem Brief seines Korrespondenzpartners, des Jesuitenpaters Melía, der sich wegen des mysteriösen Bevölkerungsschwundes im Reservat sorgte. Am Ende von Pereiras Amtszeit im Oktober 1972 wurden offiziell 250 Aché im Lager gezählt. Ein Jahr später, nach der Übernahme durch die Missionare, wurde die Zahl 100 angegeben: „Wir wissen nicht, ob die Abnahme durch Flucht, Todesfälle oder Verkäufe zu erklären ist." Am 23. August 1973 zählte ein Besucher laut Münzel weniger als 25 Aché; groteskerweise lebten jetzt im Reservat mehr amerikanische Missionare als Indianer, denn die Missionare brachten es mit ihren Familien auf 30 Personen.

Mit dem folgenden und letzten Brief platzte die Bombe: „Die New Tribes Mission jagt jetzt Indianer in der Igatimí-Region mit Autos, um sie dem Reservat einzuverleiben."

Mein altes Interesse an Paraguay war durch das, was ich – bisher aus zweiter Hand – über Mentalität und Methoden der Sekte erfahren hatte, neu erwacht und stärker als zuvor. Ich wandte mich an eine Londoner Zeitung, die mich beauftragte, nach Paraguay zu reisen, um dort zu recherchieren und darüber zu berichten. Zwei Monate später, im Oktober 1974, flog ich in Begleitung des Fotografen Donald McCullin nach Asunción.

Die Hauptstadt Paraguays war ein ruhiger und friedlicher Ort, selbst für südamerikanische Verhältnisse ein wenig stagnierend und von einem Flair aufgesetzter Ehrbarkeit, das an einen vergessenen Winkel der viktorianischen Ära denken ließ. Das Zimmermädchen im Hotel machte einen Knicks, wir sahen keine Betrunkenen und nur wenige Bettler, und die Straßen waren voller Frauen, die eine Selbstsicherheit zur Schau trugen, wie man sie im übrigen Lateinamerika kaum findet. Kriege, Revolten und Revolutionen hatten das Land seiner Lebenskraft beraubt. 1870, nach den drei Jahren des Kampfes gegen die vereinigten Mächte Argentiniens, Uruguays und Brasiliens, waren in Paraguay nur noch 28 000 Männer am Leben, und jahrzehntelang zogen zigarrenrauchende Frauen mit Gewehren über der Schulter durch das Land. Bevor sich das Gleichgewicht der Geschlechter neu etablieren konnte, kämpfte Paraguay mit Bolivien um die Wildnis des Gran Chaco. Dann brach 1947 der Bürgerkrieg aus, und in den folgenden fünf Jahren schlachteten eine halbe Million Paraguayaner einander ab. Es gab immer noch nicht genug Männer. Asunción war voller patrouillierender Polizistinnen in Reitstiefeln. Man sagte uns, es kämen keine Bagatellverbrechen vor, und wir glaubten es unbesehen.

Unser Gepäck war in São Paulo abgeladen worden; es kam zwei Tage später an, und ein kleiner, beunruhigender Umstand fiel uns auf. Es gab keine Anzeichen dafür, daß das Schloß meines Koffers manipuliert worden war, und als ich ihn öffnete, schien alles in Ordnung zu sein – bis auf mein brandneues Moskitonetz in der Verpackung des Herstellers. Es war auseinandergefaltet und nicht ganz wie zuvor wieder zusammengelegt worden. Unser erster, ein wenig nichtssagender Eindruck von der Stadt wurde durch die Andeutung geheimer Machenschaften und unterschwelliger Bedrohung ergänzt. In mir keimte der Verdacht, daß wir von unsichtbaren Augen bewacht wurden.

Man hatte mir empfohlen, Pater Melía und den Ethnologen Chase Sardi aufzusuchen, die beide in der Aché-Affäre aktiv waren. Pater Melía war „fort"; als Antwort auf meinen Brief erhielt ich die Kopie eines Protestbriefs in Sachen Aché, den er an *La Tribuna* geschickt hatte – eine Reaktion, die vermuten ließ, daß er Vorsicht für angebracht hielt. Chase Sardi empfing mich in einer konspirativ wirkenden Umgebung, und ich fürchtete, ihn in Gefahr zu bringen. Ich sagte ihm, wir wollten das Aché-Reservat besuchen, und er erwiderte, dazu benötigten wir die Erlaubnis des Verteidigungsministeriums, die höchstwahrscheinlich nicht erteilt werden würde. In diesem Fall schlug er uns vor, mit dem Bus zum Reservat zu fahren – mit Erlaubnis oder ohne –, und fügte die Empfehlung hinzu, zwei *personas de confianza* anzuheuern, damit uns nichts widerfahre. „Sonst", sagte er, „könnte es sein, daß Sie beide verschwinden."

Das Aché-Reservat bei Cecilio Baez lag auf halbem Weg zur argentinischen Grenze. Die letzten 50 km der Straße waren nur ein besserer Waldweg, der, wie man sagte, nur für Fahrzeuge wie den Landrover befahrbar war, und das auch nur bei gutem Wetter.

Es stellte sich heraus, daß man solche Fahrzeuge in Asunción nicht mieten konnte. Wir wandten uns an die Britische Botschaft in der Hoffnung, dort Unterstützung zu finden. Der Chargé d'affaires glaubte, etwas tun zu können, und arrangierte für uns ein Treffen mit Julio Mendoza, einem Paraguayaner, der auf eine nicht näher beschriebene Art für die Botschaft tätig war und von dem man uns sagte, er sei stets bereit, zu helfen, wo er könne.

Mendoza wirkte ungewöhnlich; er war Lehrer von Beruf und konnte über viel Zeit verfügen, denn die Kinder, die er unterrichtete, kamen nur an drei Tagen in der Woche. Er war ein gutaussehender Mann in den Vierzigern, der nie lachte, die englische Sprache perfekt beherrschte und offenbar überall in Asunción Zutritt hatte. Sein Verhalten war von einer außergewöhnlichen, wenngleich unaufdringlichen Selbstsicherheit geprägt. Er vermittelte mir den Eindruck eines Mannes von großer Macht, und ich hielt es für möglich, daß er ein Mitglied der Geheimpolizei war. Julio sagte, er besitze einen mitgenommenen, aber durchaus funktionstüchtigen Citroën 2 CV und würde sich glücklich schätzen, ihn uns zur Verfügung zu stellen. Obwohl die Sonne für unseren Geschmack in Asunción noch kräftig genug schien, hatte die Regenzeit eingesetzt, und auf einer längeren Fahrt riskierte man, im Sumpf steckenzubleiben. Unter solchen Umständen fand Julio einen 2 CV besser als einen Jeep, weil man ihn leichter aus dem Schlamm ziehen konnte.

Wir sprachen über unsere Absicht, das Reservat zu besuchen, und Julio, der einräumte, daß eine Erlaubnis erforderlich sei, bot an, eine Audienz bei Colonel Infanzón vom Verteidigungsministerium für uns zu erwirken. Es schien uns zweifelhaft, daß ein einfacher Lehrer sofort mit einer derart hochgestellten Person verbunden werden sollte; aber Julio telefonierte einfach, und zehn Minuten später war das Gespräch vereinbart.

Am nächsten Tag wurden wir vom Colonel empfangen. In Paraguay mußte man seine Vorurteile über Bord werfen. Julio wirkte seiner Erscheinung, seinem Verhalten und dem unvermittelt kühl und durchdringend werdenden Blick nach nicht wie ein Lehrer. Und es fiel uns auch schwer, zu glauben, daß der Colonel, ein Mann von sanftem Aussehen und außergewöhnlichen Umgangsformen, zu Recht beschuldigt würde, Indianermädchen gekauft zu haben – ganz zu schweigen davon, daß er angeblich zu den engsten Vertrauten des Diktators gehörte.

Unser Ansinnen, das Reservat zu besuchen, schien ihm Unbehagen zu bereiten, und er erklärte sein Zögern damit, daß ein „französisches Paar“ in angeblich wissenschaftlicher Mission bei ihm gewesen war und die Aché beim Geschlechtsakt gefilmt hatte. Ihr Film war in Panama vorgeführt worden. Wir versicherten dem Colonel, daß wir keine Filmkameras bei uns hätten, und er wirkte erleichtert. Ein solcher Ausflug sei möglich, sagte er, aber ein Beamter seiner Abteilung solle uns begleiten. Er würde zudem die Bestätigung General Samaniegos, des Ministers, einholen müssen.

Es folgte eine Wartezeit von einigen Tagen, die wir mit Besuchen kleinerer Städte in der Nähe von Asunción ausfüllten. Viele von ihnen – frühere Jesuiten-Niederlassungen – waren von großem Liebreiz, und die großartigen Kirchen des 17. Jahrhunderts waren erhalten. Ein ausgezeichnetes Beispiel war die Kirche von Yaguarón, ein Bauwerk, das von außen derart streng wirkte, daß man kaum eine Kirche in ihm vermutete; im Inneren aber verblüffte es durch den extravaganten, von indianischen Künstlern ausgeführten barocken Stil.

Die Verzögerung ließ uns Zeit für interessante Gespräche, von denen ich besonders eines mit Msgr. Alejo Ovelar, dem Bischof der Chaco-Region, erwähnen will. Der Bischof sprach von der wachsenden Sorge unter Kirchenmännern und Intellektuellen in ganz Lateinamerika über die Aktivitäten „gewisser missionarischer Sekten, denen das spirituelle – geschweige denn das leibliche – Wohl der Primitiven, die sie statt dessen kommerziell ausbeuten, völlig gleichgültig zu sein scheint". Als typisches Beispiel erwähnte er, nordamerikanische Missionare hätten sich selbst zu Zwischenhändlern der Chaco-Region ernannt und zwängen Indianer wie die Moro, die von Jagd und Fallenstellerei lebten, ihre Felle über die Mission zu verkaufen. Händler, die versucht hätten, direkt mit den Moro in Verbindung zu treten, seien tatsächlich mit Gewaltmaßnahmen bedroht worden. „Diese Missionare", sagte der Bischof, „sind auch an dem schweren Verbrechen des Völkermordes beteiligt."

Colonel Infanzón teilte uns seine Entscheidung zum angekündigten Zeitpunkt mit. Wir könnten nach Cecilio Baez reisen, wenn wir uns verpflichteten, in keinem Artikel über Paraguay die Situation der Indianer in diesem Land zu bewerten. Da wir keine Wertungen abgeben und uns auf Tatsachen nicht in bezug auf „die Indianer Paraguays", sondern nur die Aché beschränken wollten, sahen wir keinen Grund, aus dem wir nicht hätten zustimmen sollen. Die Erlaubnis wurde uns erteilt, zusammen mit einem Empfehlungsbrief an Mr. Jack Stolz, „Amerikanischer Missionar, Leiter der Colonia Nacional Guayaki, Cecilio Baez“.

Mit der Erlaubnis in Händen statteten wir Julio Mendoza einen zweiten Besuch ab, und es wurden Vorbereitungen getroffen, damit wir am folgenden Tag nach Cecilio Baez aufbrechen konnten.

Der Morgen begann mit einem der in dieser Gegend üblichen Hurrikane, der einige Palmen ihrer Kronen beraubte und einige Strohdächer durch die Straßen der Stadt fegte. Danach schien sich das Wetter zu beruhigen, aber der am Vortag blaue Himmel war weißlich überzogen und die Horizontlinie verschwommen. Während wir auf der gepflasterten Straße ostwärts Richtung Brasilien fuhren, breitete sich Dunst über die Landschaft, und gelegentlich mußten die Scheibenwischer eingeschaltet werden, weil sich Nebel auf die Windschutzscheibe niederschlug.

Vor uns lagen knapp 200 km geschotterter Straße durch die Prärie bis nach Caaguazú; stilvoll ratterten wir in dem alten Citroën die Piste entlang. Von Caaguazú aus sollte dann eine unbefestigte Straße, die in sehr schlechter Verfassung war und vermutlich Probleme mit sich bringen würde, nach Cecilio Baez führen.

Julio erwies sich als lebhafter Reisegefährte; er füllte die ersten Stunden der ereignislos verlaufenden Fahrt mit bizarren Anekdoten aus dem ländlichen Leben Paraguays. Vieles davon hörte sich für unsere Ohren unglaubhaft an, aber wir sollten noch erfahren, daß es in einem abgelegenen Land, das in bezug auf die meisten Dinge ein halbes Jahrhundert hinter der Zeit zurücklag, den Normalfall darstellte. Paraguay war das ärmste und wahrscheinlich gewalttätigste Land Lateinamerikas geblieben. Einem Thema wich Julio deutlich aus: Er fragte uns nicht nach unseren Gründen für den Besuch in Cecilio Baez. Mir schien das ein wenig eigenartig und vielleicht bedeutsam.

Bei Coronel Oviedo, knapp 50 km vor Caaguazú, schoben

sich kompakt aussehende Wolken über den Horizont. Wir hielten bei einer Station der Straßenpolizei an und erfuhren, daß es im Osten Paraguays regnete und sämtliche Straßen dort geschlosen waren. Somit war die Zufahrt zu der wichtigsten, wenn auch unbefestigten Straße nach Süden unmöglich. Julio sagte, das Haus seiner Familie befinde sich bei Caazapá, etwa 100 km weiter diese Straße hinunter, und schlug vor, wir sollten statt nach Asunción zurückzukehren, weiterfahren und die Nacht dort verbringen und hoffen, daß sich das Wetter morgen bessere.

Die nächste Stadt an der Straße nach Süden war Villarrica, und hier stellten wir fest, daß die Straße mit einer Eisenschranke geschlossen war. Hier war es auch, wo uns ein weiterer Beweis für Julios Autorität widerfuhr, denn nach einer kurzen Diskussion mit dem verantwortlichen Beamten wurde die Schranke geöffnet, und man winkte uns in eine von einem Regenvorhang verschleierte Landschaft. Wir hätten uns jetzt, sagte Julio, auf ein etwas riskantes Abenteuer eingelassen. Wenn es ernsthaft regnen sollte, säßen wir, wo auch immer, auf unbestimmte Zeit fest, vermutlich aber immer kilometerweit vom nächsten Ort entfernt. Man versuche niemals, auf diese Art festsitzende Autos zu bergen, solange der Regen andauere; und das könnte mehrere Wochen lang der Fall sein.

Plötzlich waren wir in einer anderen Welt. Hier hatten der ganze arkadische Liebreiz, die Lebensart und der Stolz Südamerikas in ihrer reinsten Form überlebt. Die Straßen kleiner Städte wie Caacayí (nach dem Ruf seines Vogels benannt) hatten sich in von sanften Kühen abgefressenes Weideland verwandelt, und bei Tag jagende Fledermäuse flatterten aus den Fensterhöhlen düsterer Herrenhäuser, die in all den Kriegen und Revolutionen ihrer Bewohner beraubt worden waren. In der Ferne donnerten Reiter unter breiten Hüten daher und hoben grüßend die Hände. Riesige blaue Schmetterlinge flatterten durch die Luft. Ich hatte immer angenommen, diese *morphos* kämen nur im schattigen Regenwald vor, aber sie ließen sich hier auf der Straße nieder, um den Saft des Pferdedungs aufzusaugen, mit dem sie durchtränkt war. Julio sagte, ihnen geschehe nie etwas, denn die Guaraní-Indianer, von denen viele der Leute hier abstammten, glaubten, sie seien „die Ohren Gottes“.

Gelegentlich schien die Sonne, dazwischen klatschte der Regen in schweren Tropfen auf die Windschutzscheibe, und allmählich, während das Wasser das Laterit der Straße durchtränkte, nahm die Fahrbahn fast die Farbe des Blutes an. Der erste Regen im Jahr roch immer nach Abenteuer. Lachende Gauchos kamen durch die aufsteigenden Dampfwolken geritten, an Dorfstraßenecken zupften Männer ihre Leiern und schienen es zu genießen, durchnäßt zu werden, und Mädchen mit präraffaelitischen Gesichtern liefen aufgeregt unter gelben Regenschirmen umher.

Die Schlammschicht war dünn, aber schlüpfrig, und wir schlitterten von einer Seite zur andern. Manchmal schoben Donald und ich den Citroën 100 m weit im Schneckentempo und wurden, während Julio im niedrigsten Gang fuhr, von Kopf bis Fuß mit Schlamm bespritzt, bis wir wie Schlachthofarbeiter aussahen. In den Dörfern hatten wir immer eifrige Helfer, deren Hilfsangebote fast in höflichen Formalien erstickten; zuweilen wurden wir sogar ersucht, dem Haus des Hilfsbereiten einen Besuch abzustatten. Julio sagte, in diesen Dörfern, an denen die Zeit spurlos vorbeigegangen war, sei jeder des anderen Freund, wenn man von gelegentlichen Feinden absah, derer man sich so bald wie möglich auf irgendeine sich anbietende Art entledigte.

Obwohl unser Freund seine Person bis jetzt weitgehend in Geheimnisse gehüllt hatte, hatten wir doch das eine oder andere über ihn erfahren. Er erzählte uns, er sei Lyriker aus Liebhaberei und schreibe nicht nur selbst Gedichte, sondern übersetze auch die Lyrik der Guaraní-Indianer des südlichen Paraguay ins Spanische. Er hatte ein paar Flaschen starken roten paraguayanischen Weins mitgenommen, und in einem Dorf fuhren wir an den Straßenrand, verließen den Wagen und stapften durch den roten Schlamm in ein Café, um die lokalen Fleischpasteten zu kosten, eine Flasche Wein zu trinken und über Lyrik zu reden.

Julio beherrschte wie die meisten Südparaguayaner Spanisch und Guaraní, die alte Indianersprache Paraguays, die einst von 130 000 Guaraní gesprochen wurde, die die Jesuitenmissionare zusammengetrieben und in *reducciónes* eingesperrt hatten, bis im 18. Jahrhundert auf Befehl der spanischen Krone die Jesuiten ausgewiesen wurden. Julio zog es vor, Guaraní zu sprechen; er fühlte, wie er sagte, daß der Reichtum und die Feinheiten dieser Sprache sie wie keine andere dazu prädestinierte, lyrisches Erleben auszudrücken. Die Guaraní seien psychisch nie fähig gewesen, dem Fluß des Lebens feste Grenzen aufzuzwingen, und sie empfänden für Tiere und Bäume ebenso wie für Menschen. Jeder wisse, daß diese Indianer (und, gab er später zu, auch die Aché, die zur Rasse der Guaraní gehörten) Bäume umarmten, zu ihnen sprachen, sogar für sie sangen. Ihre Sprache sei so reich, daß allein ihr Wort für „Baum" die Begriffe des Lebendigen, Wachsenden, Sterbenden und sich in Staub Verwandelnden umfasse.

Von allen europäischen Lyrikern, die Julio gelesen hatte, reichte García Lorca am ehesten an die Vorstellungswelt der Guaraní heran. Es war ein unerhörter Glücksfall, daß diese Erklärung einen Umstand enthüllte, der unsere Beziehung zu Julio von Grund auf umgestaltete. Der besänftigende Wein in unseren Mägen, der starke, aber seltsam belebende Duft der unbekannten weißen Blumen, die überall im Raum verteilt in Milchpulverdosen standen, und das sanfte Rauschen des Regens mischte sich mit der schlichten Musik, die durch ein Fenster in den Raum wehte. Julio zitierte eine *copla* aus Lorcas *Das vergossene Blut,* seiner *Klage für Ignacio Sanchez Mejías,* in der er den Schock beschreibt, der den Poeten trifft, als er das Blut seines Freundes im Sand sieht:

Que no quiero verla!	Ich will es nicht sehen!
que no hay caliz que la contenga	kein Becher kann es fassen,

que no hay golondrinas se la beban	kein Durstger je trinken,
que no hay escarcha de luz que la enfrie,	kein Lichtfrost es kühlen,

Ich hätte von dem ganzen Gedicht kaum zehn Zeilen zitieren können, aber darunter waren die beiden, die jetzt folgten, und ich konnte den Vortrag Julios weiter führen:

no hay canto ni diluvo azuzenas,	weder Sang weißer Lilien,
no hay cristal que la cubra de plata.	noch Kristall es mit Silber verdecken.

Sofort verwandelte sich alles, was zwischen uns war. Was auch immer uns getrennt hatte, wurde nichtig in dem Wissen, daß wir Lorca teilten, und wir wurden Freunde.

Caazapá, das wir bei Sonnenuntergang erreichten – nachdem wir den Citroën, wie es uns schien, kilometerweit durch schlüpfrigen Schlamm geschoben hatten – lag am Ende der Straße, und wenn es einen beschaulichen Ort in der Welt gibt, dann war es dieser.

Geisterhafte, einst feudale Häuser im überladenen Stil der viktorianischen Ära standen umgeben von Gärten, die sich in üppiges, blühendes Dickicht verwandelt hatten. Die Straßen und Eisenbahnlinien hatten sich in Wiesen verwandelt, und ein Zug aus vor 30 Jahren verlassenen Güterwagen war großzügig mit Winden geschmückt. Überall gemächliche, gutmütige Kühe, und Mädchen in langen, makellos weißen Kleidern, die sie molken. Der Regen hatte aufgehört, und wir trafen Musikanten, die auf dem kleinen Platz ihre Dienste als Troubadoure anboten, und wir sahen würdige Männer, die mit Kreiseln spielten. Mädchen saßen in Lehnstühlen an seichten Flußstellen und wuschen Kleider zwischen blauen Wasserblumen. Die samtene Stille dieser Stadt wurde durch das liebliche, helle

Läuten der Glocke der Missionskirche unterbrochen. Die Frauen in Caazapá betrieben Kleinhandel, und Julio stellte uns einem Mädchen vor, das bei einem nahegelegenen Stand saß. Die paraguayanischen Überlebenden waren praktisch gezwungen, sich auch innerhalb ihrer eigenen Familien fortzupflanzen, und die meisten Einwohner dieser kleinen Städte waren untereinander verwandt. Das Mädchen war Francisca, Julios Cousine, die frei, mit Vergnügen über ihr Leben sprach. „Ich bin 17 Jahre alt und verkaufe Eier und Honig. Ein Kind, wie Sie sehen, aber keinen Mann. Unsere Männer sind unverbesserlich faul. Weshalb sollte ich arbeiten, um einen Mann zu ernähren?"

Julios Haus stand in einer namenlosen Straße am Stadtrand – eine kastanienbraun gestrichene Villa, die von drei Seiten einen großen Patio umschloß, in dem Bananen und Papayas im dichten Blätterwald anderer taufeuchter Pflanzen gediehen. Das Haus war unbewohnt; es diente als Quartier für Mitglieder der Familie, die sich zufällig in dieser Gegend aufhielten. Es war mit solide gearbeiteten, dunklen viktorianischen Möbeln vollgestopft. An den Türen schien es keine Schlösser zu geben. In Caazapá gab es kein elektrisches Licht und kein fließendes Wasser mehr, obwohl noch sämtliche elektrischen Anlagen und Wasserleitungen und -hähne vorhanden waren; deshalb war es unsere erste Aufgabe, als wir ankamen, die Lampen anzuzünden und Wasser vom Brunnen zu holen. Unser Begriff von Privatsphäre war hier unbekannt. Während ich mich von dem roten Schlamm säuberte, kamen Menschen, die zufällig vorbeikommende Nachbarn zu sein schienen, herein, um uns zu begrüßen, befingerten meine privaten Besitztümer mit unbefangener Neugier und gingen wieder ihrer Wege. Es gab eine kurze Verlegenheit, als ich in einem unbeleuchteten Flur die Orientierung verlor, die falsche Tür öffnete und Julio in Unterwäsche erblickte, der sich soeben eine automatische Pistole umschnallte. An seinem Bein, knapp über dem Knöchel, war ein Dolch befestigt.

„Wozu die Pistole, Julio?" erkundigte ich mich.

„Ich habe sie gekauft, um sie einem Freund zu zeigen, der nach einer Pistole sucht“, erwiderte er.

Wir gingen ein paar Hundert Schritte zum Stadtzentrum, um zu Abend zu essen, und ich konnte nur vermuten, daß man in Caazapá am Abend zu Hause blieb, solange man nicht schwer bewaffnet war. Nichts hätte ruhiger und gepflegter sein können als die Atmosphäre im Restaurant. Die Bedienung kam prompt, die Kellnerin war schön, und das Essen, wie die meisten Dinge in diesem Land, ein wenig bizarr; es bestand aus einem fleischigen Wasserhuhn mitsamt Kopf und riesigen, ausgebreiteten Füßen, war aber im übrigen recht schmackhaft.

Die Nacht in Julios Haus verlief ohne besondere Vorkommnisse. Ausgehungerte Käfer aus dem Chaco regneten während der dunklen Stunden auf die Straßen, aber wir sahen nichts davon. Mit Anbruch des Morgens aber überstürzten sich neue Erfahrungen. Beim ersten Tageslicht kam ein Mann in den Patio, den die Nachbarschaft damit beauftragt hatte, sie jeden Morgen zu wecken, zupfte ein paar Akkorde auf seinem Instrument und begab sich zur Tür des nächsten Hauses. Das löste einen ohrenbetäubenden Kreischwettbewerb unter den Vögeln aus, die unter den Bananen geschlafen hatten. Fast zugleich wurde die Tür zu meinem Zimmer schwungvoll geöffnet, und eine alte Frau kam herein, um mir heiße Fleischpasteten zu verkaufen; danach ging sie auf der Suche nach weiteren Kunden von Tür zu Tür. Ihr folgte ein Händler mit heißem Kaffee, und da jetzt alle wach waren und der Regen aufgehört hatte, versammelten sich die meisten Nachbarn in ihren Pyjamas und mit Tassen in den Händen auf der Straße, um ein geselliges Schwätzchen zu halten.

Bald darauf, vielleicht gegen sechs Uhr, erblickte ich eine hagere Frau mit fließenden schwarzen Haaren und einem langen Messer in der Hand. Sie war die Metzgerin; ein Junge, der einen Handkarren mit einem frischgeschlachteten Schwein vor sich herschob, folgte ihr. Wenige Schritte hinter ihnen folgte der Metzgergeselle auf einem gescheckten Pony; er trug einen Fellhut und eine kleine rote Flagge. Wir folgten der kleinen Prozession zu einem Eckladen, wo ein weiblicher Teenager Wache stand und allzu eifrige Kunden, die versuchten, Fleisch an sich zu reißen oder sich auf die Theke zu setzen, mit leichten Peitschenschlägen in Schach hielt.

Der Morgen blieb schön, obwohl uns am Horizont mächtige, von Wasser schwere safrangelbe Wolken bedrohten. Wir gingen, um uns die Stadt anzusehen; zuerst statteten wir einigen Freunden Julios Höflichkeitsbesuche ab. Im ländlichen Paraguay gibt es keine Türklopfer. Händler mit Pasteten, Obst oder Kaffee scheinen zwar nach eigenem Gutdünken im Haus herumzuwandern, aber wenn man einen förmlichen Besuch vorhat, stellt man sich unter ein Fenster und klatscht in die Hände, und wenn man willkommen ist, kommt der Hausbewohner mit Stühlen heraus oder bittet einen hinein.

In Julios Kindheit hatte es überall in den Wäldern rings um die Stadt Aché gegeben, und es war kaum 20 Jahre her, seit die letzten von ihnen als Köder für Jaguarfallen zerstükkelt oder in die Sklaverei verschleppt worden waren. Caazapá hatte wie wenige andere Städte unter dem großen Unglück eines fünfjährigen Bürgerkriegs gelitten, der 1954 mit dem Sieg des jetzigen Diktators General A. Stroessner endete. Julio führte uns zu einem flachen See inmitten eines wunderschönen Fleckchens Natur, in den im Kampf gegen die „Colorados“ unterlegene „Blaue“ gestiegen und so gut es ging untergetaucht waren; als sie aufstiegen, um Luft zu schöpfen, waren sie einer nach dem anderen erschossen worden. In jenen Tagen hatten eher lokale Bosse das Land beherrscht als eine funktionsfähige zentrale Regierung, und irgendwo in der Nähe hatte man einen unbedeutenderen Boß der „Blauen“ lebendig begraben; nicht nur aufgrund seiner tyrannischen Übergriffe, sondern auch wegen seiner widerwärtigen Selbstgefälligkeit.

Wir statteten den üblichen Besuch dem Friedhof ab, auf dem so viele Kriegsopfer beigesetzt werden mußten, daß man wegen des beschränkten Platzes dazu übergegangen war, bereits belegte Gräber „auszuborgen“. Mildtätige Personen vermieteten oder überließen Teile ihrer Familiengrüfte manchmal für einige Jahre, bis ein anderer Platz gefunden war. Auf diese Übergangslösung hatte man auch im Fall Matilde Villalbas zurückgegriffen, des obersten politischen Führers Caazabás, der zusammen mit sechs seiner sechzehn Söhne aus dem Hinterhalt erschossen worden war.

Im Anschluß an diese traurigen Ereignisse, sagte Julio, hatte es jahrelang *vendettas* gegeben. Er erwähnte den Fall eines Freundes, der in Argentinien Zuflucht gesucht hatte, wo er jedoch nach einer mehrjährigen Suche durch einen unermüdlichen, gemieteten Killer ausfindig gemacht worden war. Dieser Mann war eines Abends in das Zimmer des Freundes getreten, hatte ohne jede Gefühlsregung fünfmal auf ihn eingestochen und war verschwunden. Fast zehn Jahre vergingen, bevor der Freund völlig wiederhergestellt und nach Paraguay zurückgekehrt war, wo er seinen nicht ganz erfolgreichen Meuchelmörder stellte. Die Rollen waren vertauscht, aber die Umstände erinnerten an diejenigen der früheren Begegnung; nur daß das Vertrauen des Freundes in das Messer als Waffe erschüttert war; er tötete seinen alten Widersacher, der „leidenschaftslos“ seinem Ende entgegensah, mit einem einzigen Schuß in den Bauch.

In Erinnerung an diese Geschehnisse sagte unser Freund: „Gott sei Dank haben wir jetzt Ruhe und Frieden.“ Kurz nach dieser Bemerkung sahen wir einige Leute laufen, um einen besseren Blick auf etwas zu ergattern, das sich eine Straße weiter abspielte. „Es ist nichts“, versicherte uns Julio, „vermutlich haben zwei Männer einander zum Duell gefordert.“ Seit der Vorführung des Films *High Noon*, sagte er, seien derartige Konfrontationen Mode geworden, und während Duelle in früheren Zeiten auf einem vorbereiteten Platz in passender Nähe des Friedhofs ausgeführt worden seien, wähle man jetzt, da der Friedhof überbelegt war, gewöhnlich eine zentral gelegene Straße und eine Uhrzeit aus, zu der wahrscheinlich die meisten Leute unterwegs waren. Bei einem Duell vor einigen Wochen hatten die Kontrahenten einander gegenseitig erschossen.

Wie sich herausstellte, rührte die Aufregung diesmal von einem informell organisierten Stierkampf her. Innerhalb weniger Stunden war ein Zaun errichtet worden, und als wir ankamen, vollführten eben Clowns ihre Späße. Mädchen vertrieben alle, die nicht zahlen wollten und versuchten, die Ereignisse durch Risse in den Tüchern zu beobachten, mit denen man den Zaun verhängt hatte. Der Stier wurde hereingetrieben; Julio schätzte ihn mit einem Blick ein und entschied, daß wir wieder gehen sollten. Etwa jeder dritte Stier, sagte er, durchbreche den Zaun und laufe durch die Straßen, und das beste Überlebensrezept in solchen Fällen sei, sich auf den Boden zu legen und völlig reglos zu bleiben. Eben die Möglichkeit eines solchen Dramas zog die Leute an; sie waren für jede Abwechslung in der Eintönigkeit des Provinzlebens zu haben.

Die Regenwolken verdichteten sich, und wir mußten uns entscheiden, ob wir so rasch wie möglich über die Hauptstraße in Richtung Asunción nach Coronel Oviedo fahren oder weiterhin eine angenehme Zeit in Caazapá verbringen und das Risiko auf uns nehmen wollten, für eine Woche oder länger hier festzusitzen, wenn der Regen richtig anfing. Es schien klüger, umzukehren, also verließen wir Caazapá und fuhren im Regen in nördliche Richtung über die offiziell geschlossenen Straßen. Wir mußten mehrere Umwege machen, um eingestürzte Brücken zu umgehen oder solche, die den Eindruck machten, als würden sie bald einstürzen. Donald war wie immer von den Kontrasten des stürmischen Wetters angetan; von dem fahlen Licht, das von den Wolkenrändern abstrahlte, den kräftigen, harten Farben, die durch die Nässe erzeugt wurden, den schlanken, von Wasser triefenden und durch plötzliche Windböen gepeitschten Palmen. Er lehrte uns, wie er zu sehen, und Julio dankte ihm dafür. „Ich lebe schon immer in Paraguay, aber jetzt sehe ich es zum ersten Mal. Sie haben mir so viele wunderschöne Dinge gezeigt."

Die Flüsse neben der Straße schwollen rasch von gelbem Wasser an, und die Jungen aus den Dörfern angelten die großen Katzenfische aus ihnen, die die trockene Jahreszeit im

Fischkoma verbracht hatten, unsichtbar im nassen Schlamm eingegraben. Jetzt gab es Fische, wo immer Wasser war, und wir sahen sie durch die großen Tümpel schnellen, die sich auf den Feldern ansammelten. Räuber lauerten ihnen überall auf, gravitätisch schreitende Störche, langbeinige Adler, die bis zum Bauch im Wasser standen, aschfarbene Füchse mit Fischblut an den Schnauzen und paraguayanische Pampastrauße, einzeln und paarweise, die an der Straßenseite neben uns herliefen und mühelos Schritt hielten, denn wir fuhren nie schneller als 30 Stundenkilometer.

Wir erreichten Coronel Oviedo am Nachmittag, eine stellenweise im Morast versunkene Stadt, von den bleichen Sonnenstrahlen erhellt, die sich zwischen den Wolken hindurchzwängten, um gleich darauf abgeschnitten zu werden. Julio schlug vor, daß wir eine Frau besuchten, die als Maria Calavera (Totenschädel) oder La Gran Payecera (die große Hexe Paraguays) bekannt war und etwas außerhalb der Stadt wohnte. Julio sagte, sie sei berühmt, weil General Perón von Argentinien regelmäßig nach Coronel Oviedo gekommen war, um sie in persönlichen und politischen Fragen zu konsultieren. Es war auch bekannt, daß Mitglieder der Regierung Paraguays immer noch in hohem Maß auf ihren Rat hörten. Darüber hinaus erwähnte Julio, sein Vater, ein bekannter Arzt, habe in einer Séance mit ihr sein genaues Todesdatum erfahren; solche Angaben gehörten zu ihren Spezialitäten.

Donald, der eine Abneigung gegen Besuche bei Hexen hatte, wollte nicht dabei sein; er begleitete uns zwar widerwillig, weigerte sich jedoch, ihr Haus zu betreten. Dieses Haus war ein großer, scheunenartiger, einzelnstehender, in einem kläglichen Grün gestrichener Schuppen. Eine Veranda lief rings um den ersten Stock, und etwa 15 Frauen standen darauf in einem im Regen dampfenden Haufen und warteten, bis die Reihe an sie kam, hereingerufen zu werden. Der Regen strömte unablässig vom Himmel. Zwei Reiter in vollgesogenen karminroten Ponchos kamen vorbei; bei jedem Schritt spritzte Wasser auf. Der Diener der Hexe erschien in Gummistiefeln und geblümtem Umhang in einer Tür und rief die nächste Kundin mittels eines quäkenden Hornstoßes. So traurig und seltsam diese Szene auch anmuten mochte, Donald zog es vor, sich ihr zu entziehen, und kuschelte sich so bequem wie möglich auf den Rücksitz des Wagens, und Julio und ich stiegen die Treppe hinauf und standen bald darauf im Sprechzimmer der Hexe.

In meinen Augen war Maria Calavera eine Frau von sehr angenehmem Äußeren, etwa 60 Jahre alt, von behaglicher Fülle. Sie saß hinter einem altersschwachen, aus Weidenrohr geflochtenen Tisch in einem spärlich möblierten Raum, der an eine Klosterzelle erinnerte. Keine Spur von dem vertrauten kitschigen und oft furchteinflößenden Voodoo-Altar. Hier herrschte ebensowenig eine satanische Atmosphäre wie in der Küche eines Hauses in einem heruntergekommenen Viertel einer beliebigen Stadt. Ein kleines Hausschwein, dessen Schwanz ein blaues Band zierte, kam durch eine Tür hereingetrabt, ließ sich den Rücken tätscheln und ging durch eine andere Tür wieder ab.

Julio stellte mich vor, erklärte, wir seien auf der Durchfahrt und wollten einen Höflichkeitsbesuch machen. Maria Calavera nickte und lächelte mir zu. „Möchte er etwas über seine Zukunft wissen?" erkundigte sie sich. Sie besaß die Stimme eines Mädchens. Es war, als hätte sie die Macht, einen Teil ihrer Jugend zurückzubehalten, und das hatte etwas Unheimliches an sich. Julio sagte, daß ich es nicht wünsche. Er behandelte sie mit mehr Respekt, als ich ihn je auf dieser Reise einer anderen Person erweisen gesehen hatte, und mit diesem Respekt war eine Spur Zuneigung gemischt. Er hatte mich vorgewarnt, daß es besser sei, die Zukunft aus dem Spiel zu lassen.

„Sind Sie aus Neugier gekommen?" fragte mich die Hexe.

Ich gab es beschämt zu, und sie lachte und sagte, das sei ganz natürlich, und ich war sicher, daß sie nicht verärgert war.

Sie stand auf, ging zu einem Wandschrank und holte den Schädel heraus, dem sie einen ihrer Namen verdankte und auf den sich ein großer Teil ihres Rufs gründete. Sie stellte ihn auf den Tisch zwischen uns, legte meine rechte Hand auf ihn und ihre – sie war klein und zierlich wie die einer Zwanzigjährigen – darauf.

Der Schädel fing an, sich zu bewegen. Das war jenes Erlebnis, das der Diktator Argentiniens Julios Vater gegenüber als überwältigend beschrieben hatte. Der General hatte auf demselben Platz gesessen, auf dem ich jetzt saß – vielleicht auf demselben grobgefertigten Stuhl –, der Schädel hatte wie jetzt gewackelt, und diese nutzlose Reanimation als Begleiterscheinung der Orakel hatte vielleicht sogar seine Politik, seine Erfolge und Fehler beeinflußt. Ich war nicht überwältigt, nur erstaunt über das, was ich für einen ungewöhnlichen Trick hielt.

Plötzlich hörten die unsinnigen Bewegungen des Schädels auf, aber das mitfühlende Lächeln der Hexe blieb. „Leiden Sie unter irgendwelchen Beschwerden?“ fragte sie, offenbar entschlossen, mir etwas für mein Geld zu bieten. Ich verneinte, und jetzt war sie sichtlich verwundert. „Sind Sie sicher?“ wollte sie wissen, und ich hörte, wie mich Julio innerlich beschwor, nichts zurückzuhalten. „Denken Sie noch einmal darüber nach“, forderte sie mich auf. „Ihr rechtes Auge hat Ihnen Probleme bereitet.“

Ich marterte mein Gedächtnis und erinnerte mich, daß ich vor 10 oder 15 Jahren gewisse Mißempfindungen im rechten Auge gehabt hatte und in ein Krankenhaus gegangen war, weil ich es für nicht ausgeschlossen hielt, daß es sich um ein beginnendes Glaukom handelte. Man hatte nichts finden können. Innerhalb weniger Tage waren die Beschwerden verschwunden, und ich vergaß die ganze Angelegenheit wieder. Ich erzählte der Hexe davon, und sie nickte befriedigt. Um diesen geringen Erfolg zu bekräftigen, zählte sie dann die Details einer noch weiter zurückliegenden Darminfektion auf, die ich ebenfalls fast vergessen hatte. Gab es Telepathie – falls es das war, was die Hexe anwandte? Ich war gegen meinen Willen beeindruckt; aber noch mehr als das Phänomen selbst erstaunte mich die Trivialität der ausgegrabenen Fundstücke aus meiner Vergangenheit – falls es sich tatsächlich um so etwas handelte.

Ich mußte auch berücksichtigen, daß ich es hier nicht mit einer Jahrmarktsweissagerin mit Kristallkugel zu tun hatte, sondern mit der am meisten geachteten Meisterin des Okkulten in ganz Paraguay.

Später unterhielten wir uns entspannt über ihren Beruf. Paraguay war voller Hexen, wie sie sagte, und eine besonders mächtige lebte im Nachbardorf, eine gute Freundin von ihr. Sie war auf ein anderes Gebiet spezialisiert; sie war ungewöhnlich erfolgreich in der Behandlung von Phobien. Wenn sie, Maria Calavera, es mit einem Kunden (Phobien traten fast ausschließlich bei Männern auf) zu tun hatte, der eindeutig an einer psychotischen Angst litt, vermittelte sie ihn mit einem Begleitbrief an ihre Freundin, in dem etwa stand: „Dieser nette Mann läßt sich nicht ausreden, daß er eine Schlange im Bauch hat. Sieh zu, ob du etwas für ihn tun kannst."

Im Austausch erhielt und behandelte sie Kunden, die in Herzensaffären verwickelt waren oder ihr genaues Sterbedatum erfahren wollten, damit sie wußten, wieviel Zeit ihnen blieb, um ihre Angelegenheiten zu ordnen.

„In Paraguay", sagte sie, „wird zuviel Liebe verströmt und verschwendet. Liebe ist unser Untergang. Viele Frauen können nicht heiraten, weil nicht genug Männer übrig sind. Die Ehemänner sterben jung, und das Land ist voller Witwen. Fast alle, die sich an mich um Hilfe wenden, sind Frauen. Wenn sie alle Tränen aufgebraucht haben, wissen sie nicht mehr weiter und kommen zu mir."

„Und wie helfen Sie ihnen?"

„Ich gebe mir große Mühe, die Liebe aus ihren Herzen zu holen; sie die Stimmen und Gesichter der Vergangenheit vergessen zu lassen. ‚Jetzt bist du mein Kind', sage ich zu ihnen. ‚Du wirst jetzt schlafen und vergessen.' Manchmal singe ich ihnen ein Wiegenlied. Die übrigen *payeceras* geben ihnen *payé* aus weißen Blumen, und sie sind einen Tag lang glücklich; dann kehrt der Kummer wieder. Wenn ich die Liebe austreibe, ist sie für immer fort. Ich leere den Geist. Ich zerstöre Liebe und Schmerz."

„Brauchen Sie den Schädel?“ fragte ich.

„Bei Frauen niemals. Keine Frau darf den Schädel berühren. Wenn ein Mann zu mir kommt, brauche ich den Schädel.“ Die jungen, sanften Augen in dem alten, fleischigen Gesicht betrachteten mich mitfühlend und verständnisvoll. Draußen auf der Straße hörten wir durch das Rauschen des Regens die Hupe; Don war offenbar des Wartens müde.

„Einst saß ein großer General in diesem Stuhl“, sagte die Hexe. „Ich werde Ihnen seinen Namen nicht nennen. Auch er hatte seine Probleme; aber ich heilte ihn.“

Wir fuhren jetzt in östlicher Richtung über die Landstraße in Richtung Caaguazú, wo wir die letzte Hoffnung aufgaben, daß sich das Wetter bessern und uns erlauben würde, Cecilio Baez zu erreichen, und beschlossen, über Nacht zu bleiben. In der Nähe dieser Stadt, so erzählte uns Julio, waren 1967 – als Che Guevara sein Fiasko erlitt – paraguayanische Guerillas in Aktion getreten. Che Guevaras Truppe war aufgerieben worden, seine unmittelbaren Gefolgsleute waren auf 16 Mann zusammengeschmolzen, und er wanderte ziellos, verloren und mit seinem Latein am Ende im Villagrande-Dschungel knapp hinter der nördlichen Grenze umher, als die paraguayanischen Revolutionäre ihre erbarmungswürdige zweite Guerilla-Front eröffneten. Der mit ihrer Niederwerfung beauftragte General streute das Gerücht aus, sie hätten Gold bei sich, und die Bauern, die sie zu befreien hofften, jagten sie, um an das Gold zu kommen. Die Revolutionäre, die sie fingen und der Armee übergaben, wurden aus Flugzeugen geworfen.

„Erwarten Sie nicht zu viel von Caaguazú“, sagte Julio. „Aber es hat eine echte Landstadtatmosphäre, die Ihnen zusagen könnte.“

Die Straßen standen unter Wasser, und nachdem wir Betten in einem öden Logierhaus gefunden hatten, stapften wir durch rinnende Gewässer in die nächste *cantina,* um etwas zu essen. Das Flair dieses Lokals wurde durch ein Ford-T-Modell in einem prächtigen Erhaltungszustand geprägt, das am Eingang geparkt war, und durch die *patrones,* die vor dem Eintreten ihre Gewehre überprüften, von denen einige von beachtlichem antiken Wert waren. Im Inneren sahen wir uns wieder einmal dem für solche öffentliche Lokale in Paraguay typischen Irrsinn ausgesetzt; voll aufgedrehte Musik, und jedermann schrie, um die Musik und seine Nachbarn zu übertönen. Zum Essen gab es barbarische Portionen gegrilltes Fleisch und mächtige Krüge mit starkem Wein. Bald kam der Besitzer der *cantina,* der uns schon seit einer Weile besorgt betrachtet hatte, an unseren Tisch und brüllte mir ins Ohr: „Trinken Sie. Wo Sie heute nacht schlafen werden, herrschen primitive Bedingungen. Es hilft Ihnen, zu schlafen."

Es ergab sich, daß ein etwa acht Jahre alter Junge, der hier bedienen half, ein gekaufter Indianer war. In solchen Fällen bezeichnet der Käufer das Kind als „adoptiert" und verleiht ihm den Familiennamen, obwohl es der Familie für den Rest seiner Tage dienen muß. Der Junge gab zu, ein Indianer zu sein – die Familie des Besitzers hatte dies auf ziemlich alberne Weise abgestritten –, und war sichtlich entzückt von der seltenen Erfahrung, Mittelpunkt des Interesses fremder Leute zu sein.

Der Besitzer der *cantina* hatte in bezug auf das Logierhaus recht gehabt. Ein großer Raum war für die Bequemlichkeit der Gäste bereitgestellt worden, darin standen etwa dreißig Betten in mehreren Reihen, in denen voll angekleidete Männer schliefen, einige tatsächlich mit Gewehren. Die ganze Nacht über hämmerte der Regen entsetzlich laut auf das Wellblechdach, und da der Pfad zur Latrine unter Wasser stand und das Licht nicht funktionierte, waren vor der Tür mehrere ungeheure Nachttöpfe aufgestellt worden.

Am nächsten Tag war das Wetter unverändert, also blieb uns nichts anderes übrig, als nach Asunción umzukehren. Julio sagte, wir müßten mit einer Verzögerung von bis zu fünf Tagen rechnen, und schlug vor, wir sollten in der Zwischenzeit in eine der Städte im Norden fliegen, wo der Regen noch nicht eingesetzt hatte. Er erwartete, in der Hauptstadt in verschiedenen Geschäften aufgehalten zu werden, uns aber empfahl er, uns nicht die Erfahrung des Lebens in der Mennoniten-Kolonie bei Filadelfia und Loma Plata im Gran Chaco entgehen zu lassen, die in einem leichten Flugzeug in einer Stunde zu erreichen war. Hier sei, sagte er, wenn man von der Baumwollverarbeitungsfabrik und dem gelegentlichen Spektakel einer Mennonitentochter auf einer Yamaha absah, noch die fromme und patriarchalische Ruhe des kanadischen Mittelwestens im letzten Jahrhundert – von wo die Sekte eingewandert war – bemerkenswert gut erhalten.

Mitglieder dieser Sekte, die auf deutsche Ursprünge zurückgeht, waren 1921 nach Paraguay gekommen und hatten sich im Chaco niedergelassen, wo sie ein riesiges Stück Land zu einem sehr niedrigen Preis kaufen konnten. Um jeden Fehler zu vermeiden, der eine gewaltsame Enteignung seitens der ursprünglichen indianischen Besitzer nach sich ziehen mochte, kauften sie das Land noch ein zweites Mal, diesmal von den Indianern. Der Preis für 100 bis 150 ha Land bestand nach ihren eigenen Angaben in einer alten Hose, ein paar Metern Stoff „und einigen Lebensmitteln".

Baumwolle ist die Haupteinnahmequelle in diesem Teil des Chaco, und 6000 einst nomadische Indianer leben heute auf einigen Flecken Land in der Mennoniten-Kolonie. Viele der landlosen Indianer sind auf der Baumwollverarbeitungsfabrik bei Loma Plata beschäftigt. Bezahlt wird mit Münzen, die nur in Läden der Gesellschaft angenommen werden. Die Arbeiter werden in ‚wörtlich, *Arbeiterlagern* untergebracht, die veröffentlichten Fotos zufolge entsetzlich sein müssen. Die Mennoniten teilen die Ansicht W. Barbrooke Grubbs, des Gründers des benachbarten, mit 3750 ha verhältnismäßig kleinen Besitzes der South American Missionary Society, der etwa 7000 Indianer beschäftigt. Als er über seine Bekehrten sprach, sagte Grubb: „Wir schärfen ihm [dem Indianer] ein, daß wir ihn als Mitmensch und Bruder betrachten, aber zugleich lassen wir keinen Zweifel daran aufkommen, daß sein Platz in der Welt so lange bescheiden sein wird, bis er im Zuge der Evolution für eine höhere Ebene qualifiziert ist."

Die Mennoniten-Kolonie erfreut sich einer gewissen Autonomie, und die Erlaubnis, sie zu besuchen, mußte von ihrem Hauptquartier in Asunción eingeholt werden. Der Beamte, mit dem ich es zu tun hatte, fragte mich nach dem Zweck des Besuchs, und als ich ihm sagte, ich wolle die Indianer sehen, lachte er ungläubig. Die Missionare und Funktionäre semi-religiöser Organisationen scheinen oft unfähig, ihre Verachtung für diejenigen zu unterdrücken, über die sie bestimmen. Als Luke Holland von Survival International Loma Plata besuchte, bemerkte er, daß die Mennoniten ihre indianischen Schutzbefohlenen gewöhnlich als *unsere schwarzen Arschlöcher* bezeichneten (die Sprache der Kolonie ist Deutsch). Die zimperlicheren nordamerikanischen Evangelisten ziehen die Bezeichnung „Wilde", „nackte Wilde" oder in bezug auf diejenigen, die ihren Annäherungsversuchen widerstehen, „heimtückische Wilde" vor; diese Begriffe tauchen in ihren Publikationen immer wieder auf.

Wenn man Loma Plata besuchen wollte, mußte man unter anderem Führungszeugnisse der Britischen Botschaft beibringen. Ich beschaffte das Gewünschte, überließ es den Mennoniten und machte mich auf die Suche nach einem Fahrzeug, das mit der Straße nach Cecilio Baez fertig werden würde für den Fall, daß Julio der Meinung war, sein 2CV sei dieser Strapaze nicht gewachsen. Wir wurden diesmal heftig enttäuscht, denn Julio teilte uns mit, seine vielfältigen Pflichten hinderten ihn daran, mit nach Cecilio Baez zu kommen. Diese plötzliche Absage führte außerdem dazu, daß wir uns fragten, ob Julio seine Geschäfte vielleicht nur vorschob. Mein Verdacht, daß er uns zugeteilt worden war, um ein Auge auf uns zu haben, war während der Fahrt ständig durch kleine Anzeichen bestätigt worden. Trotzdem hatte er unsere Gesellschaft zweifellos ebensosehr genossen wie wir die seine. Wir hatten gemeinsam mit den schrecklichen Straßen gekämpft; Don hatte Julio die Augen für die oft an den gewöhnlichsten Orten verborgene große Schönheit geöffnet; ich hatte mich mit mäßigem Erfolg bemüht, Guaraní-Lyrik über den Umweg des Kastilischen ins Englische zu übertragen; und wir hatten gemeinsam manche Flasche ausgezeichneten Weins geleert. Jetzt waren unsere gemeinsamen Ausflüge beendet. Die Möglichkeit kam mir in den Sinn, daß ihn die Entwicklung der freundschaftlichen Beziehung zwischen uns dazu veranlaßt hatte, um Befreiung von seinen Pflichten in bezug auf uns zu bitten. Wir ließen es uns jedenfalls nicht nehmen, das Abendessen gemeinsam mit Julio einzunehmen, solange wir uns in Asunción aufhielten.

Zwei Tage später hielten wir die Erlaubnis in Händen, die Mennoniten-Kolonie zu besuchen, aber bevor wir Plätze im Flugzeug buchen konnten, sprachen wir mit einem jungen englischen Tierchirurgen namens Nicholls, der durch unsere Botschaft von unserer Anwesenheit hier gehört hatte. Er erzählte uns, er sei mit einem wissenschaftlichen Projekt in Asunción befaßt und habe einen Landrover zur Verfügung. Bis jetzt hatte er wenig Gelegenheit gehabt, sich das Land außerhalb der Hauptstadt anzuschauen, und er wollte uns sehr gern herumfahren, wenn wir für das Benzin aufkämen.

So wurden unsere Probleme gelöst. Mr. Nicholls hatte ein ziemlich ungewöhnliches Interesse an Indianern. Wir schlugen eine Fahrt zu einer der alten Jesuiten-Niederlassungen vor, aber er sprach sich statt dessen für einen Besuch bei den Maca aus, die in einem Lager auf einer öden Insel im Paraguay-Fluß, ein paar Kilometer von Asunción entfernt, untergebracht waren. Die Geschichte dieses Stammes war eine Tragödie im klassischen indianischen Stil. Vor etwa 40 Jahren waren sie aus ihrer Heimat im Chaco entwurzelt und in dieses unfruchtbare Reservat verpflanzt worden. Sie konnten nur ihren Lebensunterhalt verdienen, indem sie sich als Touristenattraktion hergaben. Sie gehören zu den wenigen Stämmen, die allen missionarischen Versuchen widerstanden haben. Trotz ihrer tiefen Erniedrigung und des Verlusts ihrer Kultur und der Tatsache, daß die Ernährung der Familien von der Bereitschaft der Töchter abhängt, sich für die Kameras der Touristen zu entkleiden und mit bedeutungslosen Zeichen zu bemalen, haben sie die Kraft besessen, die Missionare zum Abzug zu zwingen.

Die Reise würde interessant werden, denn in Asunción ging das Gerücht, die Missionare hätten es geschafft, eine kommerzielle Verbindung zum Reservat zu knüpfen, und – so behauptete die Zeitung – damit die wichtigste Verbindung für den illegalen Handel mit Jaguarfellen und Papageienfedern hergestellt, die von Indianern unter der Aufsicht der Mission im nördlichen Chaco erbeutet würden.

Dieser kleine, aber zweifellos interessante Ausflug wurde durch einen starken Wind vereitelt, der die Wellen so hoch schlagen ließ, daß die Fähre nicht übersetzen konnte. Dann stand die Fahrt nach Cecilio Baez an, und Nicholls sagte, er sei an einem Besuch des Lagers sehr interessiert. Wir kamen überein, am nächsten Morgen aufzubrechen, wenn das Wetter es erlaube. Nicholls wich nicht von seiner Bedingung ab, so zeitig abzufahren, daß wir vor Einbruch der Dunkelheit wieder in der Hauptstadt sein würden.

Der nächste Morgen brachte eine sehr willkommene Überraschung mit sich, denn der Regen hatte aufgehört, und wir fuhren um sechs Uhr bei klarem Himmel ab und folgten einer Straße, die über Nacht getrocknet war. Nicholls hatte seine Gattin mitgebracht, eine äußerst attraktive junge Frau, die den Ausflug mitmachen wollte. Auch sie hatte nicht viel von Paraguay gesehen und war auf die vielen neuen Erfahrungen gespannt.

Auf halbem Weg zwischen Coronel Oviedo und Caaguazú verkündete ein Schild, daß wir das Nationale Guayaki-Reservat betraten. Es handelte sich um ein gepflegtes Waldareal, in dem hier und dort harmonisch in die Umgebung eingefügte Landhäuser reicher Männer standen. Um einen Kaffee zu trinken, kehrten wir in ein ländliches Klubhaus ein, das mit gelungenen Beispielen der Eingeborenenkunst aus anderen Teilen des Landes in ausnehmend hübschen Körben geschmückt war. Die Aché waren mit exzellent gerahmten Farbfotos völlig nackter Männer und Frauen vertreten, die mit vor Furcht weit geöffneten Augen auf die Kamera zuliefen. Der Clubinhaber hatte nicht die geringste Ahnung, wo diese Fotos aufgenommen worden waren, glaubte aber, daß es viele Kilometer weit fort gewesen sein müsse. In den zehn Jahren, die er schon hier war, hatte er nie Anzeichen für die Anwesenheit von Indianern im Wald gesehen.

Wieder einmal war Caaguazú die nächste Station, und hier endlich konnten wir die Abzweigung in nördliche Richtung über enge und sich ständig verzweigende Straßen nach Cecilio Baez nehmen. Unvermittelt befanden wir uns auf einer großen Lichtung, an deren Ende ein Haus stand, das – nach Größe und Stil zu urteilen – das Missionshaus sein mußte. Die Hütten kannten wir von vielen Fotos her, die seinerzeit Mark Münzel von ihnen und ihren Aché-Bewohnern gemacht hatte, die sich als letzte Handlung vor ihrem Tod durch Verhungern und Krankheit Vogelfedern auf den Körper geklebt hatten, die zur rituellen Vorbereitung auf das Sterben gehörten.

Als erstes bemerkte ich – abgesehen von mehreren fast in Lumpen gehüllten Indianerfrauen, die in der Nähe der Hütten herumschlichen – den Geruch menschlicher Exkremente. Ein Weißer im Mechanikeroverall bastelte an einem Maschinenteil herum; als er uns sah, richtete er sich auf und kam auf uns zu; sein Gesicht drückte schlecht verhehlten Ärger aus. Das war Mr. Jim Stolz, der amtierende Missionar. Er nahm den Brief Colonel Infanzóns entgegen, warf einen Blick darauf und erkundigte sich schroff, wo wir gewesen seien, er erwarte uns schon seit drei Tagen. Colonel Infanzón hatte offensichtlich über Funk mit Cecilio Baez in Verbindung gestanden. Später wurde klar, daß er an eben jenem Tag gefunkt haben mußte, nachdem er von unserer Abreise mit Mr. Nicholls erfahren hatte, denn da ihm so viele Dinge angelastet worden waren, die der Erklärung bedurften, hatte Mr. Stolz sichtliche Anstrengungen unternommen, in aller Eile Ordnung zu schaffen. Das aber bestärkte nur unseren Verdacht, daß er viel zu verbergen hatte.

Seine unverhohlene Feindseligkeit ließ die Situation nicht ganz ungefährlich erscheinen. Mr. Stolz fehlten die milden und einschmeichelnden Umgangsformen eines Mr. Fernley; er war ein unerschrocken wirkender Mann von der Erscheinung und

Autorität eines Hauptfeldwebels einer amerikanischen Kampfeinheit. Ich erkannte, daß wir ihn als einen Funktionär der Regierung betrachten mußten (wie es so viele Missionare in Lateinamerika waren), der befugt war, mit uns zu verfahren, wie er es für angebracht hielt. Er wollte die Gründe für unseren Besuch wissen, und ich sagte ihm, ich hoffte, mit ihm reden und gewisse Gerüchte über den Zweck des Lagers aus der Welt schaffen zu können, während Donald Fotos machte. Ich versicherte ihm, wir hätten nicht die Absicht, anstößige Filme von den Indianern zu drehen. Es stellte sich heraus, daß Mr. Stolz nie von Colonel Infanzóns „französischem Paar" gehört hatte.

Jetzt kam Mrs. Stolz aus dem Haus. Sie war, wie man sich eine typische Missionarsfrau vorstellt, bescheiden und doch bestimmt, mit einem resoluten Lächeln, und wahrte in einer Situation, die sie für eine Krise halten mochte, die Ruhe. Sie lud uns ins Haus ein, das hübsch möbliert war, ohne luxuriös zu wirken, und frei von den vielen arbeitsparenden Geräten, die in solchen Missionarsniederlassungen in der Regel zu finden sind. Kurz davor waren einige kräftig aussehende junge Amerikaner wie aus dem Nichts erschienen und hatten sich uns angeschlossen, und da ich ein wenig besorgt war, wie sich die Situation entwickeln könnte, bedeutete ich Donald, zu gehen und so viele Fotos wie möglich zu machen, während ich mit Mr. Stolz sprach. Nicholls war mir in Mr. Stolz' Büro gefolgt, wo Mrs. Stolz Kaffee austeilte. Ich hätte es vorgezogen, mich mit dem Missionar allein zu unterhalten, aber scheute mich, Nicholls zu bitten, er möge gehen.

Ich fragte Mr. Stolz, wie viele Indianer sich im Lager befänden, und er antwortete ohne Zögern, es seien 300. Das hätte bedeutet, daß die Bevölkerung des Lagers zu diesem Zeitpunkt höher war als je zuvor, und doch waren nur 12 kleine Hütten zu sehen, wie schon zu Münzels Zeit. Münzel hatte schon damals den Eindruck gehabt, daß die Hütten hoffnungslos überbelegt und ihre Bewohner deshalb stärker Infektionskrankheiten ausgesetzt waren. Die meisten der Indianer, erklärte Stolz, seien draußen bei der Feldarbeit, und als ich fragte, ob ich sie bei der Arbeit sehen könne, warf er einen Blick auf seine Uhr und sagte, sie seien auf dem Weg zum Lager und würden bald eintreffen.

Ich versuchte, ihn festzunageln. „In einer Stunde oder zweien?"

„Eine Stunde; vielleicht ein wenig mehr. Sie kommen von verschiedenen Orten."

„Zu Fuß?"

„Wenn sie nirgendwo mitfahren können." Mr. Stolz war plötzlich unbestimmt geworden, und ich hatte den Verdacht, daß es Absicht war. Im Augenblick konnte ich nicht ausschließen, daß die Aché tatsächlich erscheinen würden. Es war kurz vor Mittag. In Paraguay beginnt ein Arbeitstag kurz nach Anbruch der Morgendämmerung, und das ganze Land hält in der Mittagszeit Siesta. Um 15 Uhr wird die Arbeit wieder aufgenommen und bis Sonnenuntergang fortgesetzt. Ich fragte Mr. Stolz, was die Indianer als Bezahlung erhielten, und nach kurzem Zögern erwiderte er: „100 Guarani pro Tag." (Etwa eine Mark.) „Sie haben keinen Sinn für Handel oder Geld", fügte er hinzu.

Ich fragte, wofür sie ihr Geld ausgäben, und er schüttelte leicht entmutigt den Kopf. „Vielleicht Marmelade", sagte er, „wenn es im Laden welche gibt."

In Anbetracht der erstaunlichen Zunahme der Bevölkerung seit dem Besuch des *New-York-Times*-Korrespondenten im vergangenen Januar fand ich es angebracht, mich zu erkundigen, wo die Neuzugänge hergekommen seien. Unbestimmtheit und Ausflüchte in Mr. Stolz' Antworten nahmen zu. „Sie kamen einfach dann und wann", sagte er, „bei Nacht." Die letzte Gruppe sei vor ein paar Wochen gekommen. Er gab zu, daß in dieser Gegend keine „wilden" Aché mehr vorkämen, und sagte, diejenigen, die kürzlich eingetroffen waren, seien von weither gekommen. Ich fragte ihn, weshalb sie herkämen, und Mr. Stolz erwiderte: „Vielleicht haben sie gehört, daß sie hier gut leben können." Das entsprach ungefähr der Erklärung, die Mr. Depue bezüglich der Anwesenheit seiner Ayoreo abgegeben hatte, die etwa 15 Jahre zuvor im bolivianischen Chaco gefangen und in der Folge der Vorhölle seines Lagers überlassen worden waren. Auch er hatte ihr Dasein im Missionslager in den freundlichsten Farben gemalt.

Das Land in der Umgebung des Lagers war viele Kilometer weit in allen Richtungen gerodet und mit Getreide bepflanzt worden, und die Farmer würden, wie Mr. Stolz zugab, jeden „wilden" Aché töten, den sie zu Gesicht bekämen. In der Nachbarschaft gab es viele versklavte Kinder. Mr. Stolz sagte, vier Kinder seien bei dem etwa 20 km entfernten Dorf Kuruzu aufgegriffen worden und gestorben; eines an einem Schlag mit einem Gewehrkolben, den es bei seiner Gefangennahme erhalten habe, die drei übrigen kurz darauf an Masern – eine Krankheit, gegen die die Waldindianer keine Immunität erworben haben. „Es ist eine gute Sache, hier einen Aché zu besitzen", erklärte er. „Ich vermute, es ist eine Art Statussymbol." Ich fand es schwer, zu glauben, daß sich die Indianer derart furchtbaren Risiken aussetzen sollten, um in ein Lager zu gelangen, das häufig als Todeslager bezeichnet wurde. Erst nach meiner Rückkehr nach England fiel mir zufällig ein Exemplar von *Brown Gold* in die Hände, der Publikation der New Tribes Mission, und zwar die Ausgabe vom 14. September 1974, in der Mr. Stolz über seine Erfahrungen im Dschungel berichtete:

> Eines Tages saß ich mit einem anderen der neuen Indianer zusammen, und wir sprachen über die Zeit, als Paul und ich einen Ausflug in den Wald gemacht und die Indianer in die Kolonie gebracht hatten. Er blickte mich ernst an und sagte, es sei gut gewesen, daß ich nicht ohne die Indianer [die Jäger] aus der Kolonie gekommen sei, denn sonst hätten sie mich getötet. Paul und ich hatten ein Jahr lang in jenem Gebiet um Codeteque gearbeitet und uns bemüht, Kontakte mit ihnen und anderen Gruppen herzustellen. Wir hatten es nur der Fürsorge Gottes zu verdanken, daß wir ihnen je von Angesicht zu Angesicht begegneten, und gewiß hatten wir alles getan, um eben dies zu erreichen.

So beschrieb Mr. Stolz, wie die Aché dazu verführt wurden, ihre Wälder zu verlassen.

Weitere zwei Jahre sollten vergehen, bis mir jemand ein anderes Exemplar von *Brown Gold* zuschickte (vom April 1974), in dem ein kurzer Beitrag aus Mrs. Stolz' Feder mehr Licht auf die Schrecken von Cecilio Baez warf. Hier war keine Unbestimmtheit, kein Ausweichen; es war keine Rede von gelegentlichem nächtlichem Eintrudeln von Indianern, die gehört hatten, daß es sich hier gut leben lasse. Im Gegenteil, das Lager war ein Ort, an dem viele Indianer starben, und Mrs. Stolz machte kein Hehl daraus. Ihr Artikel trägt den Titel: *Zu spät!* Sie scheint damit zu meinen, daß die Missionare mit ihrer Übersetzung des Evangeliums in die Sprache der Aché zu spät kamen, aber sie macht die Indianer dafür verantwortlich und glaubt, daß dies auch die Meinung Gottes sei. Die Illustration zeigt eine alte Frau, die im Lager in ihr Tuch gehüllt gestorben war. Dazu heißt es: „Ihrer Kultur gemäß mit einem großen Halsband aus Zähnen ‚für den Tod gekleidet'. Sie hat nichts davon gehört, daß man in ‚Seine Redlichkeit gekleidet' sein muß. Jetzt ist sie in der Hölle."

Dieser Text war im Herbst 1973 geschrieben worden, zwei Monate nachdem Mark Münzel einen Brief erhalten hatte, in dem stand, daß von den im Vorjahr offiziell gezählten 250 Aché nur noch 100 lebten. Ein zweiter Brief, der ein paar Wochen später eintraf, berichtete, die Zahl der Überlebenden sei auf 25 geschrumpft. Es war die Periode, auf die sich General Marcia Samaniego in seiner Pressekonferenz bezog, als er Verbrechen gegen die Indianer zugab, während er den Vorwurf des Völkermords zurückwies: ... „denn es bestand nicht die Absicht, sie auszurotten". Dennoch wurde allgemein zugestanden, daß Indianer in den Wäldern gejagt und wie Ungeziefer vernichtet worden waren, und die Zeitungen waren voller Berichte über kräftige Männer, die als Sklaven verkauft worden waren, über heiratsfähige Frauen, die man zur Prostitution gezwungen hatte, und über Kinder, die für ein paar Dollar verkauft oder sogar verschenkt worden waren.

Mrs. Stolz dagegen fragte sich,

> ... wie viele dieser Guayakies [ein herabsetzender Name, der ‚Ratten' bedeutet] noch sterben müssen, ohne den „Lichtstrahl von oben" erblickt zu haben? Im September, als eine neue Gruppe Guayaki-Indianer in die Kolonie gebracht wurde, dachte ich, vielleicht würde diese alte Frau die Chance bekommen, das Evangelium in ihrer Sprache zu hören, bevor sie starb. So nah, und doch so fern!

Die Kolonie, schrieb sie, war von einer Masernepidemie befallen worden. Ihr Bericht ist mit unbeabsichtigter Ironie durchsetzt. „Wir konnten nicht glauben, in welchen Zustand sie [die Epidemie] diese Indianer versetzte, die erst vor so kurzem mit der Zivilisation vertraut gemacht worden waren." Immerhin sprach „Granny" auf die Behandlung an. „Eines Abends brachte Jim ihr ein Stück rohes Schweinefleisch, damit sie wieder zu Kräften käme, und sie leckte gierig den Saft und das Blut ab ..." Am nächsten Tag hatte der Tod sie geholt.

Bevor sie starb, hatte sie ihrer Familie mitgeteilt, sie wünsche, nach Achésitte verbrannt zu werden. Dieses Ansinnen sorgte für einige Verwirrung bei den Paraguayanern – vermutlich Polizisten oder Armeebeamte im Lager –, für Jim Stolz aber bedeutete es kein Problem:

> Das Loch [in dem sie verbrannt werden sollte] wurde gegraben, und man trug sie an einen Pfahl gebunden herbei.
>
> Als die Träger sie in das Loch legen wollten, sprang vor ihr eine jüngere Frau hinein und schrie, sie wolle zur Sonne gehen, dem Himmel der Guayaki, in den die Großmutter eingehen würde. Vier Männer waren nötig, um sie aus dem Grab zu zerren, damit die Verbrennungszeremonie fortgesetzt werden konnte.
>
> Wieder zeigte sich, daß diese Menschen keine Furcht vor dem Tod haben. Tatsächlich haben ihn viele von ihnen willkommen geheißen. Wir haben jetzt den Grundstein für das

Evangelium gelegt. Sie haben keinen erkennbaren Begriff von der Hölle ... Werden sie glauben, daß ein Feuer, das heißer ist, als sie eines entzünden können, um einen Leichnam zu verbrennen, auf jeden wartet, der ohne Christus stirbt?

Donald war daran interessiert, Aché zu fotografieren, die ihre Musikinstrumente spielten, die Flöten und vor allem die einsaitige Fiedel, auf der man drei Töne spielen kann, indem man einfach ihren Hals biegt und so die Spannung der Saite verändert. Mr. Stolz sagte kurz und bündig, es gebe keine Musikinstrumente im Lager. Ich fragte, ob die Indianer irgendwelche traditionellen Zeremonien ausführten. Nein, erwiderte er. Gab es Häuptlinge? Nein. Medizinmänner? Bestimmt nicht. Das einzige, was die Indianer ständig zu tun scheinen, ist singen, sagte er. Der Text ihrer Lieder sei „nicht sonderlich interessant". Die Männer versuchten immer, sich als große Jäger darzustellen, und die Frauen sängen diese schrecklich jammernden Lieder, die einem Leibschmerzen verursachten. Die Aché schöben alles ihren Vorfahren in die Schuhe.

An diesem Punkt faßte ich mir das Herz, Mr. Stolz zu fragen, worin die Aufgabe der Mission bestünde, und er erwiderte, sie solle jene erlösen, die sich im Zustand der Sünde befänden. Das geschehe letztlich durch die Taufe, nachdem die Bekehrten Christus in ihren Herzen und „durch Lippenbekenntnis" akzeptiert hätten. Er hielt es für eine gute Idee, wenn ich seine Antworten auf Fragen des Glaubens und der Bekehrung schriftlich festhielte, und ich tat es mit aller Sorgfalt.

Ich fragte, wie viele Aché getauft worden seien, und Mr. Stolz erwiderte: keiner. „Bevor ich sie zu Christus führe, muß ich erst verstehen, was sie glauben", erklärte er.

„Verstehen Sie es?" fragte ich.

„Ungefähr", erwiderte er. Er hatte ein Problem mit der Sprache, wie er hinzufügte, aber er wußte bereits, daß sie an drei Götter glaubten: den Tiger (Jaguar), den Alligator und den Großvater. „Das macht die Sprache kompliziert. Wenn wir von Gottes Sohn sprechen, denken sie an den Sohn des Tigers. Es ist schwierig, ihnen die Idee zu vermitteln, daß sie von ihren Sünden erlöst werden können, weil der Sohn eines Tigers an ein Kreuz genagelt wurde. Keiner dieser Indianer kann das Bekenntnis ablegen, weil sie nicht wissen, was sie bekennen sollen."

Ich fragte Mr. Stolz, welcher Fortschritt in bezug auf die Bekehrung gemacht worden sei, und er erwiderte, die meisten der Indianer hätten wenigstens erkannt, daß sie im Zustand der Sünde lebten, besonders in sexueller Hinsicht.

Nach seiner Schätzung würde es noch viele Jahre dauern, bis es ihm gelänge, einen Aché der Gemeinde Christi zuzuführen, und viele von ihnen mochten bis dahin sterben, während sich einige wenige bis zum Schluß seinen missionarischen Bemühungen widersetzen würden. Ich fragte ihn, wie das geistige Schicksal dieser wenigen in der Sicht der New Tribes Mission aussehen würde.

Jetzt befand sich Mr. Stolz auf sicherem Grund. „Es gibt keine Erlösung für sie", erwiderte er. „Die Bibel sagt uns, daß es nur zwei Orte im Jenseits gibt: den Himmel und die Hölle. Die sich nicht bekehren lassen, werden die Ewigkeit in der Hölle verbringen."

Es schien mir widersinnig, daß göttliche Vergeltung die Aché treffen sollte, weil Mr. Stolz nicht fähig gewesen war, ihre Sprache zu lernen, aber als ich diese Bedenken andeutete, zuckte der Missionar mit den Schultern. Solche Dinge fielen nicht in seine Zuständigkeit, sagte er einfach.

1973 hatte ein Besucher, der 25 Aché zählte, bemerkt, daß sich etwa 30 Missionare mit ihren Familien um das geistige Wohlergehen der Indianer bemühten. Zur Zeit mochten sich hier ein Dutzend Missionszugehörige befinden. Ich bat Mr. Stolz, mir die starken missionarischen Anstrengungen in dieser aussichtslosen Situation zu erklären, die trotz seines zugegebenen Versagens in der Vergangenheit und der schlechten Zukunftsaussichten unternommen wurden.

Er sagte, für ihn stelle das Lager ein Versuchsgelände dar. „Brüder und Schwestern, die neu auf dem missionarischen Gebiet sind, bitten, hierhergeschickt zu werden, um Erfahrungen in der Arbeit mit den schwerer Belehrbaren sammeln zu können. Hier werden sie mit allen Problemen konfrontiert. Natürlich hoffen sie auch, daß Gott in seiner Fürsorge sie zu Werkzeugen schmiedet, die auch den Verlorenen die Botschaft seines Evangeliums verkünden können."

Bald darauf entschuldigte er sich, er müsse den elektrischen Generator weiter auseinandernehmen, von dem einige Teile noch am selben Tag nach Asunción gebracht werden müßten, und ich sah ihn nur noch kurz, bevor wir uns verabschiedeten.

Ich ging zu Donald, der mit seinen Fotos beschäftigt war, und bemerkte, daß mehrere junge Missionare bei ihm waren, von denen wir zuvor nichts gesehen hatten. Wir inspizierten die kleinen Hütten in der unmittelbaren Nachbarschaft des Missionshauses. Sie waren jede etwa 14 m^2 groß, und es war schwer zu begreifen, wie man 300 Indianer in ihnen unterbringen konnte. Insgesamt sahen wir etwa 35 Aché, von denen etwa die Hälfte jene wächsern-weiße Hautfarbe aufwiesen, die den Ethnologen unerklärlich ist. Alle besaßen ein entschieden mongolides Aussehen; viele hätten als Eskimos durchgehen können. Wir sahen etwa 15 Frauen, mehrere von ihnen mit Babys. Es gab ein halbes Dutzend Jungen zwischen 8 und 12 Jahren und zwei Mädchen in diesem Alter, alle mit den für Mangelernährung typischen aufgeblähten Bäuchen und schadhaften Zähnen. Den Rest der Bevölkerung bildeten erwachsene Männer.

Alle Aché, die wir sahen – mit Ausnahme zweier oder dreier Männer in pseudo-militärischen Uniformen – trugen schmutzige, ausrangierte Kleider. Im ganzen Lagerbereich schien es keine sanitären Einrichtungen zu geben, mit dem bereits erwähnten Gestank als Ergebnis. Wir bemerkten, daß die uniformierten Männer über Pfeile und Bogen verfügten und vor den Missionaren mit ihrem Geschick im Umgang mit diesen

Waffen prahlten. Die Tatsache, daß diese Männer nicht bei der Arbeit waren und offensichtlich die Gunst der Missionare genossen, ließ uns vermuten, daß sie die berühmten *señuelos* wären, die Indianerjäger, die von Kindheit an konditioniert und gelegentlich bestochen wurden, die Missionare auf ihren Menschenjagden zu begleiten und ihre eigenen in den Wäldern verborgenen Stammesgenossen aufzuspüren. Wie schon früheren Besuchern des Reservats fiel uns bei der Lagerbevölkerung ein extremes Mißverhältnis zwischen den Geschlechtern auf. Wenn es tatsächlich 300 Indianer gewesen wären – und vorausgesetzt, die Frauen wurden nicht zur Arbeit auf den Feldern gezwungen –, hätte die Anzahl der Männer die der Frauen im Verhältnis 15 zu 1 übertroffen. Wir sahen keine kleinen Mädchen, keine weiblichen Babys, keine Frau, die jünger als im mittleren Alter gewesen wäre. Wo waren all die Mädchen geblieben?* Wir fanden es merkwürdig, daß wir keine alten Männer zu Gesicht bekommen hatten. Sie waren die nutzlosen Überreste einer ausgeplünderten Gemeinschaft.

Etwa die Hälfte der erwachsenen Indianer lagen in ihren Hütten auf dem Boden, anscheinend in völliger Apathie, und ließen durch keine Geste erkennen, ob sie sich unseres Besuchs bewußt waren. Da die Bretterwände der Hütten 15 cm breite Zwischenräume aufwiesen, hielten sie den oft heftigen Regen natürlich nicht ab, und die Böden hatten sich in Schlamm verwandelt, über den hier und dort Bretter gelegt worden waren. In keiner der Hütten sahen wir Nahrung, nicht einmal die spärlichsten Überreste.

Draußen kamen uns kleine Jungen mit aufgetriebenen Bäuchen unter den schmutzigen Hemden entgegengelaufen, strei-

---

* Es wurde berichtet, daß kleine Mädchen aus Cecilio Baez und Mädchen unter den Opfern der Menschenjagden in anderen Teilen Paraguays in Kinderbordelle gebracht würden, die als eine Spezialität Asuncións galten. Im Dezember 1977 brachte die *Washington Post* einen erschütternden Bericht über solche Etablissements, die der Befriedigung der „unter hohen Regierungsbeamten verbreiteten sexuellen Lasterhaftigkeit" dienten.

chelten unsere Hände und Finger (die Aché sind die liebevollsten und extravertiertesten unter allen indianischen Rassen) und zeigten uns ihre zahmen Eidechsen. Alle Indianer, gewiß aber die 20 oder 30 Rassen, mit denen ich Bekanntschaft gemacht hatte, empfinden zu Tieren tiefe Zuneigung und zähmen sie mühelos; eine Fähigkeit, die wir nicht begreifen. Jeder Junge, den wir sahen, hatte wenigstens ein Tier. Es gab Nasenbären, Waschbären, einen jungen Fuchs, einen noch nicht flüggen Geier, und ein Junge zeigte stolz eine Henne vor, die auf seiner Schulter hockte. Wir fragten uns, wo diese Tiere herkamen, denn die Kinder waren gewiß von ihren Lieblingen getrennt worden, als man sie aufgespürt, gefesselt und aus dem Dschungel geschleppt hatte.

Mr. Stolz machte uns eine letzte Aufwartung. Er hatte entschieden, daß wir uns den Laden anschauen müßten, in dem die Aché ihr Geld ausgeben konnten. Er schloß ihn auf und wies auf einige Dosen mit Marmelade und einen Popcornvorrat, die er als „Dauerrenner“ bezeichnete. Im Laden gab es eine große Sammlung Aché-Bogen zu niedrigen Preisen, aber er gestand verdrießlich ein, daß sehr wenig Nachfrage danach bestand. Es war jetzt 15 Uhr, und ich fragte, wo die arbeitenden Aché blieben; und er erwiderte, vermutlich seien sie durch den Zustand der Straße aufgehalten worden, würden aber jede Minute eintreffen.

Donald, der mit seinen Aufnahmen im inneren Lagerbereich fertig war, schlenderte auf zwei weiter entfernt stehende Hütten zu, gefolgt von Mr. Stolz' Sohn, einem freundlichen und offensichtlich aufgeweckten, etwa 12 Jahre alten Jungen, der jetzt Donalds Stativ trug und ihm voller Stolz erzählte, er sei das einzige Mitglied der Missionsgruppe, das die Sprache der Aché beherrsche. Ein lächelnder junger Missionar überholte die beiden, stellte sich vor den Eingang der ersten Hütte und sagte, es sei nichts darin zu finden. Donald stieß ihn beiseite, ging in die Hütte, kam wieder heraus und rief mich zu sich. Ich folgte ihm in die Hütte und erblickte zwei alte Frauen, die im letzten Stadium der Auszehrung und offenbar am Rand des Hungertodes auf ein paar Lumpen auf dem Boden lagen. Eine von ihnen war bewußtlos, die andere befand sich offenbar in einem kataleptischen Zustand, denn ihre Augen waren weit geöffnet, aber als ich meine Hand vor ihrem Gesicht hin- und herbewegte, folgte sie ihr nicht mit dem Blick. Ihre rechte Hand war mit dem schwarzen Schlamm überkrustet, den sie vom Boden aufgescharrt hatte. Weder Essen noch Wasser war in der Hütte zu sehen.

In der zweiten Hütte lag eine andere Frau, ebenfalls in einem verzweifelten Zustand und mit unbehandelten Wunden an den Beinen. Ein kleiner, nackter, weinender Junge saß neben ihr. Mr. Stolz' Sohn, der glücklich war, helfen zu können, indem er das Stativ trug und Donald das benötigte Objektiv reichte, berichtete uns sachlich, was geschehen war. Die drei Frauen und der Junge waren bei einer kürzlichen Durchsuchung des Waldes aufgegriffen worden, die dritte Frau hatte bei ihrem Versuch zu entkommen einen Schuß in die Seite abbekommen*.

Donald machte seine Nahaufnahmen, brachte das Objektiv bis auf wenige Fingerbreit an die totenmaskengleichen Gesichter der Frauen heran. Der Sohn des Missionars war nach Kräften bemüht, sich nützlich zu machen, und plapperte munter vor sich hin. Er mochte die Aché, besonders die Kinder, die ihn mit ihren Tieren spielen ließen, und er hoffte, daß sie alle gerettet würden. Kurz darauf kam ein kleiner Junge herein, der einen Affen in den Armen hielt, und ging mit ihm fort.

---

* Die durch diese Fotos enthüllten peinlichen Geheimnisse sorgten 13 Jahre lang für Aufregung in der NTM. Im Mai 1987 gab das europäische Hauptquartier und Trainingszentrum der Sekte in Derby Road, Matlock, Derbyshire ein Bulletin heraus, in dem die folgende verblüffende Unwahrheit zu lesen ist: „Es trifft zu, daß die Frau angeschossen wurde, aber das geschah etwa 20 Jahre bevor die Missionare kamen." Die Sekte muß ihre Hoffnung aufgeben, sich auf diese Art reinwaschen zu können, denn die Originalfilme, von denen dieses Bild sowie viele weitere abgezogen wurden, die zur selben Zeit im Lager aufgenommen wurden, befinden sich im Besitz der *Sunday Times*.

Die ganze Atmosphäre hier – die ständig gewachsene Anzahl lächelnder junger Missionare, die sich im Hintergrund zusammenfanden und etwas sangen, das sich wie eine Hymne oder ein Schlachtenbummler-Gesang anhörte, der Gestank nach Exkrementen, der Verdacht, daß wir uns über verborgenen Gräbern bewegten – machte den Aufenthalt in diesem Lager zur traurigsten Erfahrung meines Lebens. Es war unmöglich, nicht an Joneston, Guayana und an die tödlichen Fanatiker von People's Temple zu denken. Stolz hatte zweifellos gelogen; er war in dem Bemühen, abscheuliche Tatsachen zu bemänteln, von Lüge zu Lüge gestolpert. Es war offensichtlich, daß die Aché-Plantagenarbeiter nie zurückkehren würden, weder heute noch an einem anderen Tag. Wo aber waren sie?

Ich trug eine Kopie der Korrespondenz zwischen Arnaldo Kant, einem paraguayanischen Pflanzer, und Nelido Ríos, dem Assistenten von Stolz bei mir. Stolz war auf Kants Farm gestürmt, um sich zu beklagen, daß Kant nicht für die Aché bezahlt habe, die für ihn „eingesammelt" worden waren:

> Ich erklärte ihm, ich hätte sie auf Ihre Bitte hin übernommen, und zwar nur, um sie vor dem Sklavenschicksal zu bewahren ... Ich war über die große Furcht erstaunt, die dieser Mann den Indianern einflößte. Als sie merkten, daß er hier war, um sie wieder ins Lager zurückzubringen, versuchten sie, in den Wald zu fliehen ... Der Verwalter verlangte Bezahlung für die Arbeit, die von den Aché verrichtet worden war, und ich händigte ihm 2500 Guarani [etwa 25 DM] aus, wie durch die beigefügte Quittung bestätigt wird ...

Kant hatte die Einzelheiten dieser Transaktion Dr. Münzel mitgeteilt, nachdem ihn sein Beichtvater gedrängt hatte, sein Gewissen nicht durch Beihilfe zu einem Verbrechen zu belasten.

Dies wäre der richtige Augenblick gewesen, den Missionar mit diesem unwiderlegbaren Beweis zu konfrontieren, daß er Sklavenhandel betrieb, aber ich sah ein, daß ich den Erfolg unserer Mission gefährden würde, wenn ich es täte. Mr. Stolz war mit der Durchführung der Regierungspolitik betraut, und diese Regierung war die stärkste und unbarmherzigste aller Diktaturen Lateinamerikas – eines Kontinents, in dem es immer gefährlich ist, unbequeme Fragen zu stellen. Paraguay schert sich nicht um die Habeas-Corpus-Akte, und wer hier Schwierigkeiten macht, riskiert, daß er einfach verschwindet. Das harmloseste, was uns widerfahren konnte, wenn sich die Situation im Lager von Cecilio Baez plötzlich zuspitzte, war, daß man Donald den belastenden Film abnahm. Inzwischen hatten sich die Missionare schweigend von uns zurückgezogen, und der bisher sehr umgängliche Mr. Nicholls war kühl und abweisend geworden. Er warf einen Blick auf die Uhr, erklärte, es sei 18 Uhr und Zeit zu gehen.

Wir waren schon im Begriff aufzubrechen, als eine andere Missionarsfamilie, ein Mann, seine Frau und seine zwei Söhne, von denen wir bisher keine Spur gesehen hatten, zu uns kam und darum bat, nach Asunción mitgenommen zu werden. Der Mann sagte, der Regen habe sie vier Tage lang bei Cecilio Baez festgehalten, und fügte in überzeugtem Ton hinzu, Gott habe uns als Antwort auf ihre Gebete gesandt.

Genau wie Mr. Stolz und zuvor Mr. Fernley weigerte sich auch dieser Mann, in irgendeiner Form auf mein Bild von der Mission einzugehen. Mit seinem enormen Strohschlapphut und dem schwarzen Binder eines Südstaaten-Colonels und seinem kurzen, verächtlichen Lachen wirkte er fast wie ein Doppelgänger W. C. Fields. Er war außerordentlich am Handel interessiert und sprach mit ermüdender Lebhaftigkeit von der Erregung, die ein günstiger Kauf mit sich bringe, insbesondere, wenn es sich um antike Waffen handelte, die er sammelte und mit Vorliebe auf den Märkten abgelegener Städte wie Asunción erstand, wo ihr wahrer Wert nicht bekannt war. Er interessierte sich auch für fotografische Ausrüstungen, besaß sieben Kameras und bot Donald „einen guten Preis“ für einen beliebigen Apparat, den er vielleicht übrig hätte.

Der Chaco-Missionar – er zog es vor, seinen Namen nicht

zu nennen – stellte sich als unglaublich offenherzig heraus. Mr. Stolz hatte uns erzählt, die Indianer erhielten 100 Guarani am Tag (auszugeben im Laden der Mission). Unser neuer Reisebegleiter tat dies mit einem schallenden Lachen als absurd ab. Die Farmer *versprachen* den Indianern, die für sie arbeiteten, 200 Guarani pro Woche und speisten sie meistens mit einem alten Hemd oder einer abgetragenen Hose ab. Ich zeigte ihm die Kopie der Quittung über das von Arnaldo Kant an Stolz für indianische Arbeitskräfte gezahlte Geld, die mir Mark Münzel zugeschickt hatte. „Und was weiter?" fragte der Missionar. Alles Geld, das den Besitzer wechsle, lande in der Kasse der Mission. Mr. Stolz' Aktivitäten als Indianerfänger seien bekannt. Er sei kürzlich mehrmals draußen gewesen, um „Kontakte" herzustellen, sagte der Missionar und grinste genüßlich bei diesem Euphemismus; einmal sei er tatsächlich nur um Haaresbreite einem Pfeil entgangen.

Jim Stolz, fuhr der Missionar fort, habe seine Probleme, aber zum Glück seien sie in den Chaco-Niederlassungen gelöst, und alles sei ruhig. Eine amerikanische Großgerberei habe eine Million Dollar für einen Landstrich von der halben Größe Norddakotas bezahlt und der Mission in Anerkennung ihrer flexiblen Hilfe einen fairen Anteil daran überlassen. Das sei mehr, als sie im Augenblick verkraften könne, und wer sich mit Bargeld blicken lasse, könne vermutlich ein paar Tausend Hektar Land billig erwerben. Er fragte, ob Donald oder ich interessiert seien, und war erstaunt, als wir es verneinten. Es sei eine Gelegenheit, wie sie das Leben nur einmal biete, sagte er.

Während dieser Fahrt bestritt der Missionar allein die Unterhaltung. Mrs. Nicholls war liebenswürdig wie immer, aber ihr Mann sagte nicht viel. Ich begann mich zu fragen, ob er vielleicht ein Verbündeter der Mission wäre oder sogar der sehr geschickt verkleidete Regierungsbeamte, der uns laut Colonel Infanzón nach Cecilio Baez begleiten mußte*. Die Ab-

* Die NTM verwendete später einen Bericht über das Treffen mit Stolz

machung, daß wir das Lager vor Anbruch der Dunkelheit verlassen würden, gab uns jetzt einen Anlaß zu besorgten Spekulationen.

An diesem Abend trafen wir Julio wie üblich zu einem – für mich dem letzten gemeinsamen – Mahl unter dem imposanten Turm des Guaraní-Hotels, das wohl zu Ehren einer Tagung und mit durchaus festlicher Wirkung die Flaggen aller Nationen gehißt hatte. Es gab nur wenige Städte, in denen man nach einem Tag im Dschungel behaglicher entspannen konnte als in Asunción, denn es bot auf seine sittsame Art sämtliche Vergnügungen der Zivilisation. Die Stadt war sauber und gut beleuchtet, und niemand belästigte einen unter welchem Vorwand auch immer. Cadillacs fuhren im Schrittempo vorbei und flüsterten gelegentlich eine Warnung mit einer speziell für Asunción mitgelieferten „Höflichkeitshupe". Musik trieb leise über die Anlage des Restaurants; halluzinogene Payé-Blumen auf den Tischen verströmten ihren Wohlgeruch; ein erhobener Finger ließ sogleich einen Kellner erscheinen und freudig *a sus órdenes* rufen. Miniberockte Politessen paradierten paarweise, und Julio sagte, manchmal reagierten sie, wenn man ihnen zuzwinkere. Asunción verlangte von einem nur, daß man von Fragen absah und nicht darauf bestand, einen Blick hinter die Kulissen zu werfen. Und das galt auch für das Land als Ganzes, insbesondere jedoch für bestimmte Gebiete des Gran Chaco und die Wälder im Osten bis an die Grenze nach Argentinien, die jetzt so eilig abgeholzt werden.

Das Essen verlief entspannt und angenehm. Julio wußte genau, wo wir gewesen waren, aber wir schwiegen über unsere Fahrt. Abgesehen davon sprachen wir über alle Dinge unter

– angeblich auf Notizpapier der Britischen Botschaft geschrieben und von Nicholls signiert – erfolgreich in einer Auseinandersetzung mit einer amerikanischen Zeitung. Die Britische Botschaft bestritt jegliche Kenntnis des Vorgangs wie auch die eines Statements, das ebenfalls bei der Affäre zitiert worden war und von dem die NTM behauptete, die Botschaft habe es in Anerkennung ihrer Arbeit abgegeben.

der Sonne, und dann teilte ich Julio mit, daß ich am nächsten Tag nach England abreisen würde; und ich sah, daß es ihm wirklich leid tat. Donald wollte noch eine Weile bleiben, und bei dieser Nachricht lebte Julio wieder auf. Er gab wieder einmal eine ausgezeichnete Demonstration seiner Fähigkeit, Fäden zu ziehen, und sagte, er wolle dafür sorgen, daß Donald eine Einladung zur Geburtstagsparty des Präsidenten erhalte, die noch in dieser Woche stattfinde. Die Einladung traf, wie ich später erfuhr, prompt zusammen mit dem weiteren Angebot einer Bootsfahrt mit dem Präsidenten zu einer Angeltour auf dem Paraguay-Fluß ein. Donald ergriff diese Gelegenheit und scheint, selbst wenn man die traditionelle Übertreibung der Angler berücksichtigt, einen beachtlichen Fisch gefangen zu haben.

11

Die Reise nach Venezuela war zu dem Zweck geplant, mein seelisches Gleichgewicht wiederherzustellen, das durch die Erlebnisse im Zusammenhang mit Naturvölkern gestört war, die entweder – wie in Vietnam – bekämpft wurden, oder, durch die eine oder andere Methode reduziert, zu äußerster Erniedrigung und Not in den Missionslagern verurteilt waren. Immer noch gab es unberührte Stämme, und Fernsehproduzenten wie Brian Moser hatten faszinierende Filme über die traditionelle Lebensweise gedreht. Sie wurden von Jahr zu Jahr weniger, und Reservate wie die Xingu-Reduktion in Brasilien waren zu Recht nicht nur für Missionare geschlossen, sondern auch für Gelegenheitsbesucher wie mich, die ohne jede böse Absicht ein ganzes Dorf entvölkern konnten, indem sie zum Beispiel die Erreger einer gewöhnlichen Erkältung unter diesen Menschen ausstreuten, die nicht immun dagegen waren.

1982 zeigte die BBC einen interessanten kurzen Film über den Besuch eines ihrer Teams bei den Panare in der venezolanischen Savanne. Der Stamm nahm die Kameraleute auf Fisch- und Jagdausflüge mit und ließ sie an lebendigen und denkwürdigen Festen teilnehmen. Die Gastgeber waren hübsche und gut gebaute Menschen, die ihre nur mit einem absoluten Minimum an Kleidung bedeckten Körper zur Schau stellten und durch eine sehr zuträgliche Diät aus Gemüse und Fisch sowie einen aktiven Lebensstil in ausgezeichneter Verfassung hielten. Sie waren hervorragende Künstler, flochten in ganz Venezuela gefragte dekorative Körbe und besaßen einen deftigen Humor. Bei einem Jagdausflug, auf dem die Panare mit Blasrohren auf Affen schossen, sagte ein Jäger in seinem Ärger darüber, daß er dreimal daneben geschossen hatte: „Wenn ich den nächsten nicht erwische, schieße ich auf den Fotografen."

Die Expedition war von dem Ethnologen Paul Henley geleitet worden, den ich später in Cambridge traf. Für Paul war es eine einzigartige Erfahrung gewesen, einige Jahre lang unter diesen sympathischen Menschen gelebt zu haben, offiziell zum Stammesmitglied ernannt und von einer der Frauen an Sohnes Statt adoptiert worden zu sein. Er plante, zu Beginn des nächsten Jahres in das Gebiet der Panare zurückzukehren, um seine Feldforschungen fortzusetzen, und wir vereinbarten, uns in Caracas zu treffen. Donald McCullin sollte mit von der Partie sein, und Paul hoffte, daß Donald Gelegenheit haben würde, Zeremonien der Panare zu fotografieren, die zumeist des Nachts ausgeführt wurden; er selbst hatte sie nicht fotografieren können, weil er weder den geeigneten Apparat noch die zu seiner Handhabung nötige Sachkenntnis besaß.

Anfangs waren wir bereit, den nervenaufreibenden Kampf mit der venezolanischen Bürokratie aufzunehmen, aber als uns einige Monate später klarwurde, daß wir unsere Visa nie erhalten würden, gaben wir uns geschlagen. Schließlich nahmen wir einfach ein Flugzeug und flogen, wie es wahrscheinlich die meisten Reisenden nach Venezuela letzten Endes tun. Niemand in der Einwanderungsbehörde in Caracas schien sich darüber zu wundern, daß wir ohne Visa ankamen, obwohl wir technisch gesehen illegal einreisten. Von diesem Erfolg berauscht, gaben wir uns dem großen Irrtum hin, unser Ärger mit der Bürokratie sei beendet, und ahnten nicht, daß wir in den folgenden zehn Tagen jede Stunde des Arbeitstags in den Wartezimmern der Behörden zubringen würden, bis wir – mit etwas mehr Glück als die meisten anderen – alle für unsere Reise ins Landesinnere erforderlichen Bescheinigungen beisammen haben würden.

In dieser tristen Umgebung sahen wir täglich dieselben Gesichter, die der Zuversichtlichen, der Enttäuschten und der Verzweifelten, von denen einige bereits seit Wochen herkamen. Die Bewerber wurden aufgefordert, Empfehlungsbriefe von Institutionen oder angesehenen Personen beizubringen, Führungszeugnisse der Botschaft sowie kurze schriftliche Darstellungen dessen, was sie zu unternehmen gedächten, falls sie die Erlaubnis erhielten, ins Landesinnere zu reisen. Diese Papiere mußten zu einem einige Kilometer entfernt gelegenen Notariat gebracht werden, das in der Regel aus irgendwelchen Gründen geschlossen war. War es geöffnet, drängten sich die Menschen dort in der Hoffnung, beim Notar vorgelassen zu werden, bis die Bewerber ohne Vorwarnung hinauskomplimentiert und angewiesen wurden, am nächsten Tag erneut vorzusprechen, und sich die Türen schlossen. So folgte ein ergebnisloser Tag dem anderen. Wir hörten von einem Mann, der am Ende seiner Nerven ohne Erlaubnis gereist, von der Nationalgarde aufgegriffen und in das *calobozo* eines namenlosen Dorfes im venezolanischen Hinterland geworfen und drei Wochen lang festgehalten worden war, bis man über sein Schicksal entschied.

Die Behörden waren voller venezolanischer Ethnologen, die dieselben Schwierigkeiten wie wir hatten und sich darüber beklagten, nur die im Landesinneren zahlreich vertretenen Missionare besäßen die Freiheit, nach Belieben zu reisen. Einer der Venezolaner war kürzlich an einer Untersuchung missionarischer Aktivitäten durch den Kongreß beteiligt gewesen: „Wir würden alles tun, um sie loszuwerden", sagte er, „aber wenn das State Department sie hierhaben will, sind wir machtlos. Sie kommen sogar zurück, wenn man sie mit Tritten hinausbefördert."

Er fügte eine wertvolle Information hinzu. Im Süden, nahe der brasilianischen Grenze, hatten die Missionare dauernden Einfluß auf die Yanonámi-Indianer gewonnen und ihnen gegenüber den Wunsch geäußert, daß die Ethnologen – die sie mit unerwünschten Elementen wie Kommunisten in einen Topf warfen – draußen bleiben sollten. „Wenn ich dorthin gehe, um zu arbeiten", sagte er, „muß ich Yanonámi-Leibwächter anheuern. Die Missionare sind im Begriff, das Land zu übernehmen."

Ich war zwar davon ausgegangen, daß es in Venezuela viele Missionare gäbe – darunter Vertreter der nordamerikanischen Sekten –, fälschlicherweise aber hatte ich geglaubt, ihr Einfluß sei auf diesem Schauplatz gering; ein Irrtum, den der BBC-

Film verstärkt hatte. Jetzt mußte ich zu meiner Verblüffung erfahren, daß die NTM stark vertreten war und daß sich versuchsweise ein Mann mit seiner Frau im Colorado Valley niedergelassen hatte; es gab bereits Anzeichen, daß der Posten sich ausdehnt. Zum Trost zitierte der Ethnologe die Aufzeichnungen des Widerstands der Panare. Sie hatten um das Jahr 1800 die Szene betreten und sich in dem Gebiet ausgebreitet, das sie jetzt bewohnten, damals aber verwaist war. Dies verdankten sie dem Übereifer katholischer Missionare, die die ursprüngliche indianische Bevölkerung vollständig ausgerottet hatten. Die Panare hatten sich als einzigartig fähig erwiesen, sich mit der modernen Zeit zu arrangieren. Was auch immer von Wert für sie war, zum Beispiel Metallwerkzeuge, nahmen sie an. Allem übrigen kehrten sie den Rücken. Diesmal hatte sich die NTM nach Meinung des Ethnologen mehr vom Kuchen abgeschnitten, als sie verdauen konnte.

Zusätzlich zu allen übrigen Verzögerungen, Ungewißheiten und Unbequemlichkeiten hatte Venezuela ausgerechnet am Tag unserer Ankunft beschlossen, seine Währung abzuwerten, und die Banken blieben geschlossen, so daß wir während unseres ganzen Aufenthalts keine Reiseschecks einlösen konnten. Das wenige Geld, das wir bei uns hatten, schwand rasch dahin. Caracas ist teuer. Abgesehen von anderen Kosten mußten wir allein für Taxifahrten zu und von den Behörden, die jeweils etwa 45 DM kosteten, am Tag rund 180 DM ausgeben. Es war nicht gerade die angenehmste Stadt, wenn man gezwungen war, sich in ihr aufzuhalten.

Wir hatten uns in einem mittleren Drei-Sterne-Hotel an einem verkehrsreichen Boulevard einquartiert, zu dem kein Restaurant gehörte, und als wir an der Rezeption nach einem Speiselokal fragten, empfahl uns der Manager eine „Pizza-Stube" ein Stück die Straße hinab. Wir teilten ihm mit, wir hätten an etwas Abenteuerliches gedacht, und er erwiderte, wenn uns der Sinn nach Abenteuern stünde, wären wir am richtigen Ort. Es gäbe ein ausgezeichnetes italienisches Restaurant, doppelt so weit entfernt wie die Pizza-Stube; deshalb sei die Wahrscheinlichkeit, auf dem Weg überfallen zu werden, exakt doppelt so hoch. Er erwähnte noch, daß die hiesigen Räuber Messer oder Pistolen benutzten.

Die Erlaubnis traf ein, und noch am selben Tag setzten wir uns in Pauls Landrover und fuhren ostwärts die Küstenstraße entlang nach Barcelona, wo wir übernachteten. Am nächsten Tag fuhren wir südwärts, überquerten den Orinoco in der Höhe von Ciudad Bolívar, dann nahmen wir die nach Westen führende Landstraße, die dem Fluß flußaufwärts nach Caicara folgte, einer lebenslustigen und üppigen Siedlung im Pionierstil, die den Bedürfnissen eines Gebiets von vielleicht der Größe eines größeren englischen Verwaltungsbezirks genügte. Hier kauften wir Geschenke für die Indianer, bei denen wir uns aufhalten zu können hofften, und für uns selbst wichtige Artikel wie Hängematten, Moskitonetze, eine Kochausrüstung, Bier und einiges mehr, das wir in der Eile in Caracas vergessen hatten.

In der Nähe von Caicara hörten alle Straßen (in unserem Sinn des Wortes) auf, und wir schlugen uns durch die Savanne in Richtung Colorado durch, wo sich Indianer niedergelassen hatten. Wieder einmal befanden wir uns in einer gänzlich unberührten Landschaft, die merkwürdigerweise nicht mit einem der ursprünglichen Gebiete Mexikos, Guatemalas oder Paraguays zu vergleichen war. Die Savanne war immer sie selbst geblieben, frei von weidendem Vieh und unberührt vom Pflug. Gruppen natürlich gewachsener Bäume, die um diese Jahreszeit blühten, hielten genau gleiche Abstände zueinander, und ein dünner Streifen Galeriewald markierte den Lauf eines unsichtbaren Flusses. Zwischen diesen geringfügigen Variationen der Landschaft zog sich das Gras in drei Richtungen als grenzenlose Wiese bis zum Horizont hin; nur im Süden überschattete der dunstige Steilhang der Sierra de la Cerbatana die Ebene.

Das Tal von Colorado lag unter ihren Vorbergen, und als wir den Weg fortsetzten, erblickten wir die Gemeinschaftshäuser zwischen den Bäumen am Fluß; sie sahen aus wie kunstvoll geflochtene Strohhütte. Panarefrauen, die nur eine Schnur um die Taille, Troddeln und Perlen trugen, gingen mit raschen, stolzen Schritten umher. Der erste männliche Panare, den wir zu Gesicht bekamen, war ein hübscher, etwa 18 Jahre alter Bursche, nackt bis auf ein herrlich gewebtes Hüfttuch, auf einem ramponierten Fahrrad, auf dem zu meinem Entsetzen die Botschaft geschrieben stand: *Christus rettet uns*. Er fuhr davon und verschwand zwischen den Gemeinschaftshäusern. Am Rand der Siedlung stand das Gebäude der New Tribes Mission, ein häßlicher, quadratischer Klotz aus Leichtbaublökken und Wellblech, der sich am Kopfende der Missionslandebahn erhob. Es wirkte in der stillen, unprätentiösen Landschaft des Tals von Colorado wie ein Mahnmal aus einer anderen Welt.

Die Indianer kamen aus ihren Häusern, um uns willkommen zu heißen. Paul Henley stellte uns den 32 erwachsenen Männern und Frauen der Großfamilie vor, die ihn adoptiert hatte, sowie seiner fiktiven Mutter. Wir hatten Geschenke für alle mitgebracht, und in Übereinstimmung mit dem Prinzip der Gleichheit erhielt jeder Mann eine identische Angelschnur und jede Frau eine grellbemalte Emailleschüssel. Außerdem schenkten wir ihnen einen Sack Reis als unseren Beitrag zu den gemeinschaftlichen Mahlzeiten, zu denen wir eingeladen werden mochten. Man riet uns, unsere Hängematten in einem leeren Haus auf dem höchsten Punkt des Dorfes anzubringen, weil es verhältnismäßig frei von Moskitos sei. Es war ein traditionelles blättergedecktes Haus, wie es die Panare innerhalb von drei Wochen zu bauen verstanden, gut gefegt und frei von Abfall aller Art. Wir überprüften es routinemäßig auf die Anwesenheit von Klapperschlangen und zogen ein.

Bald darauf besuchten uns Panare aller Altersstufen und beider Geschlechter, untersuchten uns und unsere Ausrüstung und kommentierten beides mit sanften und leise schnalzenden einsilbigen Wörtern, ließen sich in unbelegte Hängematten fallen oder standen bis lange nach Anbruch der Dämmerung einfach in geselligen Gruppen herum, womit sie uns offensichtlich das Gefühl vermitteln wollten, daß wir zu Hause seien.

Ich bemerkte, daß sich die Panare entweder völlig ruhig verhielten und anmutige, an Gauguin erinnernde Gruppen bildeten oder sich rasch und zielstrebig bewegten. Die älteren Männer und Frauen, die uns besuchten, besaßen die flotte und federnde Gangart, die wir mit Jugend assoziieren, und hielten sich kerzengerade. Die Mädchen kamen mit den raschen, anmutigen Schritten von Stenotypistinnen mit hohen Absätzen auf gebohnerten Böden hereingetänzelt. Da es sich um einen offiziellen Anlaß handelte, hatten sich ein oder zwei Mädchen im heiratsfähigen Alter ein wenige Quadratzentimeter großes Tuch über die Schamregion gehängt, die übrigen waren unbekümmerter. Alle hatten sich jedoch die Mühe gemacht, sich Troddeln an die Hüftschnüre zu binden, die aufreizend über ihren Hinterteilen baumelten. Vielleicht nur, um ein höfliches Interesse vorzugeben, untersuchten sie die unbedeckten Teile unserer Körper und wiesen einander auf Hautunregelmäßigkeiten oder Narben hin. Die kleinen Mädchen erlaubten sich dabei mehr Freiheiten als die kleinen Jungen und freuten sich, als Don ihnen erlaubte, an den Haaren seiner Arme zu zupfen; sie waren ein Phänomen, das während der gesamten Dauer unseres Aufenthalts unverminderte Neugier erregte.

Die Missionare hatten damit begonnen, den Sinn für Geld bei ihnen zu wecken, indem sie fast allen Kindern im Krabbelalter ein Sparschwein schenkten. Die älteren Kinder zeigten uns Schlösser und Schlüssel aus derselben Quelle. An diesem Punkt der Entwicklung der Panare, an dem es keine Türen gab, die verschlossen werden mußten, besaßen diese Gegenstände reinen Schmuckcharakter und wurden gelegentlich an Halsketten befestigt. Ein schüchternes Mädchen, das sich ein Lendentuch von seinem Freund geliehen hatte, näherte sich uns mit einer Bitte. Paul übersetzte sie. Es erwies sich, daß sie um eine Taschenlampenbatterie bat, auf die sie nicht mehr verzichten zu können glaubte.

Der Arbeitstag beginnt in diesen Ländern beim ersten Tageslicht oder sogar schon früher, und sobald ich meine Augen aufbekam, sah ich, daß schon wieder mehrere Indianer da waren. Einige lehnten in anmutigen trägen Posen an den Baumstämmen, die das Dach stützten, einige hatten es sich in unbenutzten Hängematten bequem gemacht, die übrigen gingen unsere Besitztümer durch. Nach sorgfältiger Untersuchung legten sie jeden Gegenstand an seinen Platz zurück.

Die Siedlung unterhalb von uns, von leichtem, aus dem Fluß aufsteigendem rosafarbenem Frühdunst überpinselt, war voller Aktivität. Paul hatte erwähnt, die Panare seien vom Diktat der Uhren frei und stünden auf und gingen zu Bett, wann ihnen danach war, und oft, wenn ihnen eine Aufgabe reizvoll erscheine, arbeiteten sie die Nacht durch. Während ich mich meinen zahlreichen Moskitostichen widmete und Donald sich sein berühmtes Frühstücksporridge kochte, war Paul ins Dorf gegangen, um von seiner Panarefamilie zu erfahren, wie es um das ersehnte *katayinto* stand, die Initiationszeremonie der Jungen, die wir alle so sehr mitzuerleben hofften und die Donald fotografieren wollte.

Es ist anzunehmen, daß die meisten Stämme, die unversehrt überlebt haben, ihre Variante des *katayinto* feiern. Als ich 15 Jahre zuvor in Brasilien gewesen war, hatte ich von der großen Quarup-Zeremonie des Volkes der Cinta Larga gehört. Sie hatte eine tragische Berühmtheit erlangt, denn da der Tag dieser Feier der einzige Tag im Jahr war, an dem der ganze Stamm zuverlässig in seinem Dorf versammelt war, hatte man ihn gewählt, um diesen Stamm bequem durch einen von einer Expedition über Land begleiteten Luftangriff auszulöschen.

Die jährliche Zeremonie der unglücklichen Cinta Larga dauerte – wie auch das *katayinto* – einen Tag und eine Nacht lang und war Anlaß zu ausgedehntem Feiern, zum Trinken zeremonellen Biers und zum Durchtanzen der Nacht zur Musik der Flöten. Die größere Bedeutung des Quarup aber lag in der dramatischen Darstellung der mit den Legenden des Stammes verwobenen Schöpfungslegenden. Es war sowohl ein Mysterienspiel als auch eine Familienzusammenkunft, an der nicht nur die Lebenden, sondern auch die Geister der toten Vorfahren teilnahmen, die als maskierte Tänzer auftraten, um Rat bei aktuellen Problemen zu erteilen, die Trauernden zu trösten und ihnen zu versichern, daß nicht einmal der Tod es vermöchte, der Einheit und Fortdauer des Volkes ein Ende zu machen.

Viele Züge des Quarup, wie es im fernen Brasilien gefeiert wird, entsprechen denen des *katayinto* in Venezuela. Das kann kein Zufall sein, aber vielleicht gibt es hier evolutionäre Bezüge, und Zeremonien dieser Art – die sich im Lauf von Jahrtausenden entwickelten – trugen zum Überleben bei. Man könnte sie als Mittel betrachten, die gesammelte Erfahrung eines schriftlosen Volkes in der ansprechenden Form dramatischer Darbietungen weiterzugeben. Das *katayinto* ist ein fröhliches Fest für alle, aber es hat einen harten Kern von Unterweisung.

Die Zeremonie betrifft die Initiationsriten der jungen Panare, die ins Mannesalter eintreten, außerdem ist sie ein geeigneter Anlaß, die Ohren der Säuglinge zu durchstechen. Alle Prozeduren sind in einen Kokon symbolischer Handlungen gehüllt, die dem Zuschauer und einem Teil der Ausführenden selbst geheimnisvoll erscheinen müssen. Es wird rituelle Kleidung getragen, rituelle Nahrung gegessen, rituelle Musik gespielt, und man führt rituelle Tänze auf. Die Zeremonie strotzt von Vorschriften, wer etwas zu tun hat und wer nicht, was zu tun ist und wann. Einige Teile der Zeremonie sind ungeklärt, so etwa die Frage, weshalb die Jungen von einem nicht zum Dorf Gehörenden in die Lendentücher der Mannbarkeit gekleidet werden und von einem anderen Fremden leichte Schläge auf die Rückseiten der Schenkel erhalten müssen.

Aus dem Labyrinth der Symbole hebt sich ein dramatisches Zwischenspiel ab. Plötzlich dringt eine Gruppe bedrohlich und aggressiv wirkender Fremder ein, die ungeduldig nach Bier verlangen. Niemand bezweifelt im geringsten, daß dieser Zwischenfall zum Theater gehört, denn alle erkennen in den

Fremden Panare aus einem benachbarten Dorf, die sich bereit erklärt haben, diese Rolle zu spielen. Während die jungen Initianden zuschauen, lassen sich die Älteren auf ein hitziges Streitgespräch ein, aber allmählich normalisieren sich die erregten Stimmen, und es kehrt wieder Vernunft ein; die Eindringlinge, endlich beschwichtigt, werden eingeladen, sich an der allgemeinen Ausgelassenheit zu beteiligen.

Paul spricht in seinem Buch *The Panare: Tradition and Change in the Amazon Frontier* (dem ich all diese Information entnommen habe), die Vermutung aus, diese zentrale Episode symbolisiere die Notwendigkeit, daß die jungen Initianden zu einem friedvollen Arrangement mit der potentiell bedrohlichen Außenwelt gelangen. Diese Schlußfolgerung hat etwas Zwingendes.

1981 erklärten die Panare Paul, man habe sie genötigt, diese Episode aus dem *katayinto* herauszulassen, „weil sie Gott nicht wohlgefällig" sei. Wie eigenartig – und wie entlarvend –, daß die Sekte ausgerechnet gegen diesen Teil der Zeremonie Einwände hatte, der uns allen Aussöhnung und friedliche Beilegung von Auseinandersetzungen zu befürworten schien. 1982, im folgenden Jahr, fand überhaupt keine Initiationszeremonie statt, und Paul hatte zuerst geglaubt, sie sei nur aufgeschoben worden. Jetzt kehrte er mit einem entmutigenden Bericht zurück. Wir hörten, daß Gott Einspruch erhoben hatte, und wußten, daß das *katayinto* nie wieder stattfinden würde, wenn die Adoptivfamilie Pauls auch gesagt hatte, es würde „vielleicht" im nächsten Jahr gefeiert werden. Für uns sah es nach einer Strategie der Missionare aus, das Ganze für unbestimmte Zeit aufzuschieben.

Es war eine erstaunliche Entwicklung. Die Panare waren ein Phänomen, ein Indianerstamm, der seit mindestens einem Jahrhundert in engem Kontakt mit Nicht-Indianern stand und trotzdem seine kulturelle Eigenheit beibehalten hatte. Nach den Worten der venezolanischen Ethnologin María Eugenia Villalón, die etwa zehn Jahre mit dem Studium der Panare zugebracht hatte, besaßen sie „eine fast unglaubliche Widerstandskraft gegen die Einflüsse der westlichen Welt". Und jetzt schien es plötzlich, als stünden sie dicht vor der Kapitulation und seien im Begriff, ihre ethnische Identität aufzugeben, ihr „Indianertum", indem sie auf die wichtigste Zeremonie in ihrem Stammesleben verzichteten, in deren Verlauf die Jungen die Rechte und Pflichten der Männer übernahmen.

Obwohl sich die Panare nach Indianerart keinerlei Emotionen anmerken ließen – außer vielleicht Neugier –, waren sie über unseren Besuch sichtbar erfreut; um so mehr, als sie wußten, daß ihnen der Landrover zur Verfügung stünde, falls sie etwas zu besorgen hätten. Unter ihren Gartenerzeugnissen waren Zuckerrohr und Wurzelgemüse, die ihnen das in zunehmendem Maß nötige Geld einbrachten, indem sie einen großen Teil davon an Nicht-Indianer verkauften, die *criollo* in ihrer Nachbarschaft. Die *criollo* züchteten Rinder, von deren Fleisch sie sich ernährten, und kauften ihren indianischen Nachbarn so viel Frischgemüse ab, wie sie nur haben konnten. Außerdem fertigten die Panare dekorative Körbe, für die Sammler indianischer Handarbeiten hohe Preise zahlten. Sie verkauften diese Körbe, die sie selbst nicht benutzten, billig an *criollo*-Zwischenhändler. Die Panare hatten begonnen, den Missionaren mit ihrem durch den Verkauf von Gemüse und Körben verdienten Geld Konsumgüter wie Plattenspieler, Seife, Aspirin, Zahnputzmittel, Popcorn, Parfüm, alte Fahrräder und vor allem Batterien abzukaufen. Die Missionare verschenkten keine begehrten Dinge mehr, wie es Mr. Halterman anfangs getan hatte, sondern nahmen für alles Geld, obwohl ihre Preise, wie Paul sagte, unter denen der ortsansässigen Händler lagen, die natürlich über dieses Eindringen in ihren Markt verärgert waren.

Die *criollo* lebten in kleinen, versprengten Dörfern in der Nachbarschaft. Sie blieben wie schon ihre Väter in engem Kontakt mit den Indianern und hatten keine nennenswerten Ressentiments gegen sie. Bei diesen Nachkommen der alten spanischen Herrschaft war der *compadrazgo* – eine formell bekräftigte Freundschaft zwischen Männern – noch lebendig, und einige Indianer hatten *compadres* unter den *criollo*. Wir nahmen ein halbes Dutzend Panare im Landrover zu dem Dorf Maniapure mit, in dem sie *compadres* hatten, und wo sie ihre Produkte zum Verkauf anbieten wollten.

Es war ein lebhafter, wenn auch ein wenig schmutziger kleiner Ort mit ein paar Holzhütten und mehreren *cantinas*, in denen sich kurzfristig von ihrem langweiligen Leben im Sattel befreite Viehhüter großartig entspannten. In der ansonsten anheimelnden und schlampigen *cantina*, für die wir uns entschieden, posierten zwei übertrieben herausgeputzte Nutten an der Bartheke. Ein blumengeschmücktes Wandbild erinnerte an einen berühmten Mord; der Barmann hatte nur ein Auge; die Stühle boten entweder eine Rückenlehne oder eine Sitzfläche, aber in keinem Fall beides; und die meisten Gäste trugen Pistolen.

Sie alle waren freundlich und höflich, glücklich, in Gesellschaft zu sein, und entzückt, Fremde zu treffen. Sie saßen so gut es ging auf ihren Stuhlruinen und spielten Domino, und jede Steinablage klang wie eine Aufforderung zum Duell. Was immer sie zu sagen hatten, wurde durch den Lärm einer alten Jukebox übertönt, die wie der Kühlerteil eines Unfallwagens aussah. Unsere Indianer hatten bereits ihre Erzeugnisse ausgeladen, alkoholfreie Getränke von ihren *criollo*-Freunden entgegengenommen und standen jetzt als völlig reglose Gruppe beisammen, denn jeder von ihnen war automatisch in die für die Panare typische Märtyrerpose des San Sebastian verfallen.

Wir nahmen unsere Getränke mit nach draußen. Sittiche zankten sich wie Spatzen in den Bäumen um uns, und ein Junge, dem es gelungen war, ein paar zu fangen, bot sie zum Stückpreis von 25 Cent in Plastikbeuteln an. Der Himmel war mit Vögeln gespickt, darunter zwei majestätische Geier mit weißen Flügeln und Schwänzen, die unter einer wie ein Baiser aussehenden Wolke ihre Spiralen zogen.

Ein Reiter näherte sich uns, eine Gitarre auf dem Rücken

und mit einem auf unerfindliche Art an seinem nackten Fuß befestigten Sporn. Auf unseren einladenden Wink hin setzte er sich auf den Rand unseres Tischs, nahm dankend ein Bier entgegen und begann zu spielen. In diesem Augenblick hielt ein Touristenwagen auf der Brücke am anderen Ende des Dorfs an, und die Insassen warfen Abfälle in den Fluß. Ein bereits wartender Katzenfisch schnappte danach.

„Dort bilden sich in der trockenen Jahreszeit Tümpel", erklärte der Gitarrist, „in dem die Fische gefangen sind. Die Otter jagen sie."

„Ißt man hier keinen Fisch?" erkundigte ich mich.

Diese Frage schien unseren Freund zu verwundern. „Ich habe mein ganzes Leben lang nichts anderes als Steak und Reis gegessen", erwiderte er. „Ich würde auch gern Bohnen essen, aber davon muß man furzen, und das ist lächerlich. Fisch habe ich noch nie probiert, und ich kann nicht sagen, daß ich wild darauf wäre."

Die Panare lebten gut, ihre Nahrung war abwechslungsreich und ausgezeichnet, und ihre Lebenserwartung war weitaus höher als die der *criollo;* und dennoch hatte Paul gewisse Veränderungen zum Schlechteren bemerkt. Das erste Anzeichen war, daß sie weniger aßen. Bis 1974 hatten sich ihre wichtigste Siedlung und ihre Gemeinschaftshäuser in den Bergen befunden, wo sie ihrer Hauptnahrungsquelle nahe gewesen waren. Kurz nach der Niederlassung der New Tribes Mission in Colorado hatten sie begonnen, ins Flachland hinabzuwandern. Es war nicht zu übersehen, daß sich die Politik der Mission auszahlte, die Indianer „anzuziehen" und seßhaft zu machen, und die Panare verwandten immer weniger Zeit auf den Nahrungserwerb für den eigenen Gebrauch, um mehr Zeit für den Anbau von Gemüse und die Fertigung von Körben für den Verkauf zu gewinnen. Da sie ihre Siedlungen in den Bergen aufgegeben hatten, war ihnen die Tagesreise in ihre früheren Jagdgründe zu mühsam und aufwendig geworden, und in der näheren Savanne gab es kein Wild. Die Fleischversorgung wurde knapp. Noch eine Gefahr, die sie nicht erkannten, bedrohte sie. Venezuela, das in bezug auf die Behandlung seiner Indianer vorurteilsfreieste Land Südamerikas, gab sich die größte Mühe, ihre Rechte an ihren traditionellen Territorien zu verteidigen, aber wenn die Indianer aus welchen Gründen immer von dort wegzogen, war dieser Verteidigung der Boden entzogen, und die Eindringlinge hatten leichtes Spiel. Wenn dies den Panare widerfuhr, waren sie für alle Zeiten auf das Flachland beschränkt, wo, abgesehen von dem Gemüse, das sie zogen, und Fisch, Nahrung in der trockenen Jahreszeit knapp war.

Die Missionare wußten um diese Zusammenhänge und gingen entsprechend vor. Ihre Strategie zeigte auch in anderer Hinsicht erste Erfolge. Das ganze gesellschaftliche Konzept der Panare steht und fällt mit einem Überfluß an Nahrung. Alle Panare bringen ihre Beiträge zu einem zentralen Vorratslager, aus dem sie dann gleichmäßig unter allen Mitgliedern der Gemeinschaft verteilt werden, ob sie nun imstande waren, zu ihrer Beschaffung beizutragen, oder nicht. Sollte eine Nahrungsknappheit entstehen oder aus irgendeinem Grund provoziert werden, sagte Paul, könnte das Teilungsprinzip unwiderruflich aufgehoben werden, weil die Nahrungsbeschaffer selbst in Not geraten und sich weigern würden, weiterhin zum gemeinschaftlichen Vorrat beizutragen.

Außerdem waren Feste wie das *katayinto* immer unter der Voraussetzung veranstaltet worden, daß Fleisch im Übermaß vorhanden war. Man jagte zusätzliches Wild in den Bergen, räucherte das Fleisch und lagerte es, bis genug für das *katayinto* vorhanden war. Daß sich die Panare in der Nähe der Mission niedergelassen hatten, bedeutete eine Verringerung der Nahrungsversorgung, und damit war das missionarische Ziel ihrer totalen Abhängigkeit in greifbare Nähe gerückt.

Wir besuchten Guanama, eine kleine Panare-Gemeinschaft in der Nachbarschaft, die etwa halb so viele Mitglieder wie jene in Colorado zählte. Guanama war, verglichen mit Colorado, ein heißer Ort, der am Ende einer nicht fertiggestellten, ungepflasterten Straße verdorrte, die sich südwärts in Richtung des Amazonas schlängelte.

Ein halbes Dutzend Panaremänner kamen aus einem runden Gemeinschaftshaus. Sie näherten sich uns elastisch wie Ballettänzer und boten uns heißen Mangosaft an. Wie ihre Stammesbrüder in Colorado trugen sie nichts als sorgfältig gewebte Hüfttücher und Armbänder aus blauen und weißen Perlen. Sie waren im Durchschnitt drei oder fünf Zentimeter größer als die Viehhüter von Maniapure; ein langes Erbe des Nomadentums hatte sie geformt, und ihre nächsten Nachbarn, die *criollo,* die ihr Leben auf dem Pferderücken oder im Wagen verbrachten, schienen im Vergleich zu ihnen fast ein wenig mißgestaltet. Die Panare, die an einem Tag 80 km weit durch die Savanne laufen konnten, wenn sie einen Grund dafür hatten, waren schlank und geschmeidig und kamen in ihren Körperproportionen dem klassischen Ideal nahe.

Guanama war sauber und aufgeräumt, und alles hatte hier seinen Platz; es wirkte ein wenig wie eine Abteilung im Londoner Völkerkundemuseum. Die Gemeinschaftshäuser, von denen jedes zwei oder drei Familien beherbergte, stellten Meisterwerke der Steinzeitarchitektur dar; wind- und wetterfest gebaut und unter dem weit vorspringenden Dach wunderbar kühl. Wie alle Panaresiedlungen war diese ein ruhiger Ort. Die Hunde waren still und bescheiden, die Kinder weinten nicht, und als die Erwachsenen von der Jagd oder Gartenarbeit zurückkamen, schlüpften sie in ihre Hängematten, nachdem sie uns begrüßt hatten, und besprachen leise die Ereignisse des Tages. Nur eine Sache schien uns in dieser ruhigen und vertrauensvollen Atmosphäre unpassend. Ein offenbar neuer Stacheldraht – der erste, den wir in der Weite des ländlichen Venezuela sahen – war in unseren Augen der symbolische Übergriff einer fremden Weltsicht.

Wir hatten Wert auf diesen Besuch gelegt, weil María Eugenia Villalón, mit der ich bereits korrespondiert hatte, bevor wir uns in Caracas trafen, über ungewöhnliche Ereignisse in

Guanama berichtete. Sie war schon einmal vor etwa 18 Monaten in Guanama gewesen, um Panarelieder aufzuzeichnen, und als sie in diesem Jahr anläßlich einer Zählung der indianischen Minderheiten dorthin zurückgekehrt war, hatte sie die Panare erfreuen wollen, indem sie ihnen ihre Lieder vorspielte. Aber kaum hatte sie das Bandgerät eingeschaltet, als die Indianer mit allen Anzeichen des Entsetzens aufsprangen, sich die Ohren zuhielten und in alle Richtungen davonliefen. Später erklärten sie ihr, sie hätten die Stimme des Teufels aus ihren Mündern vernommen. Jetzt hätten sie Jesus gefunden und wollten von nun an nur noch Loblieder auf ihn singen. Sie nahmen Aufstellung, um eine dieser Hymnen vorzutragen, ihre Version von *Weary of Earth and Laden with My Sin*, dessen erste Zeile – begleitet von mexikanischen Gitarren und rasselnden Rumbakugeln – *ad infinitum* wiederholt wurde. Señora Villalón hatte keinen Zweifel daran, daß die New Tribes Mission auf den Plan getreten war, aber die Frage war, wie sie diese rasche Bekehrung bewerkstelligt hatten, denn es gab keine Missionsniederlassung in der Nähe, und es war bekannt, daß die Missionare kaum weite Vorstöße ins Unbekannte unternahmen. Die nächstliegende Folgerung war, daß die Bekehrung der Panare in Guanama das Werk eines der angelernten Eingeborenenevangelisten war – der „Diakone" –, die sie auszusenden begonnen hatten.

Aber abgesehen von jenem Stacheldraht war Guanama frei von den Häßlichkeiten, die so oft mit der Lossagung von den alten Sitten und Glaubensvorstellungen Hand in Hand gehen. Wir beschlossen, die Hoffnung nicht aufzugeben; doch dann stellte Paul die entscheidende Frage: „Wann haltet ihr die Initiationszeremonie ab?" Die Antwort war entmutigend und bestätigte unsere schlimmsten Befürchtungen: „Es wird keine Zeremonie mehr geben. Gott ist dagegen. Wir haben uns von diesen Dingen losgesagt."

Es war dunkel, als wir nach Colorado zurückkehrten. Wir begaben uns in unser Haus, zündeten die Lampe an, suchten die dunklen Ecken nach gefährlichen Eindringlingen ab, spannten die Moskitonetze und erhitzten den Inhalt einiger Dosen, dann setzten wir uns zu einem Schlummertrunk Rum und einem Gespräch unter den Sternen zusammen. Kurz darauf bemerkten wir zwei schwankende Lichterketten, die von der dunklen Silhouette des Dorfs aus auf uns zuglitten, und begriffen, daß die Indianer auf unsere Rückkehr gewartet hatten und uns besuchen wollten. Wie sich herausstellte, waren unsere Besucher kleine Kinder, und es war ein überaus malerischer Anblick, wie sie die beiden gewundenen Wege emporkamen, mit nicht viel mehr als Armbändern und Halsketten bekleidet, und ihre Fahrräder vor sich herschoben; die kleinen Mädchen mit ihren Taschenlampen, die Jungen mit Leuchtkäfern in den Händen, die den Weg ein paar Zentimeter weit beleuchteten.

Bald waren sie bei uns. Die Fahrräder – jedes mit der Aufschrift *Cristo Viene* (Christus ist nahe) – wurden sorgfältig abgestellt, und die Kinder schwärmten ins Haus, betrachteten die Bilder von Popstars in venezolanischen Magazinen, amüsierten sich über Donald Ducks Abenteuer (die das erste Lächeln hervorriefen, das ich je bei den Panare gesehen hatte), und kletterten in unsere Hängematten auf der Suche nach interessanten Dingen, die wir hier versteckt haben mochten, um sie vor dem Mutwillen des Stammes zu schützen.

Bei den Panare sahen wir im Hintergrund immer ein oder zwei Väter, die ein Baby auf der Schulter und vielleicht noch ein zweites im Arm herumtrugen. Sobald ein Baby entwöhnt ist, lassen sich die Panareväter keine Gelegenheit entgehen, es an sich zu nehmen, und häufig bringen sie es fertig, dabei weiter zu arbeiten, zum Beispiel eine Fahrradkette zu befestigen, während sie mit einem Arm das Kind halten. Bis zum Eintritt der Hyperakivität in der späten Kindheit trennen sich die Eltern kaum je von ihren Kindern. Linda Myers von der NTM schrieb über die Panare-Mission in jener Zeit:

> Weshalb lassen sie so wenig Liebe erkennen ...? Alle sind so verschlossen. Dies sind die Antworten, die ich auf meine Fragen erhielt: „Weshalb soll man jemanden lieben lernen, der bald sterben wird?“ „Weshalb soll man kostbare Erinnerungen an jemanden sammeln, den man vielleicht nur kurze Zeit bei sich hat?“ ... Früher, bevor ihnen das Evangelium mitgeteilt wurde, war für die Panare alles schlecht.

Während wir jede nur denkbare Äußerung elterlicher Liebe vor Augen hatten, vermochten die Leute von der NTM sie begreiflicherweise nicht zu erkennen.

Zu Donalds großer Enttäuschung wollten die Panare nicht, daß er Fotos machte, wie sich am nächsten Morgen herausstellte. Als wir beim ersten Licht erwachten, waren mehrere Kinder zurückgekommen, um ihre am Abend zuvor unterbrochene Ermittlungsarbeit fortzusetzen, und einige erwachsene Männer hatten sich wie vergoldete Statuen am Hauseingang postiert. Kurz darauf hörten wir das Knattern eines Motorrads, und ein Indianer kam auf einer Yamaha den Pfad herauf, zwei mit Perlenschnüren geschmückten Babys rittlings auf dem Benzintank. Donald griff nach der Kamera; sogleich machte sich Bestürzung breit, und im nächsten Augenblick waren wir allein.

Es gab haufenweise Gelegenheiten zu wundervollen Schnappschüssen, aber Paul war dafür, die Kamera vor den Panare zu verbergen; er riet Donald sogar, der Versuchung zu widerstehen, Teleaufnahmen von Indianern bei ihren alltäglichen Verrichtungen oder von der eindrucksvollen Versammlung der ganzen Dorfgemeinschaft zum Ritual der Abendmahlzeit zu machen, dem beizuwohnen wir bisher noch nicht eingeladen worden waren. Nach Pauls Meinung konnte man die Indianer nur dann unbemerkt fotografieren, wenn sie mit etwas beschäftigt waren, das ihre ganze Aufmerksamkeit erforderte, zum Beispiel mit der Jagd. Das Problem bei der Jagd war nur, daß sie nie im voraus angekündigt wurde, sondern sich spontan ergab, wenn mehrere Panare nach einer langen Periode der langweiligen Fertigung zum Verkauf bestimmter

Körbe plötzlich entschieden, es sei an der Zeit für eine genußreiche Entspannung.

Sobald die Missionspolitik der „Seßhaftmachung“ die ersten Erfolge zeitigte, ergab sich regelmäßig ein zweites Problem, denn in der näheren Umgebung der Siedlungen wurde so viel gejagt, daß das Wild knapp wurde. Ich war enttäuscht, keine interessante Tierwelt in Colorado vorzufinden; ich hatte gehofft, einen Ameisenbär, ein Gürteltier, ein Aguti oder wenigstens einen Fuchs zu sehen. Drei Jahre zuvor war Paul mit den Indianern auf eine Affenjagd gegangen, die Fleisch für das *katayinto* erbringen sollte, und die Panare hatten ihre Blasrohre mit großem Erfolg eingesetzt. Jetzt waren keine Affen mehr zu sehen.

Und da ein Glied aus der Kette von Ursache und Wirkung herausgefallen war, waren auch die Blasrohre verschwunden; ich sah nie wieder eines in Gebrauch. Paul zufolge bedeutete dies keineswegs eine freiwillige Änderung der Jagdmethode der Panare, denn es sei nicht nur das Wild knapp geworden, auch die Blasrohre seien verschlissen. Die Panare selbst konnten keine Blasrohre anfertigen; sie erhielten sie von den benachbarten Piaroa-Indianern, anerkannten Fachleuten in ihrem Handwerk, die während der trockenen Jahreszeit auf Handelreise gingen. Im Austausch gegen die Blasrohre lieferten die Panare feinstes Curare, das sie aus der Rinde eines hiesigen Baumes gewannen. Jetzt hörte dieser Handel plötzlich auf, denn die Piaroa wurden sowohl von den Fundamentalisten als auch von den Katholiken missioniert. Sie waren zu Lohnarbeitern gemacht geworden, und ihre Tage als Handelsreisende waren vorbei. Einige Panare hatten alte Gewehre erstanden, wendeten sie aber wegen des großen Schadens, den sie beim Wild anrichteten – zum Beispiel bei den Vögeln, die sie nur ihres Gefieders wegen jagten – nicht gern an.

Die größten Aussichten auf Fotos bot die Alligatorjagd in dem Fluß, der durch die Siedlung verlief und an den wir oft gingen, um zu baden oder unser Geschirr zu spülen. Dieser kleine Nebenarm des Orinoko war in seiner ganzen Länge seicht, wies zahlreiche Sandbänke und ein paar Tümpel auf, in denen gelegentlich Alligatoren lauerten. Der Fluß besaß eine eigenartige Schönheit. Er hatte sein Bett in Laterit gegraben, das jedoch, wo es durch das Wasser von der Farbe blassen spanischen Weins schimmerte, unerklärlicherweise golden wirkte. Auf dem Grund trieben große, lanzettförmige schwarze Blätter in der Strömung gemächlich flußabwärts wie eine angreifende Flotte winziger Kriegskanus. Es wimmelte von nicht mehr als fünf Zentimeter langen Fischen, die nicht mit den legendären Piranhas verwandt waren, aber dennoch ständig herangeflitzt kamen, um an bloßem Fleisch zu nagen. Es war völlig in Ordnung, hier nackt zu baden, und obwohl wir uns möglichst fernhielten, wenn die Mädchen des Stammes badeten, überwog bei ihnen die Neugier, und sie legten sich ihrerseits kaum derartige Zurückhaltung auf. Die seichten Stellen, an denen wir zu baden und abzuwaschen pflegten, wurden von zahllosen Kolibris besucht. Zu unserer Verwunderung wurden sie von dem Wohlgeruch unseres Spülmittels angezogen, und sie versammelten sich bei unserem Auftauchen, um uns sodann aufgeregt um die Ohren zu schwirren und sich auf die abgespülten Essenreste zu stürzen.

Wir hatten Glück, denn bald fand eine Alligatorjagd statt; allerdings blieb uns nicht viel Zeit für Vorbereitungen. Ein kaum mehr als 20 m breiter Galeriewald begleitete den Fluß zwei oder drei Kilometer weit hinter dem Dorf, danach teilte sich der Fluß und ließ mehrere Inseln entstehen, von denen einige bewaldet waren. Wir befanden uns in einer kleinen Replik des Amazonasgebiets. An dieser Stelle gingen wir alle ins Wasser, wobei uns äußerste Vorsicht zwang, langsamer zu werden; Paul hatte uns vor der Möglichkeit gewarnt, auf Stechrochen zu treten. Die Panare liefen in alle Richtungen davon und trieben Fische zu seichten Stellen, wo sie sie aufspießen konnten. Wir konnten nicht mit ihnen Schritt halten. Sie waren im seichten Wasser so schnell wie wir auf dem trokkenen Land, und wo immer sich etwas ereignete, geschah es außerhalb der Reichweite der Kamera. Aus der Ferne sahen wir, wie sich ein Arm hob, eine Lanze ins Wasser tauchte, eine heftige Bewegung im Wasser und bald darauf einen Fisch, der ans Ufer geschnellt wurde. Den Fang eines vereinzelten kleinen Alligators sahen wir als eine Serie kleinerer Explosionen im Wasser. Er spielte sich etwa 100 m entfernt ab, und als wir uns dem Ort des Geschehens unter Stapfen und Spritzen genähert hatten, war alles vorbei, und das etwa 120 cm lange Tier wurde ans Ufer getragen, um aufgeschnitten zu werden. Die Indianer werteten die Jagd am Ende nicht als Erfolg, und wieder einmal wurde deutlich, in welche Richtung sich die Dinge entwickelten. Es war Monate her, seit sie einen nennenswerten Alligator getötet hatten. Kein einziger Affe war in den Galeriewäldern am Leben geblieben, und bei jedem Jagdausflug wurden weniger und kleinere Fische gefangen. Paul versprach den Indianern, daß wir sie auf einen Fischzug mit Gift zu einem der großen Flüsse tief in der Savanne mitnehmen würden, die ansonsten außerhalb ihrer Reichweite lagen, sobald sie in die Berge gehen und die Liane sammeln könnten, aus der das Gift gewonnen wurde.

12

Am nächsten Tag kamen unerwartet María Eugenia Villalón und ihr Mann Henry Corradini an. Die Zählung der indianischen Bevölkerung, die mehrere Monate in Anspruch genommen hatte, war abgeschlossen, und die beiden erhofften sich ein paar Ruhetage, die sie – wie stets – unter Indianern verbringen wollten. Sie hatten sich für Colorado entschieden, für das sie eine tiefe Zuneigung entwickelt hatten.

Im Reisen waren die Corradinis Profis. Eine Fahrt in die venezolanische Savanne war für sie kaum mehr als ein kleiner Ausflug und das Sicheinrichten in einer indianischen *maloca* nicht weniger bequem für sie als der Bezug eines Zimmers in einem Drei-Sterne-Hotel. Innerhalb weniger Minuten hatten sie ihre Hängematten angebracht und wie Soldaten vor einer Inspektion ihre Ausrüstung auf dem Boden darunter arrangiert. Alles zum Überleben Nötige war säuberlich in ihrem rollenden Heim untergebracht und sofort erreichbar. Sie konnten sogar mit der wirksamsten Waffe gegen tropische Unannehmlichkeiten aufwarten – mit eisgekühlten Getränken, die sie mit uns teilten, als wir auf ihren Feldstühlen draußen saßen, auf das Dorf hinabschauten und die nächtliche Szenerie bewunderten. Donald und ich – dank unserer Unerfahrenheit immer noch zum Notbehelf gezwungen – schliefen in unseren Kleidern unter erstickenden Moskitonetzen. Diese erfahrenen Reisenden schlüpften ohne Umstände und wie selbstverständlich in ihre Nachtkleider unter Netze, die auch die winzigsten fliegenden Insekten abhielten und trotzdem genug Luft durchließen. Die Panare schienen eine Prise Disziplin gerochen zu haben, denn diese Nacht war die erste, in der ihre gewohnte Invasion nicht stattfand.

Die Zählung der Indianer muß außerordentliches Interesse erregt haben. Solche Unternehmen haben in Ländern der Dritten Welt selten mehr als einen Teilerfolg aufzuweisen, und wenn sich die Menschen – wie es bei Stammesgesellschaften üblich ist – weigern, an einem Ort zu bleiben, müssen die Schwierigkeiten unüberwindlich sein. Die Corradinis wurden in Hubschraubern transportiert, aber einige Indianergruppen in Venezuela waren früher nur mittels tage- und wochenlanger Fußmärsche erreichbar, an deren Ende vielerlei Gefahren lauerten. Stämme können sehr weit verstreut sein. Die Panare, deren Gesamtzahl unter 2000 liegt, waren in 38 Gemeinschaften aufgeteilt, deren jede, wie die Corradinis entdeckten, zu jeder Zeit beschließen kann, ihre Siebensachen zu nehmen und anderswohin zu gehen, wozu sie das Wissen darum ermutigt, daß sie, wenn nötig, innerhalb von zwei Wochen ein neues Dorf bauen können.

Sprache war ein weiteres Problem. Den Dialekt der Hoti, der nächsten Nachbarn der Panare, hatte nur ein Mann – ein Missionar – je beherrschen gelernt. Und er hatte sich zurückgezogen, in dem Wissen, daß er allein es nie schaffen würde, das Evangelium in diese Sprache zu übersetzen. Es gab deshalb keine Möglichkeit, den Hoti zu erklären, was von ihnen erwartet wurde, als der Hubschrauber schließlich mitten unter ihnen landete.

Die Corradinis waren beide erschrocken, wie unerklärlich rasch die Missionare bei den Gemeinschaften der Panare Erfolge verzeichnen konnten und wie leicht sie eine Art Oberherrschaft an Orten wie Colorado errichteten, an denen die Präsenz der Regierung kaum wahrnehmbar war. Sie berichteten davon, wie beunruhigt die Venezolaner insgesamt und wie enttäuscht und bestürzt sie selbst darüber waren, daß es trotz der großen Unbeliebtheit der missionarischen Sekten und trotz großer Anstrengungen, sie zu vertreiben, weder in Venezuela, noch in Kolumbien, Brasilien und Peru gelungen war, bestimmte Gebiete vor ihnen zu bewahren. Die Missionare hatten immer wieder Mittel und Wege gefunden, zurückzukommen.

Die Corradinis hatten eine Menge Informationsmaterial über die beiden vom Kongreß angeordneten Untersuchungen missionarischer Methoden bei sich, deren jüngste, die 1979 begonnen hatte, den Kongreß zwei Jahre lang beschäftigte und die Presse mit bizarren Berichten über evangelistische Umtriebe füllte. Marinekapitän Marino Blanco, beauftragt, ein Auge auf die Tätigkeiten Fremder in abgelegenen Gebieten Venezuelas zu haben, sprach von Wissenschaftsspionage (diese Beschuldigung war bereits in mehreren Ländern Lateinamerikas ausgesprochen worden). Er bemerkte, daß sich die Missionare stets in Gegenden etablierten, von denen bekannt war, daß dort militärisch wichtiges Material wie Kobalt und Uran vorkam, und behauptete, beweisen zu können, daß sie von amerikanischen Multis bezahlt würden, wobei er unter anderem Westinghouse und General Dynamics nannte. In Kolumbien hatten die Missionare Schwierigkeiten bekommen und waren vorübergehend wegen „Zuwiderhandlung gegen nationale Interessen" und „Beihilfe zur illegalen Ausbeutung durch multinationale Firmen" vertrieben worden. Der Kapitän hatte Missionarsgepäck mit dem Vermerk „entflammbar" gefunden, das militärische Uniformen sowie andere „Artikel" enthielt, die in der Presse als Geigerzähler bezeichnet wurden. Die Uniformen hatten die Missionare mit ihrer Absicht erklärt, die Indianer zu beeindrucken. Kapitän Blanco sagte, der Leiter der New Tribes Mission habe ihn zu bestechen versucht.

Simeón Jiménez, ein Yekuana-Indianer, der mit großer Eloquenz ein mangelhaftes Spanisch sprach, beschrieb die Verbote, die ihnen die Missionare gleich nach ihrer Niederlassung auferlegt hatten. Dazu gehörten das Trinken vergorener Säfte, Tanzen, Singen, die Verwendung von Musikinstrumenten, Stammesmedizinen und Tabak, und die Gewohnheit des Stammes, Heiraten im Rahmen der Verwandtschaftsgruppen zu arrangieren.

Jiménez betonte den psychischen Terror, dem die Yekuana unterworfen wurden, um sie zu zwingen, sich bekehren zu lassen. Insbesondere zitierte er das Erscheinen eines Kometen, der nach den Worten des leitenden Missionars niedergehen und das Ende der Welt verkünden sollte. Der Missionar hatte die Yekuana zusammengerufen und ihnen unter Androhung der

Vernichtung des Stammes durch Feuer drei Tage zugestanden, mit ihrer verderbten Vergangenheit zu brechen. Später hatte sie derselbe Mann vor einer kommunistischen Verschwörung gewarnt, die das Ziel hätte, die Missionare aus dem Land zu verteiben, und er hatte gesagt, wenn das geschehe, würden Flugzeuge der US-Luftwaffe ihre Dörfer bombardieren.

Während meines Aufenthalts in Caracas konnte ich Simeón selbst nicht sehen, um den Bericht über die traumatischen Erfahrungen seines Stammes aus seinem Mund zu hören, denn er war auf einer siebentägigen Kanufahrt in den Dschungeln des Orinoko. Ich besuchte seine Frau, Dr. Nelly Arvelo, eine hervorragende Ethnologin, die ihr Einverständnis mit der Lebensart der primitiven Jäger und Sammler dadurch bekräftigt hat, daß sie einen von ihnen heiratete. Sie bestätigte alles, was ihr Mann gesagt hatte, auch, daß Simeóns betagte Großmutter eines Tages weinend zu ihm gekommen war und ihn beschworen hatte, seinen Widerstand aufzugeben, bevor sie alle zu Asche verbrannt würden.

Abgesehen von dem Terror, sagte Dr. Arvelo, hatten sich die Missionare eine neuartige Strafe für jeden ausgedacht, die sich der Bekehrung widersetzten. „Indianer", sagte sie, „tun gern alles gemeinsam. Sie teilen alles, auch das Essen. Sie stehen einander sehr nahe. Die Missionare haben das begriffen und gefolgert, die beste Strafe für die Hartnäckigen sei Isolation. Sobald sie in einem Dorf eine starke Gefolgschaft hatten, befahlen sie den Bekehrten, sich von den Unbekehrten abzuwenden. Niemand, nicht einmal die eigenen Eltern, durften mit ihnen sprechen, und sie waren gezwungen, getrennt von den übrigen zu essen. Es war die schlimmste für einen Indianer vorstellbare Strafe, und oft führte sie zum Erfolg."

Nach der Anhörung von Simeón Jiménez war vor dem Untersuchungsausschuß eine Flugzeugladung Bekehrter mit Kurzhaarschnitt, Baseballmützen und Springerstiefeln erschienen, die direkt aus dem Dschungel hergeflogen worden waren, aber die Kommission hatte ihr Angebot, eine Hymne zu Gehör zu bringen, abgelehnt. Die Ankunft einer zur Unterstützung herbeizitierten Gruppe von Indianern aus der Grenzregion zu Guayana – einer Hochburg der konkurrierenden Sieben-Tage-Adventisten – sorgte für gewisse Aufregung im Missionslager. Man stellte fest, daß einige Mitglieder der Delegation der Häresie zum Opfer gefallen waren, und schickte sie eilig wieder fort.

Die Position der Verkündiger des Evangeliums schien nach der Vorführung eines hochgelobten Films *(Yo Hablo a Caracas)* des venezolanischen Regisseurs Carlos Azpurua über das Leben unter den Makiritare-Indianern mit einem aussagekräftigen Kommentar Barne Javaris, des Stammesschamanen, geschwächt. Der Schamane plädierte mit glühender Leidenschaft gegen den Einfluß der Mission auf das Leben seines Stammes, und ein Teil der Würze seines verbalen Angriffs, den er weitgehend im Gesangsstil vortrug, mag auch in der Übersetzung zu spüren sein:

Wanadi machte uns alles aus guter weißer Erde.
Er machte die Guten und die Bösen. Die Spanier, die
Franzosen, und jetzt auch die Juduncu [Missionare].
Er gab den Weißen Eisen, das führte zu Problemen.
Sie drangen ein und griffen uns mit Eisen an. Wir konnten nicht widerstehen.
Wir beanspruchen nicht mehr als die Quellengebiete dreier kleiner Flüsse.
Wir sind weder Katholiken noch Protestanten. Geht, laßt uns in Frieden.
Als Gegenleistung versprechen wir, euch nie zu überfallen oder uns in eure Sitten einzumischen.

Mehrere ausländische Ethnologen schrieben einen Brief an eine Zeitung in Caracas, in dem sie die Vertreibung der Mission forderten, und sogleich wurden zwei amerikanische Unterzeichner zu ihrer Botschaft zitiert, um einen Tadel entgegenzunehmen. Kapitän Blanco zufolge gab es zumindest noch eine weitere Intervention der US-Botschaft zugunsten der New Tribes Mission: „Ich ordnete die Ergreifung zweier amerikanischer Ingenieure namens Ward und Curry an, die [illegale] wissenschaftliche Untersuchungen anstellten ... Später wurde bewiesen, daß James Bou [Leiter der New Tribes Mission in Venezuela] ihre Reise organisiert hatte ... Mr. Bou rief die US-Botschaft an, und der Konsulent der Botschaft rief mich an und forderte mich auf, die beiden Männer freizulassen."

Der Apostolische Vikar von Puerto Ayacucho faßte die Gefühle der Venezolaner insgesamt wie folgt in Worte: „Diese Leute haben eine schreckliche Verwirrung im Denken der Indianer angerichtet. Sie haben keinen Begriff von der indianischen Kultur. Wenn man den Indianern verbietet, zu tanzen, ihr *yarake* zu trinken oder die Asche ihrer Toten zu verzehren, zerstört man ihre Kultur. Man verbreitet die Botschaft Gottes nicht durch Terror. Die New Tribes Mission verläßt sich auf Gewalt, und wenn sich die Eingeborenen bekehren lassen, dann nicht aus Überzeugung, sondern aus Furcht."

Die Erweckung von Furcht war nach María Eugenia Villalóns Meinung die mächtigste Waffe im Arsenal der Mission; mächtiger sogar als die Erzeugung der Abhängigkeit von Gütern, die sich die Indianer nicht ohne Lohnarbeit beschaffen konnten.

María war im Auftrag der Regierung mit 16 venezolanischen Stämmen in Kontakt getreten und anhand ihrer Untersuchungen zu der Folgerung gelangt, daß sie sich in bezug auf ihre Lebensweise und Glaubensvorstellungen nur wenig voneinander unterschieden. Sie alle hatten sich in einem milden Klima entwickelt, in dem sie das ganze Jahr über säen und ernten konnten; die Wälder waren überreich an Wild, die Flüsse voll von Fischen. Unter solchen Bedingungen entwickelte sich keine Konkurrenz. Die Indianergruppen in Venezuela – und soweit sie wußte, auch im übrigen Amazonasgebiet – hatten keine Häuptlinge. Die Gemeinschaften arbeiteten zusammen, lebten in Gemeinschaftshäusern und trafen ihre Entscheidungen bei Stammesdiskussionen, bei denen das Wort der älteren Männer vielleicht ein wenig mehr Gewicht hatte als das der übrigen.

Es war ein friedvolles und genußreiches Leben mit vielen Festen, zeremoniellen Anlässen und Trinkgelegenheiten. Paul Henley sagte, in den fünf Jahren seiner Stammeszugehörigkeit zu den Panare habe er nur von einem Verbrechen gehört, dessen Urheber die Indianer als geistesschwach betrachteten. Es gab keine Bestrafungen.

Dank all dieser Vorteile – derer sich die Indianer wohl bewußt waren – erwies sich die Stammesgesellschaft als äußerst widerstandsfähig gegen jeden Versuch von außen, sie zu zerbrechen. Niemand konnte sie davon überzeugen, daß die Existenz, die er ihnen anbot, eine Verbesserung gegenüber ihrem vertrauten Leben darstellen würde. Daraufhin griffen die Missionare an, indem sie die Scheußlichkeiten ausmalten, die Ungläubige im Jenseits erwarteten:

> „Die Furchtsamen und Ungläubigen ... haben ihren Platz in dem Pfuhl, der von Feuer und Schwefel brennt; das ist der zweite Tod" [Apk. 21,8]. Wir hören in diesen Tagen – besonders, was die Heiden betrifft – vieles über die große Hoffnung, die gemäß diesem Wort weder in bezug auf diese gegenwärtige noch auf die künftige Welt berechtigt ist. So sind die Heiden trotz ihrer religiösen Philosophie, ihres Altruismus und ihrer Selbstverleugnung in einem hoffnungslosen Zustand. Sie sind in den Augen Gottes völlig verlorenes Leben. (*Brown Gold*, Mai 1981.)

Der Schrecken des ewigen Brennens nach dem Tode wurde den Indianern ständig von mächtigen, die Lüfte durchquerenden Missionaren eingehämmert, die sich nicht scheuten, dem Glauben Vorschub zu leisten, sie stünden in regelmäßigem Kontakt mit Gott. Sie errichteten Zäune um ihre Bekehrten, um ihre Befreiung durch liberalere religiöse Lehren auszuschließen.

Henry Corradini hatte eine Studie der NTM-Veröffentlichungen zur Vorlage bei der venezolanischen Dirección des Asuntos Indígenas (Büro für Indianerfragen) vorbereitet, als die Vertreibung der Sekte im Gespräch war, und war auf Bücher mit von der Sekte übersetzten biblischen Geschichten gestoßen, die den Verdacht der Bibelfälschung nahelegten. Im April 1972 hatten Mr. und Mrs. Price von der NTM das Gebiet der Panare aus der Luft besichtigt und beschlossen, eine Mission im Coloradotal zu gründen, wo sie eine leicht erreichbare Indianersiedlung gesehen hatten. Sie fuhren mit einem Jeep dorthin und wurden von den so oft als Wilde bezeichneten Indianern wohlwollend empfangen und großzügig bewirtet. „Der Herr gab uns einen Panareführer, ohne den wir nicht gewußt hätten, wohin wir uns wenden sollten.“ Man hatte sie gewarnt, die Panare würden nie für andere arbeiten, aber „die Indianer schienen willens, uns dort leben zu lassen und ein Haus für uns zu bauen ... Die Panare arbeiteten wirklich hart“. Dankbares Menschenmaterial für die missionarischen Arbeiter war vorhanden, und sie hatten nur eine Kleinigkeit zu bemängeln: „Wir sahen auf der anderen Seite der Lichtung einen großen, aus einem Baumstamm gefertigten Trog, in dem sie ihr Getränk aufbewahrten, das aus zerstampftem Getreide, Zuckerrohr und Süßkartoffeln gewonnen wurde. Wir sahen noch die Spuren ihres Tanzes.“ Nachdem Mr. und Mrs. Price die Planierung einer Landebahn organisiert hatten und es an der Zeit war, daß sie zu ihrer Basis zurückkehrten, waren sie guter Stimmung. „Ich hatte zu diesem Tal und seinen Menschen Zuneigung gefaßt und haßte es, zurückkehren zu müssen, obwohl wir nur acht Tage lang dortgeblieben waren.“

Die anschließende Errettung wollte sich jedoch nur im Schneckentempo vollziehen. Die Indianer waren in jeder Hinsicht hilfsbereit und freundlich, aber sie hatten schon früher Kontakte mit Missionaren gehabt – Jesuiten und Franziskanern –, und diese Erinnerungen waren ihnen offensichtlich unangenehm. Fünf Jahre nachdem der Herr den ursprünglichen drei Missionaren „in die Herzen eingegeben hatte“, sich hier niederzulassen, führten die Panare immer noch ihr altes, unbeschwertes Leben und waren in bezug auf Missionierungsversuche so zurückhaltend wie eh und je. Noch im März 1972 ergab ein kurzer Bericht, daß die Dinge nicht so waren, wie sie hätten sein sollen. „Es scheint, als hätten sie [die Panare] nicht das geringste Interesse an spirituellen Dingen.". Und das, obwohl der Bericht erwähnte, daß bei ihnen zusätzlich zu der Missionsgruppe sechs geschulte eingeborene Evangelisten tätig waren.

Bis jetzt war es nicht gelungen, in Colorado Abhängigkeit zu erzeugen, also nahmen die Missionare in einem relativ frühen Stadium zu ihrer zweiten Waffe Zuflucht: der Furcht. Zwei Bücher, die angeblich auf biblischen Geschichten basierten, wurden in der Sprache der Panare veröffentlicht: *Lernen über Gott* (1975) und *Die Panare lernen über den Teufel* (1976). Diese Bücher hatten gewisse sprachliche Probleme aufgeworfen, die man jedoch entschlossen gelöst hatte.

Vor allem gibt es in der Sprache der Panare wie in den meisten indianischen Sprachen für viele Wörter, die für das Konzept des Christentums als grundlegend gelten, keine Entsprechungen. Beispielsweise nicht für die Begriffe Sünde, Schuld, Bestrafung und Erlösung. Und es gibt viele andere Fußangeln. Die Vorstellung eines universalen Gottes ist dem Denken der Panare völlig fremd, und auf jeden Fall kann man ihm nicht danken, sondern ihn höchstens beglückwünschen. „Gott ist die Liebe" läßt sich vielleicht mit „Der Große Geist ist nicht zornig" übersetzen. Die Denkweise der Panare hatte sich jahrtausendelang in einer verhältnismäßig geschützten Waldumgebung entwickelt. Hungersnöte waren ausgeschlossen, von Seuchen wird nichts berichtet, und Kriege, wie sie unsere Geschichte prägten, fanden meistens in Form ritualisierter Scharmützel statt. Folglich können die Indianer die Bedeutungen in einer von Krisen erschütterten Gesellschaft geprägter Wörter nur erahnen. Die biblischen Dramen sind kaum nachvollziehbar. Wie kann sich jemand, der nie einen Mauerstein gesehen hat, vorstellen, wie die Mauern von Jericho fallen? Wie kann man einen Indianer, der nie Mangel gekannt hat, dazu bringen, daß er Schätze im Himmel anhäuft? Welchen Sinn hat das Gleichnis von den Talenten [Mt. 25, 14–30] für die Panare, in deren Sprache es kein Wort für Zinsen gibt? Die meisten in der Bibel erwähnten

Tiere fehlen in den Regenwäldern, so daß „der Gute Hirte, der sein Leben für die Schafe gibt“ mit „der Nahrungsteiler, der sich um die Schweine kümmert“ übersetzt werden muß.* Die Erlösung wird als Vertrag beschrieben, der nach langwierigen Verhandlungen über Barzahlung, Schulden und Kredite geschlossen wird. Die Erzählung von Adam und Eva und dem ersten Sündenfall fehlen in der Übersetzung wegen des Abscheus, den die Panare vor dem Inzest hegen.

Das Hauptproblem der Missionare war aber, ein grundlegendes Schuldgefühl zu wecken, ohne das weder Reue noch Erlösung möglich waren, die beide für die Panare ebenfalls unverständliche Begriffe darstellen. Die Übersetzer mögen entschieden haben, daß es das beste sei, die Heilige Schrift so zu überarbeiten, daß die Panare am Tod Christi beteiligt wären. Henry Corradini entdeckte bald, daß die New-Tribes-Mission-Version der Kreuzigung auffallende Abweichungen von der Bibel aufwies. Der Verrat des Judas, die Römer, das Letzte Abendmahl, die Versuchung Christi, Pilatus, der sich zum Zeichen seiner Unschuld die Hände wusch, und die Dornenkrone, sie alle waren verschwunden. Er las weiter:

Die Panare töteten Jesus Christus,
weil sie verdorben waren.
Laßt uns Jesus Christus töten
sagten die Panare.
Und die Panare ergriffen Jesus Christus.
Die Panare töteten so.
Sie legten ein Kreuz auf den Boden.
Sie befestigten seine Hände und Füße
an den Holzbalken mit Nägeln.
Als er angenagelt war, stellten sie ihn aufrecht hin.

---

* Einigen schien das Bild unangemessen, also wurden dort ein paar Schafe importiert und in einer für sie ungünstigen Umwelt aufgezogen, damit die Indianer eine Vorstellung davon bekamen.

So starb der Mann, angenagelt.
So töteten die Panare Jesus Christus.*

Wenn dies keine Schuldgefühle erweckte, war nichts dazu fähig. Jetzt war die Rede von Gottes Rache für die furchtbare Tat:

Gott wird euch alle verbrennen,
alle Tiere verbrennen, auch die Erde verbrennen,
die Himmel, absolut alles.
Er wird auch die Panare verbrennen.
Gott wird die Panare ausmerzen, indem er sie ins Feuer wirft.
Es ist ein großes Feuer.
Ich will die Panare ins Feuer werfen, sagte Gott.

Der Komet war gekommen und wieder verschwunden, aber die furchtsame Erinnerung an ihn blieb. Gott hatte sich einmal erbarmt, aber ein zweites Mal mochte er es nicht tun:

Gott ist gut.
„Willst du im Feuer geröstet werden?“ fragt Gott.
„Hast du etwas, was du mir bezahlen kannst,
damit ich dich nicht im Feuer röste?
Was willst du mir bezahlen?“

Die Natur der geforderten Bezahlung liegt auf der Hand: bedingungslose Unterwerfung unter die Forderungen der Missionare, Aufgabe ihrer traditionellen Lebensart, ihrer Sitten und ihrer Kultur. Dieser Druck erwies sich sogar für die guten Nerven der Panare als zu stark, und einige Monate später waren die ersten Erfolge zu verzeichnen. Der folgende Fall wird

* Es scheint unter Missionaren üblich zu sein, die Indianer zu beschuldigen, sie hätten Christus getötet. David Stoll, der in Peru über das SIL schrieb, beschreibt einen Missionslehrer, der seine Amuesha-Versammlung als Juden bezeichnet, „weil sie nicht den Glauben besaßen und Jesus töteten“.

unter der Überschrift „Durchbruch bei den Panare“ in *Brown Gold* (1977) beschrieben:

> Ich schloß, indem ich die Notwendigkeit betonte, daß ein jeder Gott um die Bezahlung für seine Sünden bitten müsse ... Ein paar Stunden später kam Achen [eine Panarefrau] in mein Haus und sagte: „Ich habe diese Bitte an Gott getan: Ich will meine Bezahlung für meine Sünde [sic]. Ich will nicht in dem großen Feuer brennen. Ich liebe Jesus.“
> ... Hier hatten wir nun fast ein Jahr lang gesessen und einen einzigen Gläubigen gelehrt, und nichts geschah, und dann auf einmal: Zackbumm!

*

Im großen ganzen behielt Paul seine wissenschaftliche Objektivität in diesem Konflikt bei und beschränkte sich darauf, die Auswirkungen des missionarischen Drucks so leidenschaftslos aufzuzeichnen, als ginge es um Wetterveränderungen durch Abholzung. Venezolanische Ethnologen machten ein heißes Thema daraus. Henry Corradini war in der Hoffnung aus Caracas gekommen, bei dem *katayinto* zugegen sein zu können, und als er hörte, daß es wieder verschoben werden sollte, stürmte er in das Missionshaus, fest entschlossen, die Missionare zur Rede zu stellen. Wie bei mir rührte sich auch auf sein Klopfen hin nichts. Die Missionare waren zu Hause, aber sie hatten beschlossen, sich nicht blicken zu lassen; sie schienen ihr Haus während unseres gesamten Aufenthalts in Colorado nicht zu verlassen. Henry machte sie auch für die plötzliche Aversion der Panare gegen das Fotografiertwerden verantwortlich. Die Panare in anderen Siedlungen, die er und María Eugenia im Zuge ihrer Zählung besucht hatten, hatten ihnen gesagt, die Missionare hätten ihnen versichert, die Grippe, an der so viele gestorben waren, sei „durch Fotografien entstanden“. Sie waren mit folgenden Worten vor jedem Kontakt mit der Außenwelt gewarnt worden: „Sagt dem häßlichen Fremden, daß er fortgehen soll, es sei denn, er führt das Wort Gottes im Mund.“

Jetzt dämmerte es uns, daß wir selbst in einem gewissen Grad von diesem Verbot betroffen waren. Bisher hatten wir vorausgesetzt, daß wir am Stammesleben und am gemeinsamen abendlichen Mahl teilnehmen würden; jetzt schien es, als solle es nicht so sein.

Henry und María Eugenia hatten bei ihren Reisen viele seltsame Erlebnisse gehabt. In einer abgelegenen Panare-Gemeinschaft war ein eingeborener Evangelist, den vielleicht Mr. Stucky in Colorado geschult hatte, gerade dabei, den Kindern die Grundbegriffe des Christentums einzubleuen. „Die Dorfkinder mußten in einer Reihe niederknien. Nicht eines von ihnen begriff, was vor sich ging, und der Panare-Evangelist konnte es ihnen nicht erklären. Schließlich sagte er: ‚Immer, wenn ich das Wort *Jesus* ausspreche, müßt ihr mit den Köpfen auf den Boden schlagen'. Und sie taten es."

Henry hatte einige der Empfehlungen und Verbote, die sie im Namen Gottes zu hören bekamen, aufgelistet:

> Gott will, daß wir Hosen tragen. Er will, daß wir Geld verwenden. Er befiehlt uns, schwer zu arbeiten, um unser Essen zu verdienen. Es gefällt ihm nicht, uns in Hängematten liegen zu sehen. Er will nicht, daß wir weiter Zuckerrohr anpflanzen. Gott will, daß wir Seife benutzen. Er will, daß wir unschöne Gerüche vertreiben, uns unter den Armen und in der Analgegend waschen.

Diese Verkaufsförderung von Seife und Reinigungsmitteln machte Henry Corradini besonders wütend. „Die Indianer kommen praktisch nicht aus dem Wasser heraus", sagte er. „Sie sind die saubersten Leute der Welt. Wie können es diese *gringos* wagen, ihnen einzureden, daß sie stinken?"

Häßliche Fremde oder nicht, die Ankunft von Henry und María Eugenia rief immer große Aufregung unter den Indianern hervor, und außer den jungen Panare, die ständig bei uns waren, ließen sich bald auch die Erwachsenen blicken, nicht nur um ihnen Höflichkeitsbesuche abzustatten, sondern auch, um herauszufinden, ob sie Perlen mitgebracht hätten.

Von allen Handelsgütern, die der weiße Mann den Indianern anzubieten hat, besitzen Perlen die größte Anziehungskraft, und sie sind nach wie vor in allen Teilen Lateinamerikas gefragt. Im Norden Guatemalas trugen die Frauen von Deutschen, die dort in den zwanziger Jahren Kaffee-*fincas* gekauft und sich niedergelassen hatten, Halsketten mit Bernsteinperlen, für deren Erwerb sich die Maya im Bereich um Copán selbst verkauften, indem sie monatelang halbe Sklavenarbeit auf der Plantage verrichteten. Die Deutschen merkten bald, daß die Indianer die Perlen ihrer Farben und nicht des kostbaren Materials wegen begehrten, und importierten große Mengen gelber Glasperlen aus der Tschechoslowakei, die binnen ein oder zwei Jahren überall im Norden Guatemalas in Gebrauch waren.

Die Panare sind nur an blauen und weißen Perlen für ihren Schmuck interessiert und haben nie genug davon, weil sich die *criollo*-Händler nie bemüht haben, für ausreichenden Nachschub zu sorgen. Die Missionare weigern sich, sie mit den Zutaten zu einem Schmuck zu versorgen, der für sie den Geschmack der bösen alten Zeit verkörpert, und liefern nur aus Kunststoff oder Muschelschalen gefertigte Arm- und Halsbänder. Die kleinen, sorgfältig hergestellten Perlen kamen nach wie vor aus der Tschechoslowakei, und Henry kaufte sie kiloweise in Caracas. Die Panare stellten sich wie an der Kasse eines Supermarkts in einer Reihe auf, und Henry maß die Perlen in einer Medizinflasche ab. Obwohl die Indianer strikt angewiesen worden waren, von der schlechten Praxis des Tauschhandels abzulassen, wechselte kein Geld den Besitzer. Henry nahm an seiner Stelle kleine, mit traditionellen Motiven versehene Holzklötzchen entgegen, die die Panare vor dem Tanz einfärbten, um mit ihnen dekorative Muster auf ihre Körper zu drucken. Er besaß bereits ein große Sammlung dieser Motive, die alle voneinander abwichen.

Die schönste Zeit des Tages war die klare Abendstunde, in der die von der Monotonie der prallen Tageshitze befreiten kräftigen Farben aufblühten und die Abkühlung der Luft von einer leichten, duftenden Brise begleitet wurde. Wir hatten unsere Feldstühle aus dem Haus getragen und schauten auf den Küchenrauch hinab, der im Dorf aufstieg, und lauschten dem leisen Lärm des häuslichen Lebens. Wie immer zu dieser Stunde taumelten unzählige kleine Schmetterlinge heran, ließen sich auf einem großen, glatten Felsblock in der Nähe nieder, der eine geheimnisvolle Anziehungskraft auf sie auszuüben schien, und bedeckten ihn wie glänzende Schuppen; eine Formation Kraniche überquerte den Himmel, um in der Sierra zu übernachten. Es war die Zeit des größten Luxus: Rum mit eiskaltem Wasser aus Henrys großem Kühlbehälter, und mit diesem letzten Drink war das Eis aufgebraucht.

In wenigen Tagen würden Henry und María Eugenia zu ihrer Arbeit in die Stadt zurückkehren müssen. Diesmal war ihnen diese Pflicht lästiger als je zuvor, weil sie wußten, daß dieses Paradies von innen her zersetzt wurde, und daß sein Ende von Jahr zu Jahr näherrückte, auch wenn wir an jenem Abend keine Anzeichen dafür sehen konnten.

Nach der Perlenverteilung schienen die Panare wenig geneigt, in ihre Häuser zurückzukehren, und ließen sich gemütlich in unserer Nähe nieder, fuhren auf ihren Fahrrädern umher oder kletterten zu einem Schwätzchen in unsere Hängematten. Einer der Indianer erwähnte, als er über ein kleines Fest sprach, das zu feiern ihnen kürzlich vergönnt gewesen war, daß die Missionare gesagt hatten: „Jesus Christus hat euch diesen einen Tanz erlaubt." Das schien der geeignete Augenblick, die Möglichkeit zu erwägen, ein „Wegen-nichts" abzuhalten, wie es die Panare nannten, eine abgemilderte Form des *katayinto* ohne all die rituellen Charakteristika, die sicherlich ein Verbot durch die Missionare zur Folge gehabt hätten. Die Panare führen ihr „Wegen-nichts" auf, wann immer sie können, einfach deswegen, weil es ihnen gefällt, zu trinken und zu tanzen, und meistens kann man sie dazu bringen, ihr ganzes Repertoire an Tänzen aufzuführen, wenn man einen Sack voll Zucker beisteuert, mit dessen Hilfe sie das sehr milde süße Bier brauen, das eine nur dreitägige Gärung verlangt. Ein oder zwei Tage der Vorbereitung werden damit zugebracht, einen Baum zu fällen und zu dem „Kanu“ auszuhöhlen, in dem das Bier aufbewahrt wird; eine traditionelle Tätigkeit, die zum Vergnügen beiträgt und an der alle teilnehmen. Wir fragten, ob ein „Wegen-nichts“ stattfinden könne, und sie erwiderten, es sei möglich, und sie würden sehen, was sich machen lasse. Wir hatten stets unseren Zweifel daran, daß es gelingen würde. In einem warmen Klima zeigen sich die ersten Anzeichen der Gärung bei jedem mit Zukker versetzten Saft schon wenige Stunden nachdem er der Luft ausgesetzt wurde. Wir hatten von eingeborenen „Diakonen“ gehört, die darauf achteten, daß Getränke gleich nach dem Erscheinen der ersten Blasen auf der Oberfläche fortgeschüttet wurden. Ob die Panare auch nach dem Genuß von Zuckerwasser ohne erfreuliche Blasen in der Simmung sein würden, zu tanzen, blieb abzuwarten.

Die Corradinis meinten, daß wir es auf keinen Fall versäumen sollten, die von Katholiken für mittellose Indianer geführte Herberge in Caicara zu besuchen. Die ihres Landes beraubten und nach der Zerstörung ihrer Kultur zum Betteln und Stehlen verurteilten Indianer strömen in solche Städte und durchstöbern die Abfallplätze, um am Leben zu bleiben.

In Caicara kämpften sechs evangelistische Gotteshäuser um die Eroberung und Aufteilung der Seelen. Zur Zeit unserer Ankunft war der Kampf so erbittert geworden, daß eine Sekte mit ohrenbetäubender Lautstärke Popmusik spielte – darunter alte Beatlesbänder –, zu keinem anderen Zweck, als die Rufe zur Erlösung ihres nächsten Rivalen zu übertönen. Am Abend müssen sich die Demoralisierten und Enteigneten an die Katholiken wenden, um eine Zuflucht zu haben.

Die Herberge war riesig groß und verlassen und von jener verwahrlosten und übelkeiterregenden Trostlosigkeit, die nur in den Tropen möglich ist. Das Gebäude mit seinen im Geviert angeordneten Pferdeställen und Baracken mußte früher einmal als Militärstützpunkt gedient haben. Die Indianer hatten ihre Hängematten überall aufgehängt, über dem Urin und dem Erbrochenen auf dem Kopfsteinpflaster. Sie waren ausnahmslos betrunken, und die noch auf den Beinen waren, lachten und stießen zusammen und fielen übereinander. Gewöhnlich lachen die Indianer nur leise, aber der unvermischte Alkohol hatte diese Überreste eines halben Dutzends Stämme gelehrt, nach westlicher Manier brüllend zu lachen. Krähen hüpften umher und taten sich an undefinierbarem Abfall gütlich. Die Männer und Frauen, die hier Zuflucht gesucht hatten, trugen undefinierbare Lumpen, die sie von der Mission bekommen hatten, und nur eine einzige Frau war als Panare erkennbar, weil sie gemäß der Sitte dieses Stammes halb nackt war und es geschafft hatte, ihre blauen und weißen Perlen zu behalten. Sie sah verzweifelt aus. Diese Indianer hatten jenen Prozeß zur Neige ausgekostet, der heute als kulturelle Anpassung bezeichnet wird. Sie hatten den Weg des Herrn betreten und das Ende ihres Wegs erreicht. Die Nonnen kamen und gingen, huschten schweigend und mit abgewandten Gesichtern durch die Schatten. In den oberen Stockwerken, zu denen der Zugang strikt versperrt war, befand sich eine Art Krankenstation. Man sagte uns, Puerto Ayacucho sei mit Tausenden indianischer Wracks dieser Art bevölkert, die unter ähnlichen Bedingungen lebten.

Für die Missionare war das alles bedeutungslos. Für sie zählte nichts als die Errettung der Seele, die, wenn sie einmal errettet war, nie wieder verlorengehen konnte. Selbst die Indianer, die sich durch die Abfälle in den Slums dieser Städte wühlten oder von der Prostitution ihrer Frauen lebten, „wuchsen im Herrn auf", während die Legion derer, die das Evangelium nicht erreichte, für immer in der Hölle brannte, so schuldlos ihr Leben auch sonst sein mochte. Deshalb heiligte der Zweck der Bekehrung fast jedes Mittel.

Die Bewohner solcher alter Handelsposten und Pionierorte leben hier nur vorübergehend. In einer solchen Umwelt zu leben ist, als sitze man eine Strafe ab. Die einzige Hoffnung ist, sich etwas Geld zu sparen, um wegzukommen. „Zehn Jahre sind genug, danach gehe ich meiner Wege", sagen sie. „Ich liebäugele da mit einem kleinen Nest an der Küste."

Die Stadt ist voller Aufschreie und Zudringlichkeiten. Ihre Mauern sind mit religiösen Texten gepflastert, meistens in Reihen angeklebt wie Rabattmarken. Die Missionen drängen sich alle in derselben Straße zusammen und werben mit einem haarsträubenden Gemisch aus Wiedererweckungshymnen und Rockmusik um Kundschaft. Keiner der großen Namen in der Verkündung des Evangeliums ist präsent. Hier hat nur das zweite Glied etwas zu sagen, Sekten mit ein paar Hundert Anhängern und Namen wie „Die Versammlung Christi" oder „Die Heilige Krone". Sie geben sich keiner Illusion in bezug auf ihre Bekehrungen hin, sondern haben sich der Wiederverwertung menschlichen Abfalls verschrieben. Alle Indianer, die hereinspaziert oder -geschwankt kommen, werden mit einem festen Händedruck willkommen geheißen und erhalten ein Antrittsgeschenk von erhabener Nutzlosigkeit: einen Einwegrasierer für die haarlosen Indianerwangen, Baumwollhandschuhe, wie sie einst bei Autofahrern auf staubiger Landstraße gefragt waren, oder vielleicht eine alte anatomische Tafel, die über die Blutzirkulation oder die Tätigkeit der Nieren Aufschluß gibt. Zu den begehrtesten Werbegeschenken gehört ein Glas Coca-Cola, weil der Empfänger heimlich eine Prise gemahlene hochtoxische Rinde hineinmischen kann, die ihm die Gnade einer kurzfristigen Betäubung verschafft.

Die Not verleiht den Gesichtern hier eine Einheitsmaske. Die Gesichter der Panare in ihrer Heimat in der Savanne weisen eine starke Stammesähnlichkeit auf. Nach einem oder zwei Jahren in Ayacucho oder Caicara geht dieses Merkmal verloren. Die letzten Vertreter von vier oder fünf Stämmen, die in ihren unidentifizierbaren Lumpen durch die Straßen ziehen, unterscheiden sich nicht länger voneinander. Ein Indianer, von dem es hieß, er sei ein Panare, lungerte an einer Straßenecke. Sein verhältnismäßiger Wohlstand zeigte sich in einem geblümten Hemd, Jeans, Turnschuhen, einem kurzen Haarschnitt und einer Zigarette in langer Spitze. Er schwang die Zigarette in einer Manier, die er in einem alten Film gesehen haben mochte. Seine Frau, die ein Stück von ihm entfernt in einer

Wandnische kauerte, war für eine Tasse Zucker käuflich. Man versicherte mir, er würde sich seines Wohlstands nicht lange erfreuen können, denn er befinde sich im fortgeschrittenen Stadium der Tuberkulose.

Hier ist ein Zitat aus der materialistischen Zeitschrift *Brown Gold*, in dem es um die Indianer geht, die noch nicht von der Mission erreicht wurden:

> Man kann zu Recht sagen, daß sie in der Finsternis sitzen. Während wir auf eleganten Herden kochen, bereiten sie ihr Mahl über dem offenen Feuer ... während wir Auto fahren, haben sie nie auch nur ein Paar Schuhe besessen. Während wir auf bequemen Matratzen schlummern, schlafen viele von ihnen auf gesplittertem Bambusboden. Während wir uns bemühen, unsere Computer funktionstüchtig zu halten, reiben sie immer noch Stöcke aneinander, um Feuer zu machen. Während wir Herzoperationen ausführen, haben einige von ihnen noch nie ein Heftpflaster gesehen. Ich würde sagen, Gott hat recht, wenn er sagt, sie säßen in der Finsternis.

Die Indianer in Ayacucho und Caicara wurden erreicht. Wo ist das Licht, das ihnen versprochen wurde?

13

Das Summer Institute of Linguistics bringt unermüdlich das Argument vor, die Integration aller Indianer als Lohnarbeiter und Konsumenten in das nationale Leben der Länder, in denen sie vorkommen, sei unausweichlich. Da es so ist, lautet das Argument weiter, muß jede Anstrengung unternommen werden, um sie für den Übergang von einer klassenlosen in eine klassenstrukturierte Gesellschaft vorzubereiten, und im allgemeinen besteht Einigkeit darüber, daß ihr Platz im Bodensatz der sozialen Pyramide sei.

Diese Behauptungen sind für die gebildeten Gönner der Sekte, die von dem für weniger kritische Zuhörer gedachten „Bible-Belt"-Schwulst eher abgestoßen werden, von einer gewissen Attraktivität. Die Missionare stimmen auch darin mit den Regierungen überein, die sie in ihre Länder gerufen haben, daß es unvernünftig und unökonomisch wäre, kleine Stämme in Frieden zu lassen und ihnen weiterhin die Nutzung der großen Waldgebiete zu gestatten, die sie als Basis für ihre gewohnte Lebensführung brauchen. Was jedoch gewöhnlich übersehen wird, ist die Tatsache, daß diese Waldgebiete kaum einen direkten Einfluß auf das nationale Wohlergehen haben. Die Rodung des Waldes – in der Regel durch Verbrennen – wirft einen raschen und einmaligen Profit für eine kleine Anzahl von Nutznießern ab, aber die Humusschicht ist zu dünn für die Pflanzungen, die anstelle des Waldes angelegt werden, und nach wenigen Jahren ist sie ausgelaugt. Dann fällt das Gebiet der Wüste anheim, und die überlebenden Indianer vermehren das Heer der Unbeschäftigten und nicht zu Beschäftigenden in den Slums der Städte. Diese Situation ist typisch für die Entwicklung Brasiliens. Die Rodung vollzieht sich hier mit solcher Geschwindigkeit, daß der brasilianische Regenwald – der einst ein Gebiet größer als Europa bedeckte – nach Einschätzung des Bralisianischen Amtes für Forstökologie zu Beginn des nächsten Jahrhunderts vollständig verschwunden sein wird.

Die Missionarssekten machen kein Hehl daraus, daß sie es begrüßen, wenn die Indianer veranlaßt werden können, ihre Rassenidentität aufzugeben, weil sie dann leichter zu bekehren sind; aber haben sie auch mit ihrer Behauptung recht, daß dieser Identitätsverlust ohnehin unvermeidlich ist, daß indianische und nichtindianische Gesellschaften nicht koexistieren können? In Wahrheit ist dem, trotz aller schrecklichen Übergriffe, nicht so, wie die Situation in der Savanne Venezuelas beweist, wo zwischen der *criollo*-Bevölkerung und einem halben Dutzend Indianervölker anscheinend keine gravierenden Zusammenstöße stattgefunden haben. Berichte, die ein Jahrhundert zurückreichen, zeigen, daß die Panare immer gut mit ihren Nachbarn ausgekommen sind und ihre Zahl wahrscheinlich zugleich noch zugenommen hat.

Als jüngeres Beispiel für eine friedliche und beiderseitig lohnende Zusammenarbeit zwischen den beiden Rassen wurde die gewöhnliche Bevölkerungsmischung der Bergbausiedlung Tiro Loco genannt. 1971 führte die Entdeckung reicher Diamantenvorkommen im Tal des Guaniamo etwa 80 km südöstlich von Colorado zu einem unerhörten Diamantenrausch. Im dichten, weglosen Dschungel hatten Prospektoren Diamanten gefunden, und innerhalb weniger Tage begannen Bergarbeiter mit ihrem Anhang (die Frauen waren den Männern an Zahl überlegen) wie Ameisen von Venezuela und drei angrenzenden Ländern dem Ort der *bulla* zuzuströmen, wie diese Ausbrüche des Spekutantenfiebers genannt werden. Der Beruf eines Diamantenprospektors verlangt besondere Zähigkeit. Die meisten dieser Männer und Frauen legten die ganze Entfernung – oft Hunderte von Kilometern – zu Fuß zurück. Die Mannschaft aus Brasilien – als *garimpeiros* bekannt – war nach Art einer Blutsbrüderschaft unter einem *Capitano* organisiert, der Macht über Leben und Tod hatte. Alle diese Semi-Desperados aus Guyana, Kolumbien und Brasilien waren illegale Immigranten, aber die Polizei ließ sie wohlweislich gewähren.

Bei der Ankunft der Bergarbeitergruppen an den Ufern des Guaniamo war vermutlich die Hölle los. Der Name „Tiro Loco“ bedeutet „Verrückter Schuß“, und zweifellos gab es eine Menge verrückter Schießereien, bis ein Bataillon *Cazadores,* eine Antiguerilla-Elitetruppe, heranrückte, um die schießwütigen Bergleute zu entwaffnen.

Die Indianergruppe, die zur Zeit der ersten Invasionswelle diesem Ort am nächsten war – als die *garimpeiros* noch ihre Hinterhalte und bewaffneten Überfälle auf Rivalen inszenierten –, war eine Siedlung von vielleicht 150 Panare. Man sollte meinen, sie hätten sich tiefer in den Wald zurückgezogen, sobald sie von den Feuergefechten erfuhren. Aber sie kamen näher, zunächst bis auf einen halben Tagesmarsch von den Minen entfernt, dann gelangten sie vermutlich zu der Überzeugung, daß sie nichts zu befürchten hätten, und ließen sich am Rand der Bergwerksgemeinschaft nieder. Sie hofften auf ein Handelsabkommen mit den Bergarbeitern; sie wollten Gemüse pflanzen und es gegen Stahlwerkzeuge tauschen.

Sofort wurde eine Vereinbarung getroffen. Die Bergleute zählten 8000 Personen, und die üblichen Entbehrungen des Lebens in einer Barackenstadt in den Tropen wurden durch das Fehlen frischer Nahrungsmittel verschärft. Die eingeflogene Verpflegung kostete das Drei- bis Fünffache des üblichen Preises, und die Bergleute, die gezwungen waren, jahrelang von in Streifen geschnittenem und gedörrtem Rindfleisch und Bier zu leben, litten unter einer Reihe von Beschwerden, die auf Vitaminmangel zurückzuführen waren. Deshalb waren ihnen die ganz in ihrer Nähe tätigen indianischen Gemüsezüchter mehr als willkommen. Als Gegenleistung bekamen die Panare ihre Äxte und Macheten. Die Zusammenarbeit verlief reibungslos. Selbst vor der Entwaffnung der Bergleute hatte es keinen einzigen feindseligen Zwischenfall zwischen den Rassen gegeben.

Uns schien ein Besuch in Tiro Loco wichtig, also benutzten wir die zweifellos schlechteste Straße der Welt und erreichten die Siedlung nach vielen Stunden.

Eine Szenerie grauenhafter Zerstörung bot sich uns dar. Die sanften Konturen des über niedrige Berge gebreiteten Regenwaldes waren zerrissen. Künstliche Schluchten, düstere Abgründe und Kerben klafften in den Bergflanken, wo Männer über die bloßgelegten Eingeweide der Erde krochen und mit ihren Schaufeln in schwarzen Höhlen verschwanden. Dies war freier Wettbewerb in seiner primitivsten Form, Bergbau ohne andere Geräte als bestenfalls Hochdruckschläuche, die Wasser in schwarze Schlammtümpel spritzten. Bergleute ohne Kapital für die nötige Ausrüstung konnten sich hier auf zehn Quadratmetern Land austoben, und viele von ihnen waren mit nichts als Picke und Schaufel bei der Arbeit. Paul sagte, kein erwachsener Indianer könne dazu gebracht werden, in der Mine zu arbeiten, aber ein paar Heranwachsende, die durch die Missionsschule gegangen waren, hatten sich überreden lassen. Überall lagen Wellblechstücke herum, als seien sie wie ein Manna des Industriezeitalters vom Himmel gefallen.

Der zentrale Verwaltungsbereich, unter dem Namen *Milagros* (Mirakel) bekannt, war auf einer festen Schicht aus zerdrückten Bierdosen errichtet worden. Ein Tukan hockte mit geschlossenen Augen, vielleicht im Koma, auf dem Dach der nahegelegenen Polizeistation. Wir befanden uns auf einem niedrigen Hügel, von dem aus wir 82 abgewrackte Autos zählen konnten. Die Räder dieser Wagen waren zusammen mit vielen anderen zu Zikkurats aufeinandergetürmt worden, die der Stadt vielleicht zu architektonischer Sehenswürdigkeit verhelfen sollten.

Und von hier aus sah ich auch zum ersten Mal in meinem Leben wie in einem Kinofilm die Schwingtüren eines Saloons auffliegen und einen unerwünschten Gast mit dem Kopf voran auf der Straße landen. Wir gingen hinein, und sogleich näherte sich uns ein junger Mann mit deutschem Akzent, der uns mitteilte, er heiße Wolfgang und sei einer von 32 Brüdern. Wir bemerkten an ihm die Schlichtheit und das Mitteilungsbedürfnis, die man so oft bei Männern findet, die ein abenteuerliches und gefährliches Leben führen. „Wir haben in allen Lagerstätten Brasiliens, Kolumbiens und Guyanas gearbeitet. Manchmal sind wir reich, manchmal arm. Mein Bruder hat einmal in ein paar Tagen genug Geld gemacht, um eine halbe Million *bolivar* für eine Operation unseres Vaters zu bezahlen. Die Polizei in Guyana hat ihn als Spion erschossen. Die Hälfte der Burschen hier sind auf der Flucht. Man nimmt Ihnen die Waffen ab, wenn Sie in die Stadt kommen. Es ist ruhig hier. Sie müssen sich sehr anstrengen, wenn Sie erschossen werden wollen."

Der Saloon war voller adlergesichtiger Männer und vielfach lächerlich gekleideter, dienstbereiter Huren, die in raschem Wechsel die herausforderndste Heiterkeit und die brütende Schwermut derer zur Schau trugen, die von Berufs wegen zu ständiger Lustigkeit verdammt sind. Trotz der großen Hitze trug eine von ihnen eine malvenfarbene Federboa und tupfte sich mit einem Baumwolltuch ständig die Schweißperlen von den Wangen. Dies waren Bergwerkslager-Pendlerinnen, die ihr ganzes Leben damit verbrachten, sich in ihrem gewaltigen Amazonas-Orinoko-Takt von *bulla* zu *bulla* zu schleppen. Muskelbepackte Athletinnen, und einige von ihnen waren buchstäblich „Diamond Lils", die von ihren Kunden, die sie vertraglich an sich banden, oft mit Edelsteinen bezahlt wurden.

Es war eine Filmstadt wie in Chaplins *Goldrausch,* mitsamt dem Arrangement, dem Macho-Gehabe, der vorgespielten Gewalt und der Drohung echter Gewalttätigkeit. Über den Boden liefen unzählige Schaben wie kleine Plastikspielzeuge. Die Szene erhielt durch die Anwesenheit eines Indianermädchens vom Mato-Grosso-Stamm mit ihrer mächtigen wilden Mähne schwarzer Haare und ihrem Gesicht mit dem Ausdruck einer Jivaro-*tsantsa* eine zusätzliche exotische Note. Sie war die *companheira* einiger Prospektoren aus Brasilien, mit denen sie zusammenstand und Bier trank, und man erzählte sich, daß sie sich nicht nur der sexuellen Nöte ihrer „Männer" annehme, sondern sie auch mit frischem Frauenurin versorge, von dem es hieß, er stelle ein sicheres Heilmittel bei infizierten Wunden dar. Die Mato-Grosso-Gruppe stand ein wenig abseits und redete zwischen langen Schlucken Bier, das sie fast so feierlich tranken wie deutsche Korpsstudenten, heftig aufeinander ein. Etwa 17 Tonnen Bier pro Tag wurden in den rund 20 Lokalen Tiro Locos getrunken. Bier war teuer. Leicht betrunken zu werden, kostete den Gegenwert von 80 DM.

In zwei oder drei Jahren würde die ganze apokalyptische Szenerie verschwunden sein. Der letzte, leicht verfärbte Diamant würde aus dem angeschwemmten Schlamm geklaubt sein und die Bergleute mit all den Frauen, in wessen Besitz auch immer, würden ihm den Rücken kehren und den langen Marsch zu einer neuen *bulla* irgendwo am gewundenen Lauf des Orinoko antreten. Zur Zeit aber gab es hier noch Diamanten in Hülle und Fülle. Wenn man etwas davon verstand, sagte Paul, konnte man mit wenig Aufwand zu einem guten Diamanten kommen. Aber keiner von uns kannte sich mit Diamanten aus. Als man uns etwas zeigte, das wie kleine gelbe Glassplitter aussah, heuchelten wir Erstaunen. Es war gewiß eindrucksvoll, von einem Mann, der drei oder vier dieser stumpfen kleinen Kristalle in der Hand hielt und der nach seinen Worten auf einem alten Klepper nach Tiro Loco gekommen war, zu hören, daß er diesen Ort am Steuer eines nagelneuen Plymouth verlassen würde, den er in Kürze aus Caicara erwartete. Es war eine Tätigkeit, bei der man sich das Geld für die erste Förderung am Morgen leihen und den Tag als Krösus beschließen konnte, aber immerhin hatten drei von vier Diamantengräbern am Abend keinen Pfennig.

Die Panare hatten sich vor der Stadt auf einem kleinen Hügel niedergelassen. Wie Repräsentanten einer fernen Vergangenheit ruhten sie dort die meiste Zeit über in ihren Hängematten und blickten auf die Umtriebe jener der Gegenwart hinab. Ein natürlicher Instinkt scheint ihnen gesagt zu haben, daß sie von den Bergleuten nichts zu befürchten hatten, daß sie ihnen aber eine ausgezeichnete Gelegenheit boten, mit ihnen um wichtige Gebrauchsgegenstände zu handeln, insbesondere um Stahlwerkzeuge. Das Wild verschwand aus allen Gebieten, die jenen erreichbar waren, die zum Vergnügen jagten, und die Panare mußten diese Einschränkung ihrer Nahrungsquellen ausgleichen, indem sie ihre Gemüsefelder vergrößerten. Dazu aber benötigten sie mehr und bessere Werkzeuge. Es gelang ihnen, mit den Bergleuten übereinzukommen, daß sie ihnen frisches Gemüse lieferten und als Bezahlung von ihnen Macheten, Äxte, Schaufeln und dergleichen erhielten. Die Bergleute fertigten diese Geräte ohne viel Mühe aus dem Metall ihrer verschrotteten Autos.

Sie hatten eine Straße gebaut – die einzige in Tiro Loco mit ordentlichem Belag –, die sich zur Panaresiedlung auf dem Hügel hinaufwand; als wir dort oben anlangten, erblickten wir die großartigsten Panarehäuser, die wir bisher gesehen hatten. Frei von jedem äußeren Druck – vielleicht, weil sich die Missionare nicht den verderblichen Einflüssen Tiro Locos aussetzen mochten, – hatten die Indianer ihre ursprüngliche architektonische Geschicklichkeit in reinster Form entfalten können. Die Häuser waren mit einer solchen Leidenschaft für Regelmäßigkeit errichtet, daß das Ergebnis in gewisser Hinsicht an Fertigbau-Produkte höchster Qualität erinnerte. Alle Bambusstangen waren von gleicher Länge, und die Hauptstützen waren jeweils an derselben Stelle und auf ökonomische und stilvolle Art mittels indigofarbener Schnüre und einem einzigen Knoten mit den Querstreben verbunden. Überall fiel der Blick auf Symmetrie und saubere Verarbeitung. Die Panare hatten vor jedem Hauseingang einen phantasievollen Vorbau errichtet, den ein Flechtmuster aus Farnwedeln und Zweigen zierte. Ähnlich gemusterte Randeinfassungen aus unterschiedlichen Zweigen schmückten das fast bis auf den Boden reichende Dach.

Im Hausinneren waren die unvermeidlichen Hängematten aufgereiht, und die über ihnen angebrachten Moskitonetze waren nach Soldatenart säuberlich gefaltet. Gartengeräte und Blasrohre waren auf Holztabletts angeordnet, die vom Dach herabhingen; auf einem dieser Tabletts lag eine blonde Kunststoffpuppe im für die Panare typischen Schmuck aus Hüftschnur und Hals- und Armbändern aus blauen und weißen Perlen. Feiner weißer Sand vom Flußgrund bedeckte den Boden, über den prächtig wie Wappentiere aussehende Hähne auf der Suche nach Insekten stolzierten. Immer wenn ein Hahn seinen Kot auf diese reine Unterlage fallen ließ, sprang ein Panare aus seiner Hängematte, um ihn zu entfernen. Die Panare halten diese Hähne als Haustiere und essen sie nie; die von den Hennen gelegten Eier werden nicht angerührt oder *criollo*-Freunden geschenkt.

Unser Besuch fand in den frühen Morgenstunden nach einer Nacht in unseren Hängematten statt, die wir im Freien hinter einem Saloon aufgehängt hatten. Wir waren von nicht jahreszeitgemäßen Regenschauern und großen Mengen Gottesanbeterinnen gestört worden, die zwar harmlos sind, aber abstoßend aussehen. Hier auf dem Hügel war es überraschend kühl, und als wir ankamen, hatte eine Panarefrau eben einen kleinen Hund ergriffen und bedeckte ihn mit warmer Asche vom Feuer, um „die Kälte fernzuhalten".

Die Männer, die sich aus ihren Hängematten rollten, um uns zu begrüßen, trugen die traditionellen Hüfttücher, aber die Dame mit dem Hündchen hatte ihre füllige Formen hastig mit einem Modellkleid aus Caracas bedeckt (wenn auch bestimmt nicht aus Sittsamkeit), das gleich nach dem Erwerb in ein unpassendes Panare-Rot gefärbt worden war. Das Kleid war gewiß ein Geschenk aus dem Bergwerklager, ebenso wie die rüschenbesetzte Spitzenbluse ihrer jungen Tochter und das Halsband ihres Babys, dessen Silbermünzen aus fünf Ländern stammten.

Die Sonne ging auf. Wir tranken gemeinsam Mangosaft und machten uns dann zu einem Bummel in den Wald auf, um den neuangelegten Garten der Siedlung zu begutachten. Der Dschungel in der Umgebung Tiro Locos war prächtigster Amazonaswald. 80 km Luftlinie entfernt, in Colorado, fiel monatelang nicht ein einziger Tropfen auf das Gras der Savanne, aber hier zogen die hohen Bäume den Regen an. Unten im Tal, unter dem Wellblech, lag die Temperatur inzwischen nicht viel unter 50 ° C. Im Wald wurde kühle Luft auf sanfte und geheimnisvolle Art umgewälzt, als atme eine kolossale Lunge ein und aus. Der Regenwald unterschied sich in jeder Hinsicht von dem schmalen Galeriewald Colorados, der fast so vertraut und übersichtlich gewesen war wie ein Waldstück in England. Hier hingegen waren exotische Pracht, ein Hauch von Abenteuer und Gefahr. Die Bäume hatten ihre Umwelt seit Jahrmillionen beherrscht und selbst gestaltet; das Leben der Tiere war von ihnen abhängig, parasitär und ihnen untergeordnet.

Wo die Stämme der Bäume aus dem Boden emporstrebten, streckten sie mächtige, kraftvolle Wurzeln aus, die das Erdreich auf der Suche nach verwertbarem Laubabfall in allen Richtungen erforschten. Die Stämme waren glatt und fahl und schlank und bildeten erst in einer Höhe von 100 m und mehr Äste aus, wo sie gemeinsam mit denen der übrigen Bäume das Laubdach bildeten. Jeder Baum beanspruchte seinen Lebensraum und war auf unerklärliche Art fähig, alles übrige Wachstum in seinem Territorium zu unterbinden. Als Vorbeugemaßnahme gegen ihre Auslöschung durch natürliche Katastrophen wie Waldbrände hatte jede Art ihre Samen so dünn ausgestreut, daß nie alle Bäume einer Spezies auf einmal vernichtet werden konnten. Aus diesem Grund sahen wir auf unserem Dschungelspaziergang nie zwei Bäume derselben Art nebeneinander, und es hieß, es wüchsen nicht weniger als 200 Arten auf einem einzigen Hektar. Lianen, von denen einige seltsame Blüten trugen, hingen bis auf einen Meter oder weniger über dem Boden herab, und als wir nach oben in das grüne Gewirr blickten, hatten wir den Eindruck eines umgekehrten Waldes, der nach unten wuchs, um sich mit der aufwärtsstrebenden Vegetation zu treffen.

Das Tierleben des Waldes spielte sich vorwiegend des Nachts ab, so daß nichts vor unseren Schritten davonstob. Schwämme, die ihre Kraft aus verwesenden Pflanzen sogen, prunkten in üppigen Farben. Wir sahen die roten Pyramiden von bis zu fünf Meter hohen Ameisenhügeln, aber keine Ameisen. Unzählige Vögel pfiffen, kreischten, bliesen Trompeten und schlugen Gongs in dem Laubdach über unseren Köpfen. Ein paar verwirrte Motten flogen uns ins Gesicht. Der Wald roch nach Kindheit, nach von Würmern durchgrabener und verwandelter Erde, nach Farn, Regen, der auf warme Blätter fällt, nach den ätherischen Ölen von Gummiarabikum, Kampfer und Benzoeharz.

Die Panare huschten neben uns und vor uns zwischen den Bäumen umher, und bald lichtete sich der Dschungel, und wir befanden uns in dem frisch angelegten Garten. Etwa 50 Bäume waren säuberlich gefällt worden, alle wiesen in dieselbe Richtung, und wir betrachteten sie mit angemessener Trauer, wie sie dort in ihr eigenes Laub gebettet lagen. Es war Sitte bei den Stämmen, Versöhnungszeremonien auszuführen, wenn sie Bäume fällten oder Tiere töteten – eine Praxis, die von den Missionaren heftig bekämpft wurde. Zwischen den zerschmetterten Zweigen lagen genug Orchideen, um die Blumenläden einer ganzen Stadt auszustatten.

Wir gingen in das Dorf auf dem Hügel zurück, ruhten uns eine Weile aus und blickten auf Tiro Loco hinab. Der lange, dünne Streifen Wellblech wand sich wie ein eiserner Drachen durchs Tal. Hier und dort hatten die Schürfer Wunden in den Wald geschlagen und waren dann weitergezogen, und die Wunden überzogen sich bereits wieder mit dem jungen Grün sprießender Vegetation. In höchstens fünf Jahren würden die Bergarbeiter wieder verschwunden sein, und in weiteren fünf Jahren würde eine wuchernde Windenart alles mit ihren riesigen blauen Blüten überdecken, was noch von ihren Hütten und Maschinen übrig war. Was würden die Panare unternehmen, wenn es soweit war? Diese Frage konnten sie nicht beantworten. Solche Stämme befassen sich kaum mit den ungewissen Aussichten der Zukunft.

Paul glaubte, daß sie den Minen folgen und wie zuvor ihr Gemüse züchten würden, solange ihnen der dazu nötige Wald zur Verfügung stünde.

14

Als wir nach Colorado zurückkehrten, waren wir gespannt, ob sich die Indianer entschlossen hätten, eine „Wegen-nichts"-Feier abzuhalten. Die Antworten auf unsere diesbezüglichen Fragen kamen uns merkwürdig ausweichend vor, und als wir die Panare drängten, brachten sie nur wenig überzeugende Ausreden hervor. Bis jetzt hatte uns noch niemand in Colorado zu sagen gewagt, daß *alle* gesellschaftlichen Anlässe dieser Art Gott mißfielen, aber wir ahnten, daß dieser Tag kommen würde. Nicht einer von uns hatte die Missionare bisher zu Gesicht bekommen, obwohl Henry Corradini in der Hoffnung auf ein zufälliges Treffen ständig das Missionsgebiet durchstreifte. Die Sekte hatte Henry als Agenten des Satans entlarvt, als einen Verführer, der sich im Verein mit den Mitgliedern des Weltkirchenrats, mit Ethnologen und liberalen Journalisten unter das Banner des Satans begeben hatte, um Armageddon vorzubereiten, das jetzt unmittelbar bevorstand.

Schließlich, nach vielen vergeblichen Gängen zur Mission, hörten wir ein Flugzeug anfliegen. Es war schon ausgerollt, bevor wir die Landebahn erreichen konnten. Zwei Missionare kamen aus dem Haus, begleitet von einem dritten, der mit dem Flugzeug gekommen war, und entfernten sich eilig. Fünf Minuten später waren sie in der Luft.

Wir fühlten uns zu der Hoffnung berechtigt, dieses unerwarteten Scheiden würde die Lage so weit entspannen, daß die Panare das Fotografieverbot aufheben, uns zur Teilnahme am gemeinsamen Mahl einladen und ein „Wegen-nichts" vorbereiten würden. Wir wurden jedoch enttäuscht. Es zeigte sich bald, daß ein Mann, der der erste Bekehrte der Mission und mehrere Jahre lang ihr einziger Anhänger gewesen war, ihre Autorität auf sich übertragen hatte und ihre Verbote während ihrer Abwesenheit aufrechterhielt.

Er war ein Panare, dem das Gehen gewisse Schwierigkeiten

bereitete, da er von Geburt an gelähmt war. Henry Corradini sagte, sein Aufstieg zur Macht illustriere einen Prozeß, der unvermeidlich folge, wenn bei einem Stamm, in dem die Missionare Fuß gefaßt hatten, eine behinderte Person entdeckt würde. Wenn auch gewisse Missionare wie jene, die bei der Versklavung der Aché geholfen haben, bereit sind, zu lügen, um ihre kriminellen Aktivitäten zu verteidigen, halten es andere wie Mr. Halterman von La Paz mit der Wahrheit und können in der Darlegung ihrer Methoden von entwaffnender Offenheit sein. Ein NTM-Missionar in Caracas hatte die Strategie beschrieben, eine behinderte Person in einem widerspenstigen Stamm auszuwählen. „Es heißt, im Krieg sei alles erlaubt", hatte der Missionar erklärt, „und für uns handelt es sich um einen Krieg für das Seelenheil."

„Wenn wir einen Mann mit einem körperlichen Defekt sehen", hatte er weiter erläutert, „sagen wir, einem Klumpfuß oder einem verkrüppelten Arm, konzentrieren wir uns auf ihn. Wir sehen in dem Betreffenden einen Mann, der einen Groll darüber hegt, wie ihn das Leben behandelt hat. Er ist ein Außenseiter, der alle beneidet, die glücklicher als er sind. Wir wissen, daß dieser Bursche unsere Eintrittskarte darstellt, wenn wir es geschickt anstellen, und wir fangen an, indem wir ihm das beste von allem geben; hübsche Sachen zum Anziehen, Flüge mit dem Flugzeug ... Vielleicht lassen wir ihn mit dem Funkgerät spielen, alles, was ihn aufbaut und ihm das Gefühl gibt, einer von uns zu sein.

Sagen wir, es gibt eine wichtige Persönlichkeit in dieser Gemeinschaft. Es könnte der älteste Mann sein, oder eine Art Medizinmann, der berufen ist, für den Herrn zu zeugen. Wir sind sicher, daß es nur eine Frage der Zeit ist, bis unser Mann das Sagen hat. Er baut sich seine eigene Gefolgschaft von Burschen auf, die sehen, was vor sich geht, und ihr Stück vom Kuchen haben wollen. Das nächste Stadium ist, daß diese Leute, die für uns arbeiten und im Herrn gewachsen sind, es ablehnen, mit denen gemeinsame Sache zu machen, die es am liebsten hätten, wenn alles beim alten bliebe. Auf diese Art funktioniert es immer, das ist der natürliche Lauf der Dinge. Das Problem ist nur, daß es nicht genug Burschen mit verkrüppelten Armen gibt; aber wenn wir einen sehen, wissen wir, daß wir auf einen Sieger setzen."

Der Mann, den wir für den Stellvertreter der Missionare in Colorado hielten, war nicht zu übersehen. Wir hatten keine Möglichkeit, herauszufinden, wie viele Panare das Evangelium akzeptiert hatten oder kurz vor der Bekehrung standen, denn mit Ausnahme dieses einen Mannes hatten sich bisher alle geweigert, sich von den traditionellen Lendentüchern und ihrem Schmuck aus blauen und weißen Perlen zu trennen. Der Mann der Missionare trug eine Hose von der Art, die in solcher Umgebung immer schmutzig aussieht, dazu bei besonderen Anlässen ein T-shirt, Turnschuhe, dunkle Brille und Baseballmütze. Soweit wir wußten, nahm er nie an den gemeinsamen Abendmahlzeiten teil und lebte also vermutlich von Konserven aus dem Vorrat der Missionare.

In Trio Loco hatte Donald so viel fotografieren können, wie er wollte, und er war ärgerlich, daß das Fotografieren in Colorado, das einen so unvergleichlich prächtigen Rahmen des Stammeslebens ergab, ein so strenges Tabu bleiben sollte. Paul schlug als Ausweg aus dieser Verlegenheit vor, daß wir uns einen Vorwand ausdächten, unter dem wir die Indianer aus Colorado heraus- und von den argwöhnischen Augen des Lahmen fortlockten und sie dann in eine Aktivität verwickelten, die sie so beanspruchte, daß Donald sie unbemerkt fotografieren konnte.

Es war das Ende der trockenen Jahreszeit, und die Flüsse in ganz Venezuela waren voller Fische aller möglichen Arten, darunter solche von enormer Größe. Einige Jahre zuvor hatte Paul gemeinsam mit 15 Panare einen kleinen Ausflug gemacht, und sie hatten in einem knietiefen Flüßchen innerhalb von einer oder zwei Stunden 75 kg Fische gefangen. In den weiter entfernten Flüssen wurden die Fische zu Hunderten zusammengedrängt, wenn sich das Wasser zu Tümpeln reduzierte, und man konnte sie wie die Forellen in einem Zuchtteich knapp unter der Wasseroberfläche herumschwimmen sehen. Diese Anglerparadiese gab es noch, weil dort nur wenige Indianer lebten, die fischten. Die kreolische Bevölkerung aß kaum etwas außer Fleisch, und wenn sie einmal Appetit auf Fisch hatte, beschränkte sie sich auf importierte Ware.

In den früheren Jahren waren die Fischfangexpeditionen zu dieser Zeit immer ein größeres Fest für die Panare gewesen. Alle Männer, Frauen und Kinder des Dorfs hatten gemeinsam mit ihren Lieblingen, mit zahmen Papageien, Hunden, Enten und Schweinen, den langen Zug zum Tortuga-Fluß unternommen, einem Nebenfluß des Orinoko, an seinen Ufern eine behelfsmäßige Siedlung errichtet, die ihnen für eine oder zwei Wochen Unterkunft bot, und waren erst nach Hause zurückgekehrt, wenn ihnen die einseitige Fischdiät zu fad wurde. Diese großen Stammesausflüge, vor denen Bier gebraut wurde und die von Tänzen und Gelagen begleitet gewesen waren, hatten aufgehört. Die erste Maßnahme in der Politik der Missionare war, die Indianer auf Dauer in einer unter ihrer Kontrolle stehenden Kolonie seßhaft zu machen, und solche Ausflüge, so teilte uns Harry Corradini mit, wurden überall vereitelt, wo sie ihre Herrschaft errichteten. Ohne Transportmittel war es schwierig, die Fischgründe am Tortuga-Fluß zu erreichen und innerhalb eines Tages zurückzukehren, und als Paul anbot, eine Gruppe zum Fischen in seinem Landrover dorthin zu fahren, war diese Gelegenheit offenbar zu verlockend, um sie auszuschlagen.

Die meisten Indianer vergiften traditionsgemäß bei solchen großangelegten Fischzügen das Wasser. Diese Methode ist weniger grausam, als es sich anhört, denn die Indianer beherrschen die Kunst der Erhaltung der Natur. Die Wirkung des Gifts ist auf einen kleinen Bereich beschränkt und verdirbt nicht das Fleisch, und die Fische, die nicht gefangen werden, erholen sich wieder. Indianer fischen oder jagen nie zum Vergnügen, deshalb herrscht jedes Jahr ein Überfluß an Wild.

Zum Fischen in kleinerem Umfang, bei dem nur zwei oder drei Männer als Team zusammenarbeiten, verwenden die Panare die Pflanze *kayin*, die sie im Garten züchten, aber ihre Wirkung ist für die Anwendung in einem größeren Fluß zu schwach. Zu solchen Zwecken machen sie einen Ausflug in die Berge und sammeln eine Liane, die sie *enerrima* nennen, die sie zerstoßen und dann im Wasser des betreffenden Flusses auswaschen. Wir hatten uns sehr gewünscht, sie begleiten und das Einsammeln der *enerrima* fotografieren zu können, aber sie verließen das Dorf ohne Vorwarnung im Morgengrauen des Tages vor dem Fischzug; möglicherweise bestand ein Tabu.

Am nächsten Morgen nahmen wir neun Panare im Landrover mit und fuhren durch die Savanne in Richtung des vielleicht 16 km entfernten Tortuga. Wieder einmal schlug mich die Savannenlandschaft in ihren Bann; sie wirkt wie ein von Menschen angelegter Park. Obwohl seit Monaten kein Regen gefallen war, wirkte alles erstaunlich grün und frisch, und das kaum halb bis zum Knie reichende Gras war frei von Unkraut. Der Boden war eben, und es hätte kaum eine Geschwindigkeitsbegrenzung gegeben, wären nicht die häufigen und oft unerwarteten Bäche gewesen. Obwohl sie nicht breiter als vier bis fünf Meter und in dieser Jahreszeit sehr seicht waren, konnte man sie nur an verhältnismäßig wenigen Furten überqueren, an denen der Boden fest war. Dieses Gebiet war Schauplatz der ersten ernsten Auseinandersetzung zwischen den Panare und den *criollo* gewesen, als ein kleiner Rancher einen Zaun über indianisches Land gezogen hatte. Bis dahin hatte es sich immer nur um eine Kuh hier und dort gehandelt, aber dieser Vorfall warnte die Indianer vor weiteren Übergriffen. Sie hatten die Oberhand behalten, und der Rancher war trotz Unterstützung durch die Missionare gezwungen worden, den Zaun zu entfernen.

Mit hoher Geschwindigkeit durchfuhren wir im Zickzack das niedrige Gras, auf der Suche nach sicheren Stellen, um die Bäche zu überqueren. Die Panare hatten sich mit 180 cm langen Speeren mit Eisenspitzen bewaffnet und führten Bambusstangen mit sich, weil sie hofften, unterwegs ein paar reife Mangofrüchte abschlagen zu können.

Wieder einmal enttäuschte mich, daß es keine Tiere gab. Die Panare jagten Hirsche, Agutis, Gürteltiere und Schildkröten in der Savanne, aber die waren selbst zu den besten Zeiten nur in der Regensaison zu finden gewesen. Die Vogelwelt hingegen war prächtig und reichhaltig. Die Lage von Quellen war in der Savanne an ziemlich regelmäßigen Gruppen in gleichem Abstand wachsender Bäume zu erkennen, von denen die meisten zu dieser Jahreszeit blühten oder schon Früchte trugen. Sie wurden von riesigen Vogelschwärmen frequentiert, darunter Papageien, Tukane und Aras. Die Panare ignorierten sie, wenn sie nicht gerade auf der Suche nach Arafedern oder Tukanschnäbeln zu zeremoniellen Zwecken waren, und sobald sie genug für das jeweilige Ritual hatten, beendeten sie die Jagd sofort.

Wir hielten bei einigen vielversprechend aussehenden Bäumen an, und die Indianer ergriffen ihre Stangen, liefen von Baum zu Baum, schlugen gegen die erreichbaren Äste und sammelten die herniederprasselnden reifen Mangofrüchte ein. Die Vögel, die nicht an Menschen gewöhnt waren, kümmerten sich nicht um unsere Ankunft und fraßen ruhig weiter; aber wenn die Panare gegen den Baum schlugen, auf dem sie saßen, schien er zu explodieren wie ein buntes Glasgefäß und sandte Hunderte farbiger Fragmente in den Himmel. Plötzlich summten uns ein halbes Dutzend Arten Kolibris um die Ohren und standen wenige Fingerbreit vor unseren Gesichtern mitten in der Luft still, um uns zu inspizieren. Ein paar wilde Schweine, die mit herabgefallenen Mangofrüchten beschäftigt gewesen waren, trollten sich bei unserer Ankunft eilig; die Panare hatten jedoch kein Interesse an ihnen und ließen sie in Ruhe.

Wir erreichten den Tortuga und stellten fest, daß er nur noch wenig Wasser führte und mit Ausnahme seichter Rinnsale zwischen den tiefen Tümpeln, in denen eine große Anzahl Fische gefangen waren, keine Strömung mehr aufwies. An den breitesten Stellen maß er höchstens noch 12 m, führte Niedrigwasser und war von dem üblichen spärlichen und unaufgeräumt wirkenden Galeriewald gesäumt. In den Bäumen hockten Fischadler und beobachteten das Wasser, das gelegentlich durch einen großen Fisch aufgewühlt wurde, der nahe der Oberfläche schwamm. Die Gräten ihrer Opfer lagen verstreut am Ufer. Zahlreiche schwefelgelbe Schmetterlinge interessierten sich für die Fleischreste an den Gräten, während andere Vertreter ihrer Art flügelschlagend aus der feuchten Erde an den Rändern der Tümpel Wasser saugten.

Die sonst immer so ruhigen und gelassenen Indianer waren bei der Aussicht auf einen Fischzug plötzlich erregt und eilten auf der Suche nach der besten Stelle, um den Fluß zu vergiften, die Ufer entlang. Sie vermittelten den Eindruck, daß ein Gruppendenken sie dominierte, welches so tief verwurzelt war, daß sie eine Übereinkunft erzielen mußten, bevor sie zur Tat schreiten konnten, und es wurde deutlich, daß dieser Gemeinschaft die Begriffe der Führerschaft wie auch der persönlichen Initiative fremd waren. Jedoch konnte die Gruppe wie bei den Termiten als *ein* Individuum funktionieren, wenn die Situation es verlangte, und in solchen Fällen wurden Entscheidungen rasch und ohne jeden Widerspruch einzelner getroffen. Kurz nach unserer Ankunft waren wir Zeugen einer außergewöhnlichen Szene: Etwa 40 Panare, die wild in die Pedale ihrer Fahrräder von der Mission traten und durch die Savanne auf uns zuradelten. Auf den Schutzblechen stand wieder: *Christus ist nahe.* Augenblicke später waren die Fahrräder abgestellt, und die Panare stellten sich gemeinsam mit denen, die wir hergefahren hatten, in gleichen Abständen in einer 200 oder 300 m langen Reihe am Fluß auf. Es gab, soweit wir sahen, keine Diskussion. Man teilte Paul mit, der Platz sei gefunden und das Fischen könne beginnen, und wir eilten zu der angegebenen Stelle.

Der gewählte Tümpel war etwa 100 m lang und an beiden Enden von trichterförmigen Sandbänken versperrt, deren Durchlässe nur noch für kleine Rochen geeignet waren. Paul schätzte, daß das Wasser des Tümpels 180 bis 240 cm tief war und mehrere Hundert Fische bis zur Regenzeit in ihm gefangen waren. Die wilden Tiere der Umgebung schenkten uns wenig Aufmerksamkeit. Als wir ankamen, schritten Eisvögel so groß wie Stare durch das Wasser; ein eleganter, langbeiniger Adler wanderte vorbei und stieß gelegentlich den Schnabel ins Wasser; ein wunderschöner Fliegenschnäpper wütete wenige Schritte vor uns unter den Schmetterlingen; keines dieser Tiere ließ sich durch uns stören.

Drei Indianer, die die Körbe mit der zerstoßenen *enerrima*-Liane trugen, erklommen einen großen, vom Wasser geglätteten Felsbrocken und tauchten die Körbe ins Wasser, das sich sogleich milchweiß verfärbte. Ich hatte erwartet, daß es eine Weile dauern würde, bis sich das Gift im ganzen Tümpel ausbreitete und zu wirken begänne, wurde aber angenehm enttäuscht. Schon zwei Minuten nach dem Eintauchen der Körbe – und noch bevor die wolkige Verfärbung des Wassers auch nur die Mitte des Tümpels erreicht hatte – setzte ein gewaltiger Unterwassertumult ein; erkennbar als wirbelndes Kaleidoskop blitzender Reflexionen der Vorgänge in der Tiefe. Der Aufruhr weitete sich blitzschnell über den ganzen Tümpel aus, und große Fische schossen sternförmig zum Rand, als unterlägen sie einer unwiderstehlichen Zentrifugalkraft; ihre Rückenflossen teilten die Wasseroberfläche in Richtung der seichten Stellen. Hier und dort schnellte einer von ihnen aus dem Wasser und sprang in die Höhe, um gleich darauf zurückzufallen; einige landeten auf dem Ufer und schnellten sich in einer Serie von Sprüngen bis zu vier Meter weit übers trockene Land.

Die Panare, deren jeder seinen Platz eingenommen hatte, schnatterten erregt durcheinander, die Speere erhoben, und warteten auf lohnende Ziele, sobald die Fische erlahmen würden. Nach ihrer ersten verzweifelten Flucht vor dem vergifteten Teil des Tümpels schwammen die Fische immer noch sehr rasch, aber offenbar ohne Beteiligung des Richtungssinns; sie führten enge Kreise aus, schwammen im Zickzack oder zogen Schnörkel dicht unter der Wasseroberfläche, drehten sich auf den Rücken oder schnellten sich in die nur wenige Fingerbreit tiefe Randregion, der sie unter hastig sich öffnenden und schließenden Mäulern mit heftigen Schwanzschlägen wieder zu entfliehen versuchten. Nur einigen kleinen knochenweißen, mit ihren flügelartigen Flossen wedelnden Rochen gelang die Flucht. Die Panare standen in reglosen Reihen an den Ufern, wie Statuen aus dem Atelier desselben Bildhauers. Nichts deutete auf ihre bevorstehende Aktion hin. Dann warfen sie alle zugleich ihre Speere. Soweit ich sehen konnte, traf jeder von ihnen einen Fisch, und als die Indianer ihre Beute an Land zogen, sah ich, weshalb es keinen Todeskampf gegeben hatte: Sämtliche Speere waren in die Köpfe der Fische eingedrungen. Die Aufspießung, die Befreiung der Fische von den Speeren und die erneute Aufstellung der Panare nahmen insgesamt höchstens drei Minuten in Anspruch.

Paul, der ein paar Meter entfernt in der Reihe stand, fischte mit großem Geschick. Er hatte mehrere Jahre lang mit dem Speer geübt, und wenn er auch ein wenig langsamer war als die Indianer und den Speer nur auf nahe Ziele warf, sah ich doch nie, daß er einen Fisch verfehlte. Ein Indianer reichte mir einen Speer, aber mein einziger Versuch brachte mir Schande ein, indem ich mich in der am Speer befestigten Leine verhedderte. Als interessantes Detail fiel mir auf, daß in einer Gesellschaft, der es fast völlig am Sinn für Eigentum mangelte, jeder Panare sorgsam darauf achtete, seine gefangenen Fische getrennt von denen der übrigen zu halten, obwohl später alle individuelle Jagdbeute in den großen Topf des gemeinschaftlichen Nahrungsvorrats geworfen werden würde. Paul, der das Fischen als Sport genoß, würde seinen Fang seiner fiktiven Panaremutter schenken, aber da sie ihn sicherlich ebenfalls der Gemeinschaft zukommen ließ, handelte es sich um eine rein symbolische Geste.

Das Fischen wurde noch etwa zwei Stunden lang fortgesetzt, bis der Tümpel, abgesehen von einigen besonders großen Exemplaren, die noch immer in seiner Mitte herumschwammen, von Fischen geleert war. Plötzlich, wie in stillschweigender Übereinkunft, schienen die Panare das Interesse zu verlieren und warfen ihre Speere nicht mehr. Ich hatte gesehen, wie sie Fischköpfe zielsicher aus einer Entfernung von bis zu neun Metern durchbohrten. Es schien mir seltsam, daß sie die überlebenden Fischungetüme, die nur wenige Meter außerhalb dieser Reichweite schwammen, verschonten, und ich konnte nicht umhin, mich zu fragen, ob die Ehre eine Rolle bei diesem Verzicht spielte und die Indianer es scheuten, öffentlich zu versagen.

Mehrere Hundert Fische waren gefangen worden, darunter nicht wenige 25-Pfünder, und das Gesamtgewicht mochte bei einer Tonne liegen. Die Panare versicherten mir, die übrigen Fische würden sich in etwa vier Stunden erholt haben; sobald der Regen einsetze, wären sie so zahlreich wie zuvor, und dann würde man sie nur noch mit der Leine angeln können. Als die Indianer an Ort und Stelle begannen, die Fische zu säubern, ließen sich ringsum Adler wie Fallschirmspringer aus den Bäumen fallen und begannen sich an den Abfällen gütlich zu tun. Ich bedauerte, daß ich keine der Fischarten kannte und keiner der legendären Piranhas darunter war.

Die Expedition war ein phänomenaler Erfolg gewesen – wie Paul sagte, bei weitem der erregendste Fischzug, den er je miterlebt hatte. Don hatte eine ungewöhnliche, vielleicht sogar einzigartige fotografische Dokumentation über eine sensationell erfolgreiche Steinzeitunternehmung im Kasten, und keiner der Panare war auch nur im geringsten beunruhigt gewesen. Die Indianer hatten sich mit Vorräten eingedeckt und gratulierten einander in ihrer sanften, klickenden Sprache. So, wie er ursprünglich geplant war, hätte der Fischzug weit weniger Beute gebracht und wäre wirtschaftlich entsprechend weniger interessant für die Colorado-Gemeinschaft gewesen. Es schien wie eine Ironie, daß die von der Mission gekauften Fahrräder zu diesem Erfolg beigetragen hatten.

In diesem Augenblick der Befriedigung über den großen Erfolg für alle trat ein Panare vor, der mit einem Fahrrad gekommen war, sich aber nicht am Fischen beteiligt hatte. Er war ein Bekehrter, aber im Gegensatz zu dem Stellvertreter der Missionare besaß er einen athletischen, gutgeformten Körper und war nur als Bekehrter erkennbar, weil er ein Hemd trug. Er nahm ein Traktat aus seinem Hüfttuch und warf es uns zu.

Es war in Englisch gedruckt. Der Titel lautete: *Hat das Leben nichts Besseres zu bieten als dies?*

Vielleicht hatte der große Jagderfolg die Panare ein wenig unbekümmert gemacht, oder sie dachten angesichts der Mißbilligung der Missionare, sie könnten ebensogut für ein Schaf wie für ein Lamm gehängt werden; jedenfalls wurden wir an diesem Abend zu ihrem gemeinsamen Mahl eingeladen. Es verlief, wie Thomas Harriot, offizieller Geschichtsschreiber der ersten englischen Kolonie bei Roanoke in Virigina, es 1585 beschrieben hatte: „Sie stecken vier Pflöcke von gleicher Länge in den Boden und legen eine Reihe Querstäbe darüber. Die Fische werden auf die Plattform gelegt, und darunter wird ein Feuer entzündet." Genauso gingen die Panare vor: „Sobald die Plattform mit Fischen gefüllt ist, hängen sie den Rest des Fangs an ihren Seiten oder an anderen Stöcken in der Nähe des Feuers auf." Diese Szene wäre auch dem Kupferstecher De Bry vertraut gewesen, der Harriots Buch illustrierte, glich doch die von ihm wiedergegebene Szene bei Roanoke so sehr derjenigen, die wir bei Colorado sahen: die bemalten Gesichter, die zu einem Pony geschnittenen Haare, die Armbänder, die Perlenhalsbänder, die Hüftschnüre der jungen Mädchen.

Der 25jährige Harriot, ein intimer Freund Sir Walter Raleighs, verbrachte ein Jahr bei Roanoke, und als die Kolonie zusammenbrach, kehrte er mit den ersten Kartoffeln und Tabakpflanzen sowie dem Material für Raleighs *History of the New World* nach England zurück. Die Indianer von Roanoke Island hatten ihn verzaubert. In seinem Buch, in dem er über seine Erfahrungen berichtet, beschreibt er die Methoden des Fischfangs dieser Indianer:

> Es ist ein anmutiges Bild, wie diese Menschen in ihren seichten Flüssen waten und segeln. Sie sind frei von dem Verlangen, Reichtümer für ihre Kinder anzuhäufen, und völlig mit ihrem gegenwärtigen Zustand zufrieden, leben in Freundschaft miteinander und teilen alle Dinge, die Gott ihnen so freigebig zur Verfügung gestellt hat.

Harriot hätte von den einnehmenden und friedlichen Panare sicherlich ebenso begeistert gesprochen.

Es war unser letzter Abend bei den Indianern. Wir saßen mit ihnen auf gefällten Bäumen, die ein Geviert um die scheußlichen emaillierten Schüsseln bildeten, die wir ihnen mitgebracht hatten und in denen sie das Essen servierten. Etwa ein Dutzend männliche Panare waren zugegen, die meisten von ihnen hatten kleine Kinder bei sich, die außerordentlich gute Manieren besaßen und ziemlich ernst waren. Die Frauen beschäftigten sich mit dem Kochen und Servieren des Fischs, dann bildeten sie gemeinsam mit den Babys und halbwüchsigen Kindern eine Gruppe für sich und nahmen ihr Mahl ein. In dieser Gemeinschaft waren keine Hemdenträger zu sehen.

Wir aßen enorme Mengen, ständig von unseren Panare-Gastgebern gedrängt, die in den mit Fisch gefüllten Schüsseln nach besonders üppigen Bissen suchten, um sie uns zu reichen. „Wenn sie zu ihrer Zufriedenheit gemeinsam geschmaust haben", schreibt Harriot über seine Indianer, „sind sie zum Tanzen gesonnen, eine Beschäftigung, die ihnen immer Freude macht." Nach unserem Mahl fand kein Tanz statt, und uns schien es, als seien die Tage des Tanzes für die Panare vorbei. Die Einwände gegen das Fotografieren hingegen – worin sie auch bestanden haben mochten –, galten offenbar nicht mehr; nicht einmal die Kinder ließen die geringste Scheu erkennen, wenn Don die Kamera auf sie richtete.

Bald sahen wir Lichter in den nahen Sträuchern tanzen und hörten sanfte, kindliche Stimmen, die sich ein wenig wie das Glucken zufriedener Hühner anhörten. Die älteren Jungen und Mädchen hatten ihr Mahl beendet und kamen mit ihren Taschenlampen oder Händen voller Leuchtkäfer herbei und warteten am Fuß des Pfades, der zu unserem Haus emporführte, um uns zu begleiten und ihre Suche nach anregendem westlichem Nippes in unseren Besitztümern fortzusetzen.

Neueste Nachrichten über die Panare …

Am 13. März 1987 meldete die Zeitung *El Nacional* in Caracas, Missionare des Summer Institute of Linguistics seien im August des Vorjahrs illegal nach Venezuela gekommen und hätten eine Niederlassung unter den Panare-Indianern in der Nähe von Caicara errichtet. Die Zeitung berichtete, Verträge mit dieser missionarischen Sekte seien nach einer Anzeige durch die Vereinten Nationen und die Organisation der amerikanischen Staaten bereits von den Regierungen Mexikos, Ecuadors, Brasiliens, Panamas und Kolumbiens bereits widerrufen oder abgelehnt worden.

Weiterhin berichtete sie, die Panare seien jetzt die Opfer eines Wettkampfs um ihre Bekehrung durch die New Tribes Mission, die Katholiken und die neuen illegalen Eindringlinge.

Zugleich mit diesen Berichten starteten Beamte des Nationalrats für wissenschaftliche Forschung und des Venezolanischen Innenministeriums einen Angriff auf die missionarische Aktivität unter den Panare, indem sie die Missionare des psychischen Terrors, der seelischen und körperlichen Grausamkeit, der Verbreitung von Panik, der Spaltung der indianischen Gesellschaft durch Bevorzugung der Bekehrten und der Monopolisierung der Eingeborenenhandarbeit zugunsten wirtschaftlicher Vorteile der Mission anklagten.

Untersuchungsbeamte dieser Behörden berichteten über einen Vorfall im Januar 1987, als ein NTM-Missionar in dem Panaredorf San Vicente an der Straße nach Tiro Loco erschien und den Indianern befahl, alle Arbeiten niederzulegen, sich ihrer Blasrohre und Fischfanggeräte zu entledigen und ihre Hunde zu töten, da die Wiederkunft Christi bevorstehe; er sagte, nur durch ununterbrochenes Gebet könnten sie hoffen, von dem himmlischen Feuer verschont zu werden. Die eingeschüchterten Indianer befolgten die Anweisungen des Missionars, und als sie über Hunger klagten, sagte er, Gott würde sich um ihre

Bedürfnisse kümmern. Sie müßten nur ihre Bibeln mitnehmen, ihr Dorf verlassen, sich am Flußufer versammeln und ständig Hymnen singen und beten, bis die Fische durch die Macht Gottes getötet würden und auf dem Wasser schwammen. Die Panare taten tagelang wie befohlen, und nur das Eintreffen der Bundespolizei bewahrte sie vor dem Verhungern.

Die Untersuchungsbeamten ermittelten, daß die Hälfte der 2300 Panare von nordamerikanischen fundamentalistischen Missionaren bekehrt worden waren. Sie erfuhren, daß die Indianer nach ihrer Bekehrung Abgaben an die Mission zahlen mußten, die ihren Informanten zufolge bis zu 500 *Bolívar* (etwa 25–30 DM) pro Monat betrugen. Es war vorgekommen, daß Indianer gezwungen wurden, ihren ganzen Besitz zu verkaufen, um die für ihre Verhältnisse gewaltigen Abgaben zahlen zu können. In dem unglücklichen Dorf San Vicente hatten die Schuldner eine solche Angst vor der Strafe Gottes, daß von zwei Vätern berichtet wurde, die ihre Töchter „dem Fremden“ anboten, damit ihre „Schuld“ vermindert oder aufgehoben würde.

Am 25. Mai 1987 berichtete *El Mundo* in Caracas von einer zunehmenden Demoralisierung der Panare unter dem fanatischen Regiment der Missionare, die sogar zu einem Massenselbstmord wie in Jonestown, Guyana, führen könnte.

… und von den Ayoreo

14. November 1987:

Im Zusammenhang mit der Nachricht, im Chaco in der Nähe von Mariscál Estigarríbia sei eine Gruppe Waldindianer gesichtet worden, empfahl Pater José Zanardini von der Salesianer-Mission dringend, keinen unmittelbaren Kontakt aufzunehmen, wenn man ein Massaker der Art vermeiden wolle, wie es sich im letzten Dezember ereignet hatte. „Abgesehen von dem ideologisch begründeten Gewaltakt, sie aus ihrer gewohnten Umwelt zu verdrängen", sagte der Pater, „werden sie alle wie die letzte Gruppe an Grippe oder Masern sterben." Pater Zanardini hoffte, da die Indianer auf einem privaten Landbesitz der Casado-Gesellschaft gesehen worden seien, würden gesetzliche Maßnahmen zu ihrem Schutz ergriffen.
(*Ultima Hora,* Asunción, Paraquay)

Ultima Hora fügte hinzu, das Massaker des Vorjahres habe großes Entsetzen unter jenen hervorgerufen, denen das Wohl der Indianer am Herzen lag, und zu einer Verurteilung der New Tribes Mission geführt, von deren Lager aus „zivilisierte" Ayoreo auf die Jagd nach ihren Stammesangehörigen gegangen waren.

12. Dezember 1987:

Survival International veranstaltete eine Mahnwache bei den European Headquarters der New Tribes Mission bei Matlock Bath zum Gedenken an den Tod von fünf Indianern, die ein Jahr zuvor bei einer Menschenjagd der Mission getötet worden waren. Ein von Bischof Trevor Huddleston, Lord Avebury, Chairman der Parliamentary Human Rights Group, Rabbi Richard Rosen und dem Präsidenten von Survival International, Robin Hanbury-Tenison, unterzeichneter Protestbrief forderte die Mission auf, ihre zweifelhaften Machenschaften einzustellen und Religion und Kultur der Indianerstämme zu respektieren.

Marvin Harris
Kannibalen und Könige

Aus dem Amerikanischen übersetzt von Volker Bradke, Gisela und Thomas Maler, Friedrich Griese
276 Seiten, Linson mit Schutzumschlag. ISBN 3-608-93133-3

Was haben das Maya-Reich, die frühen Hochkulturen Asiens und die Industriegesellschaften gemeinsam? Sie stoßen wie alle hochorganisierten Zivilisationen im Lauf der Entwicklung unweigerlich an ihre Wachstumsgrenzen. Drei Faktoren sind es, die in wechselseitiger Abhängigkeit Aufstieg und Niedergang bedingen: Produktion, Reproduktion, Ressourcen.
Harris' überzeugende Darstellung der kulturellen Evolution beweist, daß bislang noch jede Zivilisation, die ihre Produktion stetig ausweitete, in eine nicht mehr zu schließende „Schere" von jeweils zwei dieser drei Faktoren geriet und so zusammenbrechen mußte. Und er fördert deutliche Anzeichen zutage, daß auch unserer Lebensform vermutlich kein anderes Schicksal beschieden sein wird.
Doch hinter diesem anschaulich und manchmal mit sarkastischer Schärfe geschriebenen Buch steht kein Kulturpessimismus und kein mechanischer Determinismus, nur eine tiefe Einsicht in kulturelle Kausalitäten. Und dadurch, daß diese aufgedeckt werden, kann gerade die Kulturwissenschaft (nicht die Technologie!) Auswege weisen.

*

Marvin Harris zählt zu den einflußreichsten und populärsten Anthropologen der Gegenwart. Er lehrt und forscht heute an der University of Florida und ist Präsident der American Anthropological Association. Bislang hat er sechzehn Bücher veröffentlicht, die in insgesamt zwölf Sprachen übersetzt wurden. „Kannibalen und Könige" war jedoch *das* Werk, welches seinen Ruf als populärer Sachbuchautor begründete.

Bei Klett-Cotta sind von Marvin Harris außerdem lieferbar:
Wohlgeschmack und Widerwillen. Die Rätsel der Nahrungstabus
308 Seiten, ISBN 3-608-93123-6
Menschen. Wie wir wurden, was wir sind
536 Seiten, ISBN 3-608-93152-X

Klett-Cotta

Nigel Barley
Traumatische Tropen

Aus dem Englischen übersetzt von Ulrich Enderwitz
249 S., 1 Karte, Linson mit Schutzumschlag. ISBN 3-608-93125-2

„Warum machst du denn nicht Feldforschung?", fragte eines Tages ein Kollege Nigel Barley. Und er hatte recht: Wer ein richtiger Ethnologe sein will, der muß irgendwann einmal „draußen" gewesen sein. Also machte sich Barley auf in den Dschungel – nein, nicht in den Afrikas, sondern in jenen der Gremien, Ämter, Behörden und Konsulate.
Volle zwei Jahre dauerte es, bis er endlich nach Nord-Kamerun zu „seinen" Dowayos kommt. Ebenfalls zwei Jahre verbringt er dort, obwohl seine erste Bekanntschaft mit Afrika beinahe seine letzte geworden wäre. Groß ist die Kluft zwischen ethnologischer Fachliteratur und afrikanischer Wirklichkeit, und so tritt Barley zunächst einmal in alle Fettnäpfchen, die in der fremden Kultur für ihn bereit stehen. Die „teilnehmende Beobachtung" setzt schließlich voraus, daß man teilzunehmen versteht ... Trotz vielfältiger Widrigkeiten kommt endlich doch einiges an Forschungsmaterial zusammen, und erste Umrisse des Verstehens zeichnen sich bei Barley ab. Er kann die Heimreise antreten, die natürlich auch nicht komplikationslos bleibt ...
Die Dowayos haben diese zwei Jahre kaum verändert, wohl aber den Ethnologen. Und als die Notizbücher dann in London auf seinem Schreibtisch liegen, da wollen sie sich so gar nicht mehr zu dem verdichten lassen, was ethnologische Wissenschaft sein soll. Also setzt sich Barley hin und schreibt statt dessen dieses Buch.
„Eines der witzigsten und unkonventionellsten Bücher."
(The Guardian)

*

Nigel Barley studierte moderne Sprachen und Ethnologie in Cambridge und Oxford. Nachdem er einige Zeit am University College in London gelehrt hatte, betrieb er zwei Jahre lang Feldforschung in Kamerun. Seit 1981 arbeitet er als Kustos für Nord- und Westafrika am British Museum in London.

Klett-Cotta